신현덕의 몽골풍속기

신현덕의 몽골풍속기

신현덕 지음

혜안

머리말

 몽골인들은 조상 전래의 세시풍속을 버린 채 점차 서구화의 길로 가고 있다. 1960년대부터 1970년대까지 급격한 경제성장 과정을 거치면서 우리 것은 모두 낡은 것이라고 생각했던 것과 유사한 풍조가 몽골에서 번지고 있다. 그들은 유목민인 자기네 조상들이 견지해온 풍습에 싫증을 내며 새로운 서구식 사고를 신식인 양 마구잡이로 받아들인다. 유목민만이 가지고 있는 생활풍습은 그 곳의 기후와 자연 여건에 부합되도록 수백 년 아니 역사 이전부터 체험한 것을 집대성한 지식의 정수이다. 그런데도 개방 이후 무분별한 서구식 풍조 유입으로 많은 것들이 파괴되고 있다.
 아마도 공산혁명부터 개방까지 70여 년 간 외부와 거의 단절한 채 최고의 문화국으로 믿었던 러시아가 붕괴한 데서 받은 충격 때문인 것처럼 보인다. 늘 새로운 변화를 추구하는 몽골족 특유의 기질 탓도 부정할 수는 없을 것 같다. 거기에다 젊은이들의 강한 호기심도 작용하는 것처럼 여겨진다.

  모험심 강한 유목민족의 특성과 고달픈 삶이 겹쳐져 더 빠른 속도로 붕괴되는 전통 몽골스 생활 풍습이 가슴을 아리게 한다. 고유의 것이 파괴되고 난 뒤 본래의 것이 그리워졌을 때 복원하기란 불가능하기 때문이다. 그들 고유의 것에다 서구의 것을 조화롭게 접목시키는 것만이 몽골민족의 정통성을 유지하고 국제적인 가치를 수용하는 최선의 길이기 때문이다.

  먼저 이러한 과정을 거친 우리 실정을 아는 필자로서는 안타까울 수밖에 없다. 몽골에서 보고 경험한 그들의 풍습을 정리해 보고자 한다. 더 많은 세시풍습이 전해 내려오고 있지만 그 중에서 우리와 관련되고 그들이 중요하게 여기는 것들을 모았다.

  의식주가 족해야 예절을 찾게 되는 것일까. 몽골인을 예의가 없는 것으로 보는 사람들이 많다. 하지만 절대 그렇지 않다. 그들 고유의 풍습과 문화를 알게 된다면 그들에게 더 가까이 다가갈 수 있는 길이 보인다.

  몽골의 세시풍속을 우리와 비교해 보는 것도 온고지신(溫故知新)의 하나일 것이다. 우리 문화의 뿌리를 찾는 선결 작업으로 몽골의 세시풍습을 보고 느끼고 생각한 대로 정리하면서 나는 나의 정체성을 찾는 데 우선했다.

  공산화 이후 스멸되거나 신설된 몽골의 풍속도 눈길을 끈다.

  이 책을 내는 데 도움을 주신 여러분께 감사드린다. 특히 책을 내도록 지원해 주신 방일영 문화재단 관계자 여러분께 고마운 마음을 전한다.

도봉산 자락 허름한 서재에서
1999년 7월
지은이 신현덕

신현덕의 몽골풍속기
차 례

머리말 · 4

몽골의 사계

몽골의 봄 10
여름과 놀이 19
몽골의 가을 31
몽골의 겨울 36

몽골인의 삶

몽골의 손님대접 44
몽골인의 세시 음식(여름) 52
수테 차(茶) 59
몽골인과 음주 66
몽골인의 식사 71
일상화된 양고기 76
몽골 최고의 요리 82
보르츠 만들기 88
이스끼 만들기 95
겔과 남녀유별 101
겔에 담긴 사상 109
살던 집을 떠나는 몽골인 117
몽골 전통의상 델 123
빨래 128
몽골인의 모자와 신 137

몽골의 세시풍속

이사	144
막내상속	150
상부상조 풍습	157
결혼풍속	161
출산	168
몽골인의 이름 짓기	173
첫 나들이	178
여성축제일	181
한식	190
노동절	194
첫번째 말 젖 짜기	198
가축 거세	205
은종축제	213
머리깎기	218
어버제	222
종교	228
어린이날	233
나담	239
나담의 마지막 경기	247
몽골인의 성풍속	254
여성의 몸가짐	260
장례식	266
신년 풍습	272
몽골 설날	279
설날 전설과 음식	284
성황당 참배와 가족놀이	289
먼저 수입된 자본주의 병폐	293

몽골의 사계

고비 지방의 모래언덕이 바람에 날리고 있다.

몽골의 봄

　몽골의 봄은 4월 말부터 고비 사막에서 불어오는 짙은 황사로 시작된다. 2~3m 앞도 쳐다볼 수 없을 만큼 강한 모래바람이 불어올 때면 봄빛이 따사롭다. 하지만 몽골인은 이 봄을 싫어한다. 대지에는 가축의 먹이인 풀이 거의 자취를 감추고 새순이 돋아나려면 더 기다려야 하는 고통이 시작되기 때문이다. 다시 말해 풍요를 뒷받침하는 가축의 먹이가 다 떨어져가 주인의 가슴을 졸이게 만드는 계절이 다시 돌아온 것이다.

　몽골의 봄은 대지를 메마르게 할 뿐 희망과는 먼 것으로 보인다. 만물이 소생하고 성장의 틀을 잡아가는 것이 아니라 생존의 기본이 되는 가축을 마르게 한다. 그래서 몽골인은 봄을 '변덕스런 여자 마음 같은 날씨'라며 4계절 중 가장 살기 어려운 때라고 말한다. 이들이 봄 날씨를 여성에 비유하는 것은 배고픈 아이가 어머니의 젖을 구하는 안타까운 심정처럼 계절의 어려움을 이겨 보려는 마음에서 기인한다.

기상관측 기술이 제대로 발달하지 못한 몽골에서 봄을 나기란 정말 어렵다. 일기를 대충이라도 예측할 수가 없다. 사막기후 탓이다. 여기에다 대륙 내부에 깊숙이 자리잡고 있어 바다의 영향이 적은 것도 뺄 수 없다.

흙먼지 바람이 불어오다 갑자기 눈보라가 몰아치고 어느새 햇살이 쏟아진다 생각하면 빗줄기가 창문에 내리친다. 이런 험한 날씨이고 보니 여성들은 아예 외출을 삼갈 정도로 봄을 외면한다. 봄바람이 불어오면 곱게 단장하고 거리로 나서려는 우리 나라 여성들과는 정반대 상황이 발생한다.

아주 가끔 울란바토르 시 전역이 뿌연 흙먼지에 덮여 안개에 젖은 프랑스 파리처럼 보일 때가 있다. 이런 날은 거리를 다니는 사람의 숫자가 급격히 감소, 유령의 도시처럼 변한다. 시골 일부 지방에서는 새끼가축들이 바람에 날려갔다는 소식이 심심찮게 보도되기도 한다.

3월부터 여성들은 머리와 얼굴을 감쌀 허름한 스카프를 항상 준비하고 다닌다. 아예 아침에 스카프를 쓰면 하루 종일 벗지 않고 사는 여성도 많다. 멋쟁이거나 형편이 넉넉한 여성들일수록 고급 스카프를 장만해 과시용으로 이용하는 경우도 있다. 몽골 남성들은 '봄여자는 낙타도 웃고 지나간다'고 농담한다. 봄에는 여자의 속살이 나무껍질 같아 낙타도 거들떠보지 않는다는 것이다. 얼굴이 트고 입술이 갈라진 여자들이 자주 눈에 띈다.

외국인들은 온 몸을 긁적인다. 심할 때는 코피를 흘린다. 공기가 건조하기 때문이다. 3월부터 시장에는 '동동구리무' 같은 조악한 화장품이 나온다. 몽골에서 생산되는 약초를 이용해 만든 것이다. 발전이 계속되고는 있지만 아직 기술이 변변치 않아 품질이 조악하다. 이 때쯤 우리 나라에 오는 몽골 여성들은 화장품 가게에서 바디로션을 즐겨 찾는다.

몽골인들은 봄을 가장 싫어한다. 흙먼지 바람을 막기 위해 모자와 스카프로 얼굴을 가리고 있다. 봄에 여성의 피부는 나무껍질처럼 꺼칠하다.

봄에 볼 수 있는 또 다른 흥미거리로는 선글라스를 뺄 수 없다. 최근에는 멋처럼 변했지만 대다수의 사람들이 날아오는 흙먼지를 피하기 위해 선글라스를 선호한다. 공산정권 시절에는 보안원이나 경찰 등 정보 분야 사람들이 쓰고 다니며 특권의식을 갖게 하던 때도 있었다. 자유화 이후에는 손쉽게 구할 수 있어 울란바토르 시내에서 밤낮 구분 없이 선글라스를 착용하는 사람들을 만날 수 있다. 아직도 공산주의 시절 그 암울했던 기억을 지울 수 없게 한다.

행인들은 바람이 불어올 낌새가 보이면 아무 건물로나 뛰어들어가 흙먼지를 피하고 본다. 건물 주인도 갑자기 뛰어들어온 사람을 너그럽게 봐준다. 무작정 나가라는 야박한 말은 하지 않는다. 인정이 느껴지는 장면이다. 건물이 없는 시골 벌판에서는 바람을 등지고 쪼그리고 앉아 바람이 다 지나가도록 기다린다. 더 심한 바람이 불어오면 천으로 얼굴을 감싸고 땅바닥에 엎드린다.

짐승들도 바람이 불어오면 움직임을 멈추고 바람이 잦아들기를 기다린다. 바람이 지나갈 때 그 속에 있다 보면 입안 콧속 귓속 할 것 없이 흙먼지가 들어와 쌓인다. 입안에서 버적버적 씹히는 모래가 기분이 나빠지는 것이 몽골의 봄이다. 고비 지방에서는 모래구릉이 바람에 날려 이리저리 옮겨다니기도 한다.

몽골인은 이런 봄을 호랑이보다도 더 무서워한다. 식사 시간이면 불만이 고조된다. 음식 속에 흙먼지가 쌓여 모래가 씹히기 일쑤다. 창문은 종이로 모두 발라놓았지만 방안에는 매일매일 먼지가 뿌옇게 쌓인다. 설상가상으로 겨우내 저장했던 양고기도 바닥나고 광활한 들에는 아직도 새 풀이 돋아나지 않아 가축에게 뜯길 풀도 모자란다. 이렇게 되면 소, 말, 양, 염소, 낙타에게서 젖도 나오지 않는다.

우리에게는 1960년대 보릿고개가 있었지만 몽골인에게는 힘겨운 '젖고개'가 아직도 남아 있다. 젖고개는 5월 말, 6월 초에 짐승들이 풀을 뜯어먹고 젖이 나올 때까지 계속된다. 가축을 잡아봐야 겨울을 넘기느라 뼈만 앙상하게 남아 고기를 얻기도 어렵다. 더구나 갈무리해 둔 양배추 등 야채는 벌써 바닥이 났고 감자도 흔하지 않다. 그야말로 생존투쟁이 시작되는 절박한 시점이다.

춘풍이 불면서 몽골 전통의 음식인 보르츠의 주머니가 열린다. 보르츠는 지난해 가을 가축을 잡아 말려서 갈아 만든 고깃가루. 비상시를 대비하여 가축의 살이 가장 많이 올라 있던 가을에 잡아 비축한 일종의 비상식품인 셈이다. 칭기즈칸 군대가 세계를 재패하는 데도 한몫을 했다는 보르츠가 그 역할을 한다지만 많은 가정에서는 굶기를 밥 먹듯 하는 것이 몽골의 봄이다.

이 때쯤이면 못 먹어서 누렇게 부황이 든 어린이들을 길거리에서 종종 만날 수 있다. 부모를 잃은 고아들이 대부분이다. 일부는 구걸을 하거나 심한 경우에는 도둑질도 서슴지 않는다. 자유화 초기에는 국가나 각 기관들이 대비책을 마련하는 등 국가 차원의 구휼정책이 시행되었지만 최근에는 철저하게 자유방임 정책을 고수하고 있다. 가슴 아픈 일이다.

이런 황량한 몽골 초원에도 꽃소식은 전해진다. 몽골의 산과 들에 처음 피어나는 꽃은 할미꽃. 노랑색과 빨강색 두 가지 꽃이 광활한 광야에 흐드러지게 피어난다. 5월 초 계곡에는 잔설이 남아 있어도 할미꽃은 강한 생명력으로 피어오른다. 울란바토르 시 근교의 테럴지나 만쉬르 등 휴양지에는 할미꽃밭이라 부를 만큼 지천으로 피어 있다. 이 때부터 민들레 등 야생꽃들이 산야를 뒤덮는다.

5월 15일을 전후해선 울란바토르 시 중심가에 자리한 외무부 건물 양쪽에 심어진 벚나무에 꽃이 핀다.

20여 그루의 벚나무는 유난히 심한 겨울 추위에 제대로 자라지 못해 관상수처럼 나지막하다. 그러나 해마다 몽골 땅에 꽃소식을 전해

봄이면 몽골에도 꽃이 핀다. 외무부 앞의 벚꽃이 봄을 알린다.

준다. 이 벚나무는 일본인들이 몽골과 수교 기념으로 식수한 것이다. 일본이 몽골을 침략했던 데 대한 사과의 뜻으로 심었던 것. 이런 숭고한 뜻으로 벚나무를 심었지만 내심으로는 벚꽃의 몽골 상륙을 의미한다. 본심과 겉마음(혼네와 다테마에)이 다른 일본인들의 행위를 눈으로 확인할 수 있어 씁쓸했다.

꽃잎은 볼품 없지만 이 때쯤이면 최고로 멋을 낸 몽골 아가씨들이 몰려와 사진 찍기에 바쁘다. 대학졸업(몽골은 9월에 새 학년이 시작된다)을 앞둔 여대생들도 몰려나와 가는 봄을 아쉬워한다. 우리 나라 1960년대 서울 남산공원에서 흔히 볼 수 있었던 거리의 사진사들이 몽골에서는 1990년 개방 이후 호황을 누리고 있다. '메뚜기도 한철'이라는데 짧은 봄이 이들에게는 1년 생활비를 벌어들이는 기간이다.

몽골에는 천연색 사진이 유행하고 있다. 개방 이후 모든 것들이 급변하고 있지만 천연색 사진만큼 몽골인의 관심을 끄는 것도 없다. 즉

거리의 사진사들이 사진을 내놓고 관광객들을 유혹하고 있다. 천연색 사진을 찍어 집에 보관하는 것이 유행처럼 되어 있다.

석사진 즉 폴라로이드 사진기만 있으면 몽골 시골에서는 극진한 대우를 받을 수 있다. 천연색 사진을 즉석에서 뽑아 주면 남녀노소 가릴 것 없이 즐거워한다.

몽골인은 가정을 방문하는 사람들에게 한결같이 사진앨범을 보여 준다. 사진은 대부분 흑백인데 개방 이후의 천연색 사진들이 한두 장씩 끼여 있다. 그 집안의 역사를 한눈에 훑어볼 수는 있지만 의미를 잘 모르는 외국인들에게는 지루할 뿐이다. 몽골인은 그래도 자랑스럽게 앨범을 제시하며 즐거운 듯 장황하게 설명한다. 이름있는 사람들의 사진첩에는 으레 러시아인 몇과 동구에서 찍은 사진이 포함돼 있다.

최근 사진에는 팬지 등 수입 꽃들도 자주 눈에 뜨인다. 울란바토르 시는 매년 수흐바타르 광장 앞 녹지대에 세운 기념탑 부근에 온실에서 키워낸 수입 꽃들을 심어 시의 분위기를 일신한다.

메마른 몽골 초원에도 계절은 어김없이 변한다. 혹독한 겨울 추위를 이기고 나온 꽃이 더욱 아름다워 보인다.

탑에서 한 구획 떨어진 분수대 옆에도 채송화, 팬지 같은 꽃들이 몽골 국기문양을 하고 있다. 물고기 두 마리가 서로 모양을 반대로 하여 눈을 부릅뜨고 있는 형상이다. 몽골인은 물고기가 늘 눈을 뜨고 있는 것처럼 눈을 떠서 몽골국을 노리는 외적을 지켜야 한다고 강조한다.

···미니상식

몽골(Монгол)이란 국호는 '세상의 중심'이라는 뜻을 가지고 있다. '몽'이란 '뭉'에서 모음변화한 형태로 진짜 또는 참된 등의 의미를 가지고 있다. '골'은 우리 나라에도 전해져 외래어로 쓰이는 '골'과 동일한 단어이다. 그 예로 짚신이나 구두를 만들 때 사용되는 '신골'이나 '짚신골' 등을 들 수 있다. 종합하면 몽골이란 국호가 지닌 뜻은 '진짜 중심'이란 것이다. 이 말은 칭기즈칸 이전부터 사용한 몽골 고유 부족 명칭에서 유래된 것이다.

그러나 우리는 국교가 없던 1990년 초까지도 몽골 대신 몽고(蒙古)라는 국호를 사용해 왔다. 중국과 일본에서 사용하던 한자어를 차용했던 것이다. 이 단어는 중국인들이 주변 국가 중 유일하게 한 번도 지배해 본 적이 없던 강한 몽골인들을 비하하여 부르는 이름이었다.

여름과 놀이

몽골의 여름은 참 짧다. 여름이라고 생각하면 어느새 가을을 건너뛰어 겨울로 접어든다. 기간으로 말하자면 5월 15일부터 9월 15일까지를 여름으로 보면 된다. 왜냐하면 국가가 이 기간에만 난방을 하지 않기 때문이다. 난방을 하지 않는 기간을 여름으로 인정할 수 있다고 보는 것이다.

하지만 이 기간에도 눈이 내린다. 5월 말이나 9월 초에도 가끔 10cm 이상씩 눈이 쌓인다. 눈이 내려 추위가 닥쳐와 있어도 몽골인은 여름이라고 말한다. 우리의 여름 개념과는 크게 다르다.

1990년대 중반 서울은 영상 40도를 넘어 전국이 불볕 더위일 때도 몽골의 기온은 밤기면 영상 4~5도로 내려가 추위를 느낄 정도였다. 당시 몽골을 방문했던 20여 명의 친지들은 난로를 피우고 전기장판을 깔고 자야만 했다. 하지만 낮에는 영상 30도에 가까운 기온이어서 일교차가 큰 편이다.

울란바토르에는 5월에도 눈이 쌓인다.

몽골의 여름은 여행의 계절이다. 몽골인은 물론이고 외국 관광객들도 주로 여름에만 몰린다. 특히 나담을 전후한 7월 한 달이 몽골관광의 절정이다. 8월에도 관광객이 몰려는 오지만 몽골인에게는 그다지 반갑지 않은 손님들이다. 가을 준비로 일손이 딸려 눈 코 뜰 새가 없기 때문이다. 여름에는 몽골의 전통축제와 초원관광을 즐기려는 외국인이 몰려와 모든 호텔이 만원을 이룬다. 특급 호텔은 물론 허름한 여관에서도 빈 방 잡기가 쉽지 않다. 덩달아 비행기표 구하기는 더더욱 어렵다. 국제선이라야 중국 북경, 내몽고 흐흐호트, 러시아 모스크바, 브리아트, 울란우데, 이르쿠츠크 그리고 서울을 잇는 항공편이 고작이다. 몽골 관문 보얀트 오하 공항에는 보잉747 등 대형기가 내릴 수는 있지만 승객이 일정치 않아 운항을 꺼려 좌석수가 극히 제한돼 있기 때문이다. 몽골 국립 여행사 '줄친'조차도 좌석 확보에 어려움을 겪는다.

고비 지방의 특이한 기후에서는 한여름에도 얼음이 녹지 않는다.

이 무렵에는 외환 부족으로 고민하는 몽골정부도 조금은 풍성한 외환 사정을 즐긴다. 달러 환율이 겨울의 달러 궁핍기보다 10~20% 하락하고 시중의 달러 유통량이 늘어난다. 외교관 상점 앞이나 시장 부근의 암달러상들도 배짱을 부리기 일쑤다. 조금이라도 훼손되거나 상태가 양호하더라도 발행 연도가 오래 된 1970~80년대의 달러는 환전해 주지도 않는다. 여행자의 증가로 관광안내업을 하는 사람들도 풍성한 여름을 보낸다.

모든 여행객은 우선 몽골의 하늘을 보고 놀란다. 끝없이 파란 하늘을 보고는 감탄사를 연발한다. 몽골인은 "뭉크 텡그린"이라며 몽골여행의 진수라고 한다. 끝없이 푸른 초원도 외국인에게는 동경의 대상이다. 사방이 전부 녹색이다. 손님을 후대하는 순박한 몽골인의 사람됨됨이에 더더욱 감격한다.

외국인이 주로 찾는 여행지로는 고비 지방, 홉스골 호수, 몽골의 옛 수도 하라호름 그리고 테럴지와 만쉬르 휴양지 등이다. 서부의 바양을기 지방과 동몽골 지방은 특이한 풍습을 유지하고 있으나 외국 관광객이 방문하기에는 거리가 멀고 교통편도 불편하다.

고비 지방은 반사막 기후지역의 특색을 구경할 수 있어 외국관광객들이 즐겨 찾는다. 몽골 국토의 22%가 고비 지대이다. 여름에는 찌는 듯이 덥고 겨울에는 뼈가 시리도록 춥다. 봄에는 그 악명 높은 모래바람이 휩쓸고 지나간다. 울란바토르 공항 대합실에는 고비 지방을 보지 않고는 몽골을 말하지 말라는 관광안내 플래카드가 걸려 있다. 운반과 식용고기로 사육되는 쌍봉 낙타는 세계에서 유일하게 고비 지방에서만 볼 수 있다.

고비는 미개척의 공룡 서식지였던 곳으로 널리 알려지고 있다. 공룡의 각종 화석이 발견되고 있어 서구학자들이 끊임없이 찾아온다.

홉스골 호수는 몽골 북부지방에 자리잡은 천혜의 관광지다. 넓이

만도 2,760km²가 된다. 홉스골이 자리한 아이막은 이름을 아예 홉스골로 할 만큼 거대하다. 을창한 원시림 속에 자리잡고 있는 이 호수는 시베리아의 바이칼 호수와 함께 이 일대 기후에 커다란 영향을 미치고 있다. 울란바토르에서 므릉이라는 도시까지 비행기로 이동, 그곳에서 버스나 자동차편으로 4~5시간 이동해야 도착할 수 있다.

하라호름은 몽골이 원 제국을 건설하기 이전 수도로 사용했던 작은 성이다. 사방 400m 성곽으로 둘러싸인 이 곳에는 당시의 대형 겔터와 음식을 만들던 솥 등이 남아 있다. 성안의 라마 사원에서는 승려들의 독경 소리가 끊이지 않고 들려온다. 성 뒤편의 대형 돌거북상은 몽골인의 장수 기원의사를 나타낸다. 성에서 1km쯤 떨어진 앞산 계곡에는 남근상이 가운데가 부러진 채 계곡을 향해 누워 있다.

울란바토르 동남쪽에 위치한 만쉬르에는 불교유적이 많이 남아 있어 서구 학자들이 자주 찾는다. 테럴지는 자연환경이 뛰어난 국립공원 안에 자리잡고 있다. 외국인은 물론 몽골인도 즐겨 찾는다.

서부 및 동부지방은 특별한 계획없이 찾아가기가 힘든 지역으로 외부에 잘 알려져 있지 않다.

몽골인도 모든 일을 전폐하고 여행길에 나선다. 고향을 찾는 사람이 급증, 울란바트르에서 3, 4개월씩 모습을 감추기도 한다. 값싼 운임의 교통편을 이용하는데 대부분 고향으로 가는 차편이 있으면 그 차에 편승한다. 심한 경우 화물차 짐칸에 타고 가며 1주일 이상을 차 안에서 취사를 하기도 한다. 먼 경우 2천 km가 넘기도 한다. 하지만 고향을 찾아간다는 부푼 마음으로 불평불만을 하지 않는다.

고향을 방문할 때는 우리가 추석이나 설에 선물꾸러미를 안고 고향에 가듯 울란바토르에서 구입한 물건을 가져가는 것이 일반적인 경향이다.

국토가 워낙 넓어 항공 여행업이 의외로 잘 발달돼 있지만 이용은

유일하게 고비지방에만 있는 쌍봉낙타가 수레를 끌고 초원을 지나고 있다.

흡스골 호수는 시베리아 지역에서 경치가 좋기로 바이칼 호수 못지 않은 것으로 평이 나 있다. 푸른 하늘과 맑은 물이 몽골인의 정신적 지주가 되고 있다.

몽골 옛 수도 하라호름 전경. 사방 400㎡의 성곽이 대제국을 호령하기에는 좁아 보인다. 108개의 탑이 라마불교를 대표하는 상징으로 손꼽힌다.

하라호름 성곽 위의 탑이 황혼에 자태를 드러내고 있다.

어려운 편이다. 요금이 비싸 일반인은 이용하기 힘들다. 여름이면 비행기를 이용한 고향 방문 이야기가 텔레비전에서 다큐멘터리로 방송될 정도다.

고향에서 돌아올 때는 그 곳에서 생산되는 특산물을 한 보따리씩 싸 가지고 상경한다. 특산물이 없으면 고기나 유제품이라도 들고 온다. 울란바토르에 와선 고향에 못 간 동향인에게 고기와 유제품을 한 덩어리씩 나눠준다.

몽골인은 고기에서 고향의 냄새를 맡는다. 그리고 맛보는 것에 도취해서 한동안 고향쪽 하늘을 쳐다본다. 고기와 유제품에서 고향 특유의 냄새가 난다고 말한다. 사실일 것이다. 신토불이라는 말을 이들에게서 실감할 수 있는 경우가 많다.

몽골인의 고향 생각은 남다르다. 넓은 초원에서 살아온 그들은 야성에 젖어 고향을 쉽게 잊지 못한다. 고향에서 날아온 까마귀조차 반갑다는 말처럼 고향을 지나만 온 사람에게서도 고향 소식을 듣고 싶어한다.

늘 외롭게 살아온 그들이라 인정과 소식을 그리워하는 것처럼 보인다. 그러니 고향으로 가거나 도시로 가는 사람들은 늘 우편 배달부 역을 해야 하는 실정이다. 소식을 전해달라는 고향사람들의 청을 거절하기가 어렵다. 우편제도가 잘 발달되지 않은 결과이기는 해도 고향을 그리워하는 이들의 마음에는 언제나 넓은 초원이 가슴 속에 자리잡고 있다.

여름 휴양지도 잘 발달돼 있다. 공산주의 시절 러시아의 영향을 받아 산천경계가 수려한 곳에는 휴양지를 마련해 놓고 있다. 개방 이후 유지 보수가 힘들어 낡은 곳이 대부분이나 그래도 많은 곳이 여름이면 휴양객으로 붐빈다. 일부 신흥 부자들은 넓은 땅을 차지해 여름 한두 달을 이 곳에서 보낸다.

이런 까닭에 여름이면 사람들을 만나기가 참 어렵다. 전부 집을 떠나 어디론가 가 있기 때문이다.

도시에 사는 사람들도 편안한 집을 두고 야외로 나가 천막집에서 자거나 노숙을 즐겨한다. 도시에서 잃어버린 야성과 진취적인 정신을 되살리고 온다는 것이다. 몽골인이 연례행사처럼 야외로 나가는 커다란 이유라고 설명한다. 외국인의 눈에는 그러나 유목민의 방랑과 거친 자연과의 투쟁습성이 몸에 밴 결과처럼만 여겨진다. 달리 생각할 것이 없다.

학생들의 여름방학도 우리와는 판이하다. 초등학교는 5월 15일이면 여름방학을 시작해 9월 10일이나 되야 겨우 개학한다. 여름을 가족과 함께 보내도록 긴 시간을 방학한다. 가족에게서 배우라는 지침이다. 그렇지만 실제 목적은 우리 나라 농촌의 농번기 방학과 의미가 비슷하다. 몽골 초등학생 정도면 200~300마리 양떼는 충분히 돌볼 수 있다. 그리고 말젖도 짤 수 있다. 몽골인의 주 식량원인 양을 돌보고 말젖을 짤 수 있는 기간이 여름 한 철인데 이를 놓치면 그 다음 해까지 어렵게 살아야 한다.

그래서 여름방학이 매우 길다. 초등학생뿐만이 아니다. 우리의 중고등학교에 해당하는 학생들도 여름 농촌일손돕기에 동원된다. 공산주의 시절처럼 전원 동원되는 것은 면했지만 아직도 많은 학교가 이 제도를 고수하고 있다. 생산성을 배가하기 위한 배려다.

한편 여름철 도시의 관공서, 기업 등은 일손이 모자라 쩔쩔맨다. 많은 근로자들이 여행을 떠나 일손을 구하기가 어렵다. 공산주의 시절 법으로 정해진 휴가 일수를 다 찾아 쉬려는 근로자들이 많은 것이 이유다. 여름 한 철 장사로 1년을 먹고 살아야 할 판인 호텔업계도 일손이 모자라 안달복달한다. 휴가간 종업원 일손을 대체할 사람이 없기 때문이다. 실업자야 있지만 고용 숫자를 늘리면 비수기에 임금

몽골인이 무병장수를 비는 수호신으로 받드는 돌거북. 민간신앙의 대표적인 숭배물 중 하나이다.

칭기즈칸이 말 타고 달리던 정복의 길로 소련제 자동차가 서쪽으로 달려가고 있다. 여름이면 먼 길을 떠나는 차량들이 울란바토르를 빠져 나간다.

을 감당할 수 없어 고민한다. 파산을 우려해 잉여인력을 만들지 않는 다는 것이다.

몽골의 여름은 여행의 계절이며 가을·겨울·봄을 위한 식량비축 기간이다.

시골로 나가면 길가에 지천으로 피어 있는 에델바이스가 몽골이 유라시아 대륙의 중심 고원에 자리잡고 있다는 것을 실감나게 한다.

여름은 아이들에게는 뺄 수 없는 성장과 경험의 계절이다. 야외에서 할 수 있는 놀이를 즐길 시간이 너무 짧아 아이들에게는 여름날이 아쉽기만 하다.

여름 골목길에는 여자아이들이 고무줄 놀이를 한다. 우리 나라에서 볼 수 있는 놀이와 유사하다. 두 패로 나누어 줄을 넘고 손으로 땅을 집고 거꾸로 넘기도 한다.

사방치기는 우리 나라의 형태와 다르나 하는 방법은 같다. 납작한 돌을 던져 놓고 한 발을 들고 다른 발로 차면서 앞으로 전진하는 놀이다. 돌이 정해진 순서를 벗어나거나 밖으로 나가면 순서가 바뀐다. 먼저 끝까지 마치는 사람이 우승한다. 골목이나 아파트 광장에 가면 분필로 바닥에 금을 그어 놓은 것이 자주 보인다. 아이들이 사방치기를 하고 돌아간 흔적이다.

　초원에서는 사내들이 제기차기를 한다. 양가죽이나 쇠가죽에 돌이나 쇠도막을 넣고 묶은 것을 발로 차며 논다. 횟수 많이 차기, 양발차기, 높이차기 등은 우리 나라에서 하는 방법과 같다. 제기차기와 유사한 것으로 가축의 오줌보 또는 깡통 같은 것을 발로 차며 노는 것도 종종 눈에 띈다.

　말을 타고 하는 놀이도 많다. 달리기는 흔해 놀이로 치지 않으며 말 위에서 공을 주고받으며 달리는 놀이가 성행한다. 배구공, 농구공 등 구기가 도입되면서 초원에서 뛰노는 아이를 흔히 발견할 수 있다.

몽골의 가을

몽골의 가을은 우리가 생각하는 것보다 훨씬 짧고 일찍 왔다가 빠르게 가버린다. 몽골인은 '나담 다음에 가을'이라고 말한다. 다시 말하면 7월 11일부터 3일간 열리는 나담 축제가 끝나면 곧바로 가을이 된다는 뜻이다. 처음에는 이 말이 실감나지 않았다. 우리 나라에서는 본격적인 여름휴가도 시작되기 전에 가을이라고 말하니 영 이해되지 않았던 것이다.

한낮에는 아직도 27, 28도를 오르내리는 때 가을이라고 말하는 이유를 몽골에서 장기간 머무르지 않고는 말하기 힘들다. 몽골에 살아 본 사람만이 몽골의 이른 가을을 말할 수 있을 만큼 몽골의 가을은 정말 특이하다. 몽골인은 준비를 서두르라는 뜻으로 여름 축제 후부터 가을을 입에 올린다.

우리가 서울에서 경험하고 있는 것과 같은 가을이라고 부를 수 있을 만큼 싸늘하고 상쾌한 기온은 8월 중순이면 벌써 피부로 느껴지기

겨울철 연료로 사용하는 소똥을 주으러 다니는 몽골 여성. 거친 삶이 모녀를 힘들어 보이게 한다.

시작한다. 9월 초에는 시골에 벌써 첫눈이 내렸다는 보도가 나오기 시작한다. 이 때가 되면 몽골인의 발걸음이 빨라진다. 짧아지는 해가 겨울맞이를 재촉한다.

몽골의 가을은 푸른 하늘의 아름다움을 느끼기도 전에 추위부터 몰고온다. 푸른 잎이 미처 단풍이 들기도 전에 추위부터 엄습해 오니 가을의 낭만은 생각하는 것조차 사치다. 여름이 올 때는 거북이 걸음으로 느려터지만 겨울은 황소 걸음으로 성큼성큼 다가온다.

가로수의 잎이 무성한데 자고 나면 하루가 다르다. 거짓말을 더한다면 시시각각으로 기후가 변한다. 특이한 것은 나뭇잎이 단풍들 채비를 하기도 전에 말라서 떨어진다. 고운 단풍은 아예 없고 가지에서 바람을 못 이겨 떨어진 부스러기뿐이다.

시골에서는 겨울준비로 눈 코 뜰 새 없다. 가을 햇살을 이용해 다음 해 오뉴월까지 먹고 살아야 할 식량인 양고기를 비축해야만 한다. 김장을 담가 보관용 야채를 준비하듯 몽골인은 고기를 잡아 보관한다.

양을 잡아 비축하는 것은 남자의 일이다. 거창하게 창고나 그릇에 담아 놓는 것이 아니라 야생짐승의 습격을 막을 수 있는 곳에다 잡은 양고기를 얼려 놓는 일이다.

많이 잡는 사람은 날을 정해 한꺼번에 1백여 마리의 양을 잡아 일부는 시장에 내다팔고 나머지는 쟁여 놓는다.

이렇게 가을에 양을 몰아 잡는 것은 한겨울에는 양을 잡을 수도 없고 잡아봐야 가을보다 살이 빠진 것들뿐이니 효율면에서 떨어지기 때문이다. 도시에서는 커다란 창고에 가득 양고기를 사 두었다가 겨울부터 내다팔아 재미를 보는 상인이 늘고 있다. 자유화 이후부터 크게 달라진 풍습이다.

양 잡는 일과 관련된 민속을 알아보자. 우선 필요한 것이 칼이다.

양 잡는 칼은 물론 부엌칼이 잘 들도록 갈아 날을 세워 놓는 것은 남자가 할 일이다. 여성들은 칼을 사용하는 일뿐이다. 무기는 남자만의 것이라는 데서 유래되었다고 한다.

여성들은 부엌 이외에서 칼에 손을 대어서는 안 된다. 즉 무기를 드는 것이 금기로 되어 있다. 여성이 무기를 들면 목숨을 잃기 마련이다. 어떤 경우에도 여성이 목숨을 잃는 것을 몽골인은 원하지 않는다. 여성을 보호하여 종족의 대를 잇게 하자는 생각이었다.

'칼은 곧 남성'이라는 등식이 성립한다. 어느 집에 가서 칼이 들지 않으면 "이 집에 주인이 없느냐"고 농담삼아 말한다. 주인의 할 일 중에서 중요한 것 중의 하나가 여성들이 부엌에서 사용하는 칼날을 세워주는 일이다.

채소 농사를 짓는 농민들은 겨울에 먹을 채소를 지하저장고에 저장한다. 지하 30m의 깊이에 마련된 저장고에다 채소를 가득 넣고 입구를 보온이 가능한 천이나 스폰지 양가죽 등으로 덮는다. 2중3중이라는 표현으로는 모자란다. 4중5중으로 입구를 막아도 입구의 것은 얼어서 못 쓰는 경우가 많다고 한다.

여름내내 걷어 두었던 이스끼를 겔에다 다시 두껍게 두르고 걷어 올렸던 겔의 아랫부분을 내려 흙으로 바람구멍을 막는다.

겨울을 보낼 집주위에는 가축똥을 가능하면 많이 모아 놓는다. 여름내 주위 말린 똥을 모아 높은 둑처럼 쌓아 바람막이 벽으로도 사용한다. 우리가 가을철 나뭇짐으로 겨울 땔감을 준비, 비축했다면 몽골에서는 가축똥으로 이를 대신한다.

이는 여성들의 할 일이다. 여성들이 야외에 나가 등짐을 져서 똥을 모아오면 사내들은 집 주위에 담 형식으로 쌓아 갈무리하는 일이 고작이다. 여름에 말려 두었던 차강 이데도 봉지를 지어 잘 보관해 한꺼번에 먹어 없애지 않는다. 차곡차곡 정리하여 새해에 먹을 것을 따로 저장한다.

가을철 이사도 몽골인에게는 힘든 선택이다. 가을 겔 터를 고를 때는 추위를 피하고 가축을 먹일 풀이 있는 곳이 최우선으로 고려된다. 또 한겨울 눈이 아무리 와도 바람에 날라가는 곳이어야 한다.

한겨울 추위를 나기 위해서는 바람이 없고 햇볕이 따스한 곳을 선택해야 하는 것은 잘 알고 있다. 하지만 온도만을 고려하다 보면 가축이 겨우내 먹고 살 풀이 많지 않은 곳이 대부분이다. 그래서 볕이 웬만큼 들고 바람이 없고 풀이 조금이라도 더 많으면 그곳을 가을철 주거지로 택한다.

사람과 가축이 겨울을 나기에 무난한 곳이다. 그런 곳은 대부분 약간 비탈지고 뒤에 큰 산이나 구릉이 있는 경우가 많다. 그래서 매년 같은 장소가 선택된다.

겨울에 피치 못할 사정으로 길을 나선 사람들은 어두워지기 시작하면 구릉의 앞쪽으로 걸음을 재촉한다. 그런 곳에 인가가 있다는 것을 알고 있는 까닭에 본능처럼 찾아든다.

몽골의 가을은 수확의 계절이 아니라 준비의 시간이다. 천고마비(天高馬肥)의 개념은 없고 기나긴 인고(忍苦)의 시간을 준비하는 계절이다. 몽골인의 강인함과 때를 기다릴 줄 아는 지혜는 가을을 지나면서 터득하는 생활의 습관이라고 봐도 무리가 없다.

몽골의 겨울

몽골인은 겨울을 '여승 여스'라고 부른다. 9일씩 9번의 추위 즉 81일간의 혹한이라는 말이다. 이 기간이 지나면 봄이라는 얘기다. 하지만 실제는 이보다 멀고 단지 희망이 담긴 숫자의 나열이다.

너무 추워 혹독한 추위를 견디기 위한 마음자세를 가다듬는 일이 필요하다. 그래서 생각한 것이 몽골인들이 좋아하는 3이라는 숫자를 써서 날짜를 계산하는 것이었다. 그 근간에는 삼한사온(三寒四溫)의 기후적인 요소도 들어 있다. 희망을 담아 추위의 공포에서 벗어나 보자는 것이다.

몽골의 겨울은 지독하게도 춥다. 한겨울 울란바토르의 추위는 그야말로 살인적이다. 한밤중 영하 40도에 육박하는 추위가 계속될 때면 땅도 하늘도 얼고 인간의 사랑마저 얼어붙는다. 겨울에는 모든 것들이 움직임을 멈춘다.

추위를 기록하고 눈으로 볼 수 있는 온도계에서도 몽골의 추위를 감지할 수 있다. 온도계는 몽골의 겨울을 대비하기 위한 필수에 가까운 준비물이다. 그래서 가을이 시작되면 러시아나 독일제 온도계가 시장에 많이 쏟아져 나온다. 몽골인들은 온도계를 설치해야 겨우살이 준비가 다 끝났다고들 말한다.

웬만한 몽골인 가정에서는 실내에서 잘 보이는 창 밖에 온도계가 고정되어 있다. 우리의 온도계가 주로 걸어 놓도록 되어 있는 데 비해 몽골 시장에서 팔리는 온도계는 아예 고정할 수 있도록 장치가 되어 있다. 아래 위 두 곳을 플라스틱으로 감싸고 못 구멍을 만들어 놓았다. 이 곳에 못을 쳐 고정시켜 놓고 틈나면 들여다 보면서 일과를 계획하는 것이 몽골인들의 겨울 삶이다.

온도계의 눈금도 몽골 것과 우리 것은 차이가 난다. 우리 나라 것은 영하 20도 내의에서 영상 40도 정도까지 눈금이 표시돼 있다. 영상의 날씨를 주로 측정하도록 고안된 것인데, 그래도 불편 없이 온도계 사용이 가능하다. 그러나 몽골 온도계는 영하 50도에서 영상 50도까지 눈금이 그려져 있다. 편차가 100도가 된다. 그 가운데서도 영하의 기온 측정에 주안점이 주어져 있다. 한겨울 밤 온도계를 들여다보면 깜짝깜짝 놀랄 때가 많다. 영하 40도까지 내려간 온도계가 추위에 얼어 터질 듯이 위태로워 보이기 때문이다.

이렇게 기온이 내려간 날 밤 밖에서 하늘의 별을 보면 그 빛도 얼어붙은 듯 떨려 보인다. 사람의 눈에서 나오는 열기가 아지랑이 효과를 일으켜 별빛이 떨려 보이는 것이다. 시간이 조금 더 흐르면 눈에 눈물이 고여 그렁그렁해진다. 참 힘든 겨울나기를 경험했다.

겨울의 추억이라면 말로 표현하기 어려울 만큼 추위가 돌아쳐 모든 것이 정지한 듯한 느낌을 받았던 것뿐이다. 그 추운 가운데서도 오직 살아 움직이는 것은 느릿느릿 먹이를 찾는 양떼뿐이다. 양떼는 주둥이에 고드름이 달릴 정도의 추위에서도 초원의 건초를 찾아 옮겨다니며 계속 뜯어먹는다. 눈이 쌓여 있으면 발굽과 주둥이로 헤쳐가며 먹이를 찾는다. 참 끈질긴 생명력임을 다시 한 번 느끼게 했다.

잠깐 삼한사온에 대해 언급했지만 몽골인은 이를 두려운 눈으로 쳐다보는 경우가 많다. 우리는 3일간의 따뜻함을 그리며 삼한사온을 반기나, 몽골인은 꼭 그런 것만은 아니다. 몽골인은 오히려 4한을 은근히 기대한다. 삼일간 기온이 올라가 이상난동이 되는 것을 몽골인은 되레 두려워한다. 몽골 정부나 지방자치단체 심지어는 각 사회단체조차도 겨울의 이상난동을 가장 염려한다. 이상난동으로 겨울 기온이 영상으로 올라가면 정부와 각 지방자치단체는 재해를 선포할 만큼 비상 상태가 된다.

눈이 녹아 몽땅 흘러버리면 상관이 없지만 그렇지 않고 얼어붙으면 가축의 먹을 것이 모두 없어져 가축이 굶어죽는다. 눈을 헤집고 찾아먹던 풀을 뜯어먹을 수 없기 때문이다. 이런 상황이 되면 들판에 가축의 시체가 즐비하다. 겨울이라 가축을 묻을 곳도 없고 봄이 될 때까지 그대로 방치하는 수밖에 없다. 가축의 시체가 썩지 않고 그대로 얼어붙어 있어도 죽은 고기는 먹지 않는 몽골인의 습관 때문에 거들떠보지도 않는다.

1993년 초반 폭설과 함께 이런 이상고온이 발생, 300만 마리 이상의 가축이 떼죽음을 당한 일이 있다. 당시 우리 정부와 적십자사도 몽골에 구호품을 보내는 등 전 세계가 몽골 돕기에 나섰던 일이 있다.

여승 여스는 크게 3단계로 구분할 수 있다. 첫번째는 발치르 3여스(시작), 두번째가 이데르 3여스(한창 때), 마지막으로 흑싱 3여스(늙은)이다. 이들 3단계 여스는 다시 각각 3여스로 나뉜다.

여승 여스는 매년 12월 22일 시작하여 다음 해 3월 11일 끝이 난다.

9일씩 계속되는 추위의 이름도 특이하다.

① '얇은 옷을 입으면 떠는 추위'
12월 22일부터 12월 30일까지다. 동지 다음 날이나 동지부터 시작되는 추위이다. 우리는 통상 12월 1일부터 겨울이라고 말하는데 몽골인은 이 때를 늦은 가을로 간주한다. 추위의 개념이 우리와는 전혀 다른 셈이다.

② '양이 잠자는 바닥이 어는 추위'
12월 31일부터 시작해 해를 넘긴 다음 해 1월 8일까지 계속된다. 몽골인이 러시아에 발맞춰 축제로 즐기는 새해가 이 기간 동안에 들어 있다. 몽골인은 양을 우리에 넣어 재우지 않는다. 그런데 양의 체온으로도 녹이지 못할 추위라서 양이 잠자는 바닥이 언다는 것이다.

③ '세 살된 황소의 뿔이 얼어 부러지는 추위'
1월 9일부터 1월 17일까지 지속된다. 이 기간에는 추위에 단련된 몽골인도 잘 나돌아다니지 않을 정도로 추위가 대단하다.

④ '네 살 된 황소의 꼬리가 얼어 부러지는 추위'
1월 18일부터 1월 26일까지 이어진다. 이 때가 겨울 추위의 절정이다. 몽골인이 가장 듬직하고 힘이 센 것으로 생각하는 네 살 된 황소의 꼬리가 얼어 부러진다고 과장할 만큼 지독한 추위가 엄습한다. 실제로는 그럴 수 없지만 그럴 가능성이 전혀 없다고 말하지는 않는다. 소한·대한 추위 무렵이지만 우리 나라에서는 경험할 수 없는 추위임에 틀림없다.

겔 한쪽 구석에서 사람과 같이 살며 추운 겨울을 나는 어린 양. 한식이 되면 겔 밖으로 내보내 어미와 함께 새로운 야외생활을 시작하게 한다.

⑤ '땅에 버려진 낟알이 얼지 않는 추위'

1월 27일부터 2월 4일까지로 추위가 조금 누그러진다. 이 때부터는 땅에 떨어진 곡식의 종자가 얼어 죽지 않고 봄에 새싹을 틔운다고 한다. 최고 추위는 가셨다고 본다.

⑥ '길에 내린 눈이 일부는 얼고 일부는 녹은 상태의 추위'

2월 5일부터 13일까지인데 포장된 길의 눈이 조금씩 녹아 내린다고 한다. 입춘 무렵이어서 우리 나라에서는 봄바람이 살살 불어오는 시기다. 그 영향으로 대륙의 안쪽 몽골에서도 훈기를 느낄 수 있다.

⑦ '구릉의 그늘에 눈이 쌓여 있는 추위'

2월 14일부터 2월 22일까지이며, 양지쪽에는 눈이 다 녹고 구릉의 그늘에만 눈이 남아 있을 뿐이라고 말한다. 이는 보편적인 상황이고 몽골 고원의 눈은 5월에도 그대로 쌓여 있는 경우가 많다. 울란바토르 시내를 벗어나면 5월에도 산야에서 쉽게 눈을 발견할 수 있다.

⑧ '길이 질척해지는 추위'

2월 23일부터 3월 3일까지인데 사람들이 점차 살기 어려워지는 때다. 갈무리해 둔 겨울식량도 바닥나고 건조한 동남풍이 불어오기 시작해 사람들의 마음까지도 말려버린다. 메마른 땅만큼이나 사람들의 피부도 건조해지기 시작한다.

⑨ '일반적으로 따스해진다'

3월 4일부터 시작한 마지막 추위가 3월 12일에는 끝이 난다고 표현한다. 그러나 가축이나 사람이 야외에서 활동하기에는 아직도 멀기만 하다. 우리는 '우수·경칩이 지나면 얼었던 대동강물도 풀린다'고 말하지만 울란바토르를 흐르는 톨 강은 녹을 줄을 모른다.
 이 가운데 가장 추운 날은 세번째와 네번째 여스이다. 살아 있는 황소의 뿔과 꼬리가 얼어 부러질 정도라고 표현할 만큼 날씨가 매섭다. 몽골인은 매년 이런 추위를 경험해서인지 추위에 대해 별다른 겁을 내지 않는다. 단지 겨울에 바람이 불어오는 것을 매우 겁낸다. 바람이 불어오면 살이 떨어져 나가는 것처럼 아프다. 나중에는 감각이 없어진다. 이 정도가 되면 동사하기 직전이다. 머리가 아프다가 감각이 무뎌지면 얼른 아무곳에나 들어가 몸을 녹여야 한다.
 몽골의 겨울은 필설로 표현하기 어려운 추위가 이어진다. 머리에서 발끝까지 싸매고 다니지 않으면 동상에 걸릴 확률이 높고 심한 경우 숨쉬기도 쉽지 않다.

몽골인의 삶

겔 옆의 수레에 모여 노는 아이들과 지붕 위의 차강 이데가
우리 나라 가을 풍경을 그린 한 폭의 수채화를 연상시킨다.

몽골의 손님대접

　몽골인의 손님대접은 극진하다. 손님이 오면 양을 잡아 신선한 고기를 대접하고 겔 중앙에 앉히며 잠자리도 주인과 함께 한다.
　손님은 속말로 왕이며 최고로 대접받는다. 손님은 친척이나 잘 아는 사람이 아니라도 똑같은 대우를 받는다. 지나가는 나그네가 들렀더라도 상황은 마찬가지다.
　몽골인은 자신의 여행 경험을 생각하면서 누구든지 집에 찾아온 손님을 늘 주인처럼 대접한다. 몽골인은 길을 떠나면 허허벌판에서 인가를 만나기 어려워 늘 고독하고 궂은 날씨에 시달려야 했다. 이런 사실을 잘 아는 주인들은 손님을 반갑게 맞아들인다. 즉 손님을 자기의 분신처럼 위해 준다. 주인도 언젠가 길을 나서면 낯모르는 많은 사람으로부터 도움을 받아야 하기 때문이다. '남으로부터 대접을 받으려거든 네가 먼저 남을 대접하라'는 성서 구절을 몽골인은 스스로 행하고 있는 것이다.

몽골인은 길을 가다 날이 저물면 아무 겔에나 찾아가 주인장에게 하룻밤 묵어 갈 것을 요청한다. 손님의 요청을 받은 주인은 웬만한 어려움이 아니면 대부분 묵어 갈 것을 허락한다. 만약 이를 거절하면 그 사회에서 배척을 당한다. 왕따가 되는 것이다.

옛날에는 손님을 대접하지 않는 주인을 법으로도 제재했다. 하룻밤 숙박을 거절한 사람은 세 살된 암말 한 마리를 벌금으로 내놓아야 했다. 배고픈 나그네가 찾아왔을 때 아이락을 주지 않으면 누구를 막론하고 양 한 마리를 내놓는 벌칙을 받아야 했다. 나그네의 말이 피곤해 달리기가 곤란하면 주인은 의무로 힘이 센 말로 교환해주는 규정도 마련돼 있다. 인간존중을 손님대접으로 가르친 것이다.

손님은 멀리 겔이 보이면 옷을 바르게 고쳐 입고 천막집 '겔'로 다가간다. 그리고는 주인을 부른다. 주인을 부르는 소리가 흥미롭다. 겔로 다가가 문을 두드리거나 "들어가도 되겠소"라고 굳이 않는다. 가능하면 먼 거리에서 주인을 부른다.

손님은 겔에서 가를 키우거나 말거나 개의치 않고 목소리를 높여 "개를 불러들이시오"라고 소리친다. 그리고는 크게 헛기침을 하거나 혼자서 "날씨 참 좋다", "풀이 참 잘 자라고 있구나", "벌써 여름이로구나" 등 주인과 관계가 있든 없든 아무 말이나 중얼거린다. "밖에 사람이 왔소" 하고 안에다 알리는 말이다. 집안에 하인이 있든 없든 관계치 않고 "이리 오너라"라고 집안의 사람들에게 기별하던 우리네 조상들의 모습과 비슷하다. 꼭 우리 나라 TV 연속사극을 보는 듯한 느낌이다.

무작정 집 가까이 다가가면 오해받기 쉽다. 최근에야 그런 일이 흔치 않지만 20세기 초만 해도 약탈하거나 습격하는 사람들이 많아 주인은 늘 신경을 썼기 때문에 약탈자가 아니라는 것을 멀리서 알릴 필요가 있었다. 그래서 멀리서부터 사람이 다가간다는 것을 주인에게 알리려는 의미에서 인기척을 내야만 했다. 상호 오해에서 빚어질 수 있는 불상사를 막자는 것이다.

　손님의 알리는 말을 들은 주인은 겔 안에서 옷을 차려 입고 모자를 쓰고 나와 손님을 맞이한다. 유럽에서는 실내에서나 인사를 할 때는 모자를 벗지만 몽골인은 인사할 때는 꼭 모자를 쓴다. 모자를 쓰지 않고 손님을 맞이하면 예의가 아니다. 갓을 쓰지 않고 나가는 것을 엄청난 실례로 여기던 우리 풍습과 닮은 점이 있다.

　주인은 손님이 말에서 내리도록 도와주고 말을 '오야'줄에 맨 뒤 겔로 인도한다.

　손님과의 안면 유무에 관계없이 장황한 인사말을 주고받는다. 긴 인사말을 주고받는데 적어도 5분은 넘는다. 손님은 겔의 정문에서 안쪽을 볼 때 약간 왼쪽, 주인의 오른쪽에 앉게 한다. 그리고는 여름에는 아이락을, 봄·가을·겨울에는 수테 차(茶)를 권하며 우선 요기하고 한숨 돌리도록 유도해 나간다.

　차는 반드시 두 손으로 손님에게 권한다. 왼손으로 오른손 팔목을 받쳐든다. 손님도 똑같은 방법으로 찻잔을 받아든다. 이 때 꼭 옷소매를 내리고 서브하고 받는 것이 기본 예의다.

　몽골에서는 어른들이 아랫사람들에게 물건을 주면 황급하게 소매를 풀어 내리고 두 손을 내밀어 받는 것을 종종 볼 수 있다. 팔뚝을 드러내는 것이 예의에 어긋난다고 생각한다. 맨살을 어른에게 보일 수 없다는 예의를 지킨다.

　버선의 뒤꿈치도 보이지 않아야 한다는 우리의 사대부 집안의 가르침과 크게 어긋나지 않는 관습이다. 몽골인이 겉으로 보기에는 험악해 보일지 몰라도 예의를 차리는 면에서는 어느 민족에게도 빠지지 않는다. 어른의 말씀에 순종하는 모습은 너무 순박해 보인다. 메말라 가는 사회에서 살다온 외국인에게는 아름답게 보인다.

차와 동시에 손님에게 코담배를 권하며 다시 한 번 인사말을 건넨다. 코담배는 담배가 아닌 향료와 약초를 사용해서 만든 것이다. 옥으로 만든 향수병만한 코담배를 주머니에서 꺼내 상대방에게 주면서 "여행길이 편했느냐"고 묻는 것을 시작으로 말문을 터나간다. 그러나 절대로 손님이 어디서 왔으며 어디로 가며 무슨 일로 길을 나섰는질 묻지 않는다. 손님이 대화중에 자연스럽게 하는 일이 무엇이며 어디로 가는지를 알려줄 뿐이다.

코담배를 상대방에게 줄 때도 반드시 오른손을 사용해야 한다. 왼손으로 주고받으면 오히려 하지 않은 것만 못하다. 왼손은 불결하다고 생각해 타인과 접촉하는 것을 꺼린다. 코담배 병을 건네줄 때는 뚜껑을 조금 열어 상대방이 꺼내기 쉽게 한 뒤 권한다.

코담배를 받아서는 뚜껑에 달린 홈이 파진 귀지 후비는 것 같은 작은 것으로 가루를 꺼내 엄지손톱에 바른다. 그리고는 조심스럽게 들여마시며 냄새를 맡는다. 갑자기 훅 들여마시면 재채기와 눈물, 콧물이 나와 창피를 당하기 쉽다. 강한 향료와 매콤한 냄새가 자극적이다.

방 안에 있는 모든 사람들이 한 바퀴 죽 돌려가면서 코담배 냄새를 맡으면 인사가 끝난다. 코담배는 주인과 손님 모두가 교환, 한 차례씩 돌려가면서 사용한다. 코담배 통은 원래 주인에게 다시 돌려준다.

주고받는 인사말도 다양하다. '안녕하십니까'(사인 바이 노)는 기본적인 인사말이며 '좋다'(사인)라고 대답한다. 이 대답은 영어의 화인(Fine)과 같은 의미로 사용된다. 이 때 주의할 것은 아무리 상황이 나쁘고 몸이 불편하다고 해도 부정적인 대답을 해서는 안 된다. 만약 몸이 아프거나 어떤 문제가 있으면 인사말을 주고받은 다음에 얘기를 꺼내야 한다.

이 인사말 이외에도 계절에 따라 "봄철 살기가 괜찮으냐", "여름 지내기가 좋으냐" 등 계절마다 주고받는 인사말도 달라진다. 시골에서 주고받는 가축과 관련된 각종 인사말도 흥미롭다. "댁의 양이 평화롭게 풀을 잘 뜯고 있습니까", "양이 통통하게 살이 쪘습니까", "풀이 잘 자라고 있습니까" 등이다.

몽골어에서의 평화라는 표현은 기원이나 행복을 의미한다. 사람들이 걱정할 일이 없다면 그것이 곧 평화이고 행복이라는 것이다. 들판이나 일터에서 사람을 만나면 특별한 기원이나 인사를 한다. 젖을 짜는 사람을 만나면 "젖이 그릇에 가득하겠어요"라든가, 양털을 깎는 소녀에게는 "양털이 비단보다 더 곱다" 등 인사도 다양하다. 게임을 하는 가족을 만났다면 "골고루 한 번씩 사이좋게 이기십시요"라고 말한다. 그러면 상대방도 그렇게 될 것이라고 대답한다.

음력설에 손님을 만나면 인사가 더 요란스러워진다. 계절과 일년 행운, 가축의 다산, 가족의 화목 등이 거론된다.

어른을 만났을 때는 '고애'(씨)라고 존대어를 사용해야 한다. 예를 들면 '푸레브잔찬 고애'라고 불러주면 흡족해한다. 또 단지 나이가 많아 보이면 '아하'(형 또는 아저씨)라고 부른다.

몽골인은 외국인들에게 호의적이다. 자연환경이 열악해 외부인을 쉽게 접할수 없었던 몽골인은 외국인을 반긴다. 외국인들은 외부 소식을 전해주는 전령이며 새로운 문물을 소개하는 선구자였다.

단 몽골인이 외국인들에게 호의적이라고 말했지만 이는 도시지역에 한정된 말이다. 지방을 여행할 때는 전통과 예절을 잘 알지 못하면 봉변을 당하기 일쑤다. 수도에서 멀리 떨어져 있을수록 더 배타적이고 관습을 중시하기 때문이다. 그렇다고 해서 크게 걱정할 것은 못된다. 외국인들이 잘 몰라서 그렇다는 것을 모든 몽골인은 잘 알고 있다.

몽골인은 손님에게는 새로 잡은 신선한 고기를 대접한다. 이 때도 격식을 차린다. 고기의 엉덩이, 갈비 등 각 부분 고기를 한 점씩 삶아 내놓는다. 끝으로 내장을 삶아 상에 올린다. 내장이 나오면 다 먹었다는 표시다. 우리 나라 음식점에서 최근 흔히 볼 수 있는 '암소한마리' 등의 메뉴와 유사하다. 모든 부위의 고기를 조금씩 맛보이는 대접이 재치가 있어 보인다.

손님은 음식을 먹고 트림을 해야 한다. 포식했다는 표시다. 그리고는 감사하다는 말을 해야 한다. 흔히 일본인들의 인사를 두고 '한 번 감사하다는 표시를 하려면 열 번은 허리를 굽혀야 한다'고 말하는데 몽골인은 이보다 더하다. 족히 10분이 넘을 시간을 할애, 주인에게 감사와 고마움을 나타낸다. 형식이 참 많이 발달돼 있다.

아이락으로 거나해진 주인이 손님과 마음이 상통하면 술을 마시기 시작한다. 주인은 손님의 술잔에 술을 채워 권한다. 손님은 술을 다 마시는 것이 아니라 반쯤 마시고 주인에게 잔을 돌려주면 다시 술을 따라 다른 사람에게 잔을 돌린다. 주인은 손님들이 한 순배 돈 뒤 마지막으로 술을 마신다.

중국의 기록에 따르면 몽골인은 예부터 잔칫날에 귀한 손님이 오면 말고기를 먹었다. 말고기는 삶아서 고기로 먹을 뿐 다른 것으로 요리는 하지 않았다. 말고기의 맛은 지방질이 없어서 담백하고 고기결이 그대로 살아 있어 졸깃졸깃하다.

말고기는 그러나 비상식량의 의미가 더 강하다. 말은 육식용으로 사육하지 않는다. 운송수단으로 사용하다 늙어 수명이 다하면 잡아서 고기를 먹기 때문이다.

몽골 학자들은 그러나 이 말이 잘못 됐다고 지적한다. 몽골에 잠깐 머물렀던 중국사신에게는 이 기록이 사실처럼 보였다. 중국인이 몽골인과 함께 머물렀던 것은 한 차례 전쟁을 치르고 난 뒤 두 민족이 화해하거나 화친을 위해 모인 자리뿐이었다. 이런 자리에서 몽골인은 늘 말을 잡아 잔치를 베풀어 중국인을 대접했다. 이걸 본 중국인은 몽골인이 잔치 때 말고기를 먹는다고 기록했다.

몽골인의 풍습은 손님이 오면 늘 새로 가축을 잡아 고기를 대접하는 것이 예의로 돼 있다. 먹던 고기가 아무리 많이 남아 있어도 손님이 집에 방문한 것을 영광으로 여겨 가축을 잡았다. 이런 전통에 따라 손님을 접대해야 하지만 전쟁판에서 가축을 구할 수 없었던 몽골인은 가장 구하기 쉬운 말을 잡아 잔칫상을 차렸던 것이다.

몽골의 풍습을 제대로 이해하지 못했던 중국인은 이런 모습을 보고 말고기도 먹는 민족으로 기록했다. 이 말에는 몽골인이 미개하고 무식해 말고기를 먹는다는 투의 비하하는 의미가 담겨 있다.

몽골인은 손님을 대접할 때 그들이 조심스럽고 부끄러움을 잘 타는 성격이라고 말한다. 일반적으로 알려진 공격적이고 거친 성격이 아니라는 것이다. 몽골인은 종종 당황스러움과 거북함을 웃음으로 얼버무린다. 또 대부분의 몽골인이 과묵하고 말이 없으며 관용적이라고도 표현한다. 어떤 사람들은 미신을 좋아한다고도 설명한다. 까다롭고 변덕스럽다고 묘사되지만 품위가 없는 것은 아니다.

물론 이런 말들이 모두 맞는 것은 아니다. 몽골인은 그러나 경기를 할 때면 매우 흥분하고 화가 나면 펄펄 끓는다. 그래서 손님들은 불쾌한 말을 하지 않는다. 친구나 아는 사람 사이에서는 더더욱 금기시되고 있다. 문제를 야기시킬 말을 사전에 차단하는 것이다. 마음이 언짢은 말을 할 때는 가능한 한 조심스럽게 방어적인 자세를 취한다. 반면 칭찬과 호의는 과장될 정도로 크게 떠벌린다. 주인의 고향자랑, 주변 자연경관, 주인의 친절 등을 자랑하는 것을 들어주면 매우 좋아한다.

몽골에는 다른 사람에 대한 호의와 칭찬이 잘 발달돼 있고 운문(韻文)으로 음유된다. 고대에는 축제나 잔치는 전통적으로 찬미와 칭찬으로 시작하고 끝났다.

손님들이 삼가야 할 일도 많다. 편안한 여행을 하려면 터부를 지켜주는 것이 좋다. 특히 난로와 겔에 대한 독특한 생활풍습을 지켜주는 것이 필수적인 예의다. 난로에 물을 붓거나 쓰레기를 넣어서는 안 된다. 칼이나 창으로 불을 쑤시는 것과 난로 불에 발을 쪼이는 것이 금기시된다. 난로를 타넘는 것은 더더욱 안 된다. 난로를 모독하는 것 같은 행동은 죄악시되며 주인을 모욕하는 것으로 받아들인다.
　우유를 땅바닥에 쏟아도 안 된다. 겔 안에서 휘파람을 불고 겔의 기둥에 몸을 기대면 불길한 일이 일어난다는 징조로 받아들인다. 겔 안에서 휘파람을 불면 겔 외부에 있던 불순 세력들이 침입해 온다는 옛 말 때문에 몽골인은 휘파람을 몹시 꺼린다. 우리 건물은 외부 공격으로부터 주인을 보호해 줄 수 있지만 겔은 보호 능력이 거의 없다. 나무와 천, 양털로 만든 벽가림 등으로 되어 있기 때문이다.

몽골인의 세시 음식(여름)

몽골인은 가축의 젖으로 무수한 음식과 유제품을 만든다. 젖으로 치즈, 버터는 물론이고 아이락(馬乳酒), 타라크(요구르트) 등 10여 가지 음식을 만들어낸다. 질이 좋은 젖일수록 오래 두고 먹기 위해 건조시키는 경향이다. 질이 낮은 것들을 건조시키려면 품만 많이 들 뿐 기대보다 효과가 적기 때문이라는 것. 유제품을 관리하는 것은 여성들의 일이다. 주로 나이 어린 여자애들이 어머니가 시키는 대로 해낼 뿐이다.

젖 종류를 가축별로 분류해 보면 소와 양, 염소의 젖으로는 타라크, 낙타와 말 젖으로는 아이락을 각각 만든다. 젖의 농도와 양에 따라 필요한 유제품을 생산한다.

우유도 그냥 마시지 않는다. 보관과 소독을 겸해 젖을 끓이면서 맨 윗부분의 '으름'이라고 부르는 기름덩이, 중간 부분의 젖(마유 혹은 우유), 그릇에 눌어붙은 검게 탄 우유인 '호삼' 등도 각각 분리해 모두

샤르 토스에 튀겨 밀가루떡을 만들어내는 몽골 여성. 설탕을 뿌리면 최고의 간식으로 아이들에게 인기가 그만이다.

식량으로 사용한다.

으름은 쉽게 설명하면 버터다. 만드는 방법은 아주 간단하다. 우유를 그릇의 윗부분이 엉겨붙을 정도로 진하게 끓여 위에 뜬 부분만 떠내 응고시킨다. 물기가 없어지고 고체만 남은 것이 으름이다. 이를 가죽 주머니나 나무통에 넣어두고 겨우내 뜬다. 가축의 말린 위나 오줌보가 저장주머니로 자주 사용된다. 으름은 손님이 오면 스낵으로 내놓기도 하고 차에 타서 아침식사 대용으로 마신다. 시장에서도 가축의 오줌보에 저장된 으름이 자주 눈에 띈다. 오줌보 스스로가 공기를 유통시켜 으름의 장기간 보관을 가능하게 한다.

굳히지 않은 으름은 '노란 기름'(샤르 토스)이라고 부른다. 겨울까지 저장했다가 밀가루로 만든 과자를 튀길 때 쓴다. 호쇼르를 만들 때도 대부분 이 기름을 사용한다. 식물성과 달라 진하다.

건조한 우유는 '아롤'이라고 한다. 탈지분유보다는 기름기가 많아 더 끈적거리고 찰지다. 끈적한 우유를 탈수시켜 나무판 위에 놓고 건빵보다 조금 크게 썰어 햇볕에 딱딱하게 말리면 아롤이 된다.

말린 아롤은 겨울 또는 장기비축 식량으로 훌륭한 역할을 한다. 젖이 적은 계절에 영양보충식으로 예로부터 이용돼 왔다. 딱딱하게 굳은 아롤을 입 안에 넣고 침으로 녹여 먹는다.

설탕을 뿌려 말린 아롤은 어린이의 간식으로 최고의 인기이다. 1950년대 말 구호품으로 배급된 우유를 밥에 쪄서 딱딱해진 것을 먹어본 사람들은 쉽게 이해할 수 있을 것이다. 가루일 때는 헤프기만 하던 우유도 밥에 쪘다가 식으면 단단해진다. 이 돌처럼 단단한 우유 덩어리를 입에 넣어 침으로 녹여 먹으면서 허기를 면하던 기억을 떠오르게 한다.

몽골인은 '아롤을 씹으면 치아가 튼튼해진다'면서 아롤을 먹기 싫어하는 아이들에게 아롤을 먹인다. 여름철에는 초원의 겔 지붕마다 아롤을 말린다. 몽골인은 아롤이 널려 있는 지붕을 쳐다보면서 먼 고향과 동심을 떠올린다.

13세기 중국의 기록에 따르면 몽골인은 배가 고프거나 목이 마르면 가축의 젖을 마셨다. 여기서 젖이란 아이락을 말한다. 말젖을 오래 보관하는 방법으로 발효시켜 만든 것이 아이락이다. 아시아 지역 유목민들은 칭기즈칸 이전부터 지금까지 같은 방법으로 아이락을 만들어 오고 있다.

우리에게는 일본인들이 번역해서 사용하는 마유주(馬乳酒)라는 이름으로 널리 알려져 있다. 하지만 몽골인은 마유주를 술의 개념으로는 전혀 사용하지 않는다. 젖으로 만든 좋은 식품일 뿐이다. 술의 개념이라면 환자나 아이들에게 먹이지 않아야 된다는 것을 몽골인도 알고 있다. 그런데도 중증의 환자에게 아이락을 먹인다. 이를 보거나 몽골인에게 물어봐도 아이락을 술 종류로 여기지 않는다.
 여름에는 한 사람당 매일 3~5ℓ의 아이락을 마신다. 여름의 식사 대용이다. 몽골인은 특별한 요리를 하는 대신 여름에는 아이락을 상식한다. 그만큼 많이 생산되고 영양가가 높은 음식이다.
 일본인이 아이락을 마쓰주로 번역하여 사용한 것은 아이락에 알콜기가 들어 있기 때문이다. 우리 나라 막걸리와 비슷한 6~7도의 알콜을 함유하고 있다. 두세 잔 마시면 기분이 좋아지고 힘도 솟는다. 남녀노소 구분 않고 먹는 그급 영양식이다.
 아이락을 처음 마실 때는 알콜이 들어 있다는 선입견과 허연 색깔 때문에 망설여진다. 마셔 보면 첫 맛은 조금 비릿한 듯한 감을 갖게 된다. 그리고 약간 시큼한 맛도 느낄 수 있다. 시금털털하다고 표현하기에는 조금 무리가 있다. 입 안에서 잠깐 동안 거부 반응을 느낄 수 있지만 마셔도 별탈이 없다. 입에 배면 고소하고 없으면 찾게 된다. 몽골인 겔을 찾아갔을 때 주지 않으면 오히려 서운한 감마저 든다.
 몽골인은 손님이 찾아오면 아이락을 대접한다. 꼭이라고 표현해도 무리가 없을 만큼 필수적이라고 생각한다. 인사를 마치면 두세 그릇을 마시게 하고는 안부를 물으면서 밀린 이야기를 시작한다. '맨입'으로 손님을 앉아 있게 하면 혼쭐나는 우리의 풍습과 비슷한 면이다. 아이락으로 입을 축이고 그리고는 방문 목적을 이야기한다.
 히포크라테스는 아이락이 폐병 치료에 효과가 있다고 말했다. 아이락은 비타민 A·C·B 등을 포함하고 있고 병원체 미생물의 성장과 증식을 억제한다. 특히 폐와 위 질환에 효험이 있고 신경작용을 활성화한다. 또 식욕과 소화력을 증진시킨다.
 오래 된 아이락에서는 사이다처럼 기포가 올라오고 맛도 몹시 시어진다. 덜 숙성된 아이락은 배탈이 나고 너무 발효된 것은 매우 시고 독소도 들어 있어 마시면 위험하다.

아이락 맛은 집집마다 각각이다. 가축 사료가 다 다르고 첨가물이 지역마다 서로 다르기 때문이다. 가장 품질이 좋은 아이락은 아르한가이 볼간 아이막에서 생산된다. 전문가들은 고비 지방의 아이락에는 고비 지역 특유의 풀향기가 스며 있다고 말한다. 신토불이(身土不二)라는 말이 몽골인들의 유제품에도 적용되는 셈이다. 우유와 고기의 맛이 각 지방의 기후와 토양에 따라 각각 차이가 난다.

몽골인은 몽골 동남쪽 지방에서 생산된 고기가 가장 맛있다고들 말한다. 풀에 물기가 적어 이를 먹고 자란 가축의 고기에 수분 함량이 적다는 것이다. 몽골인은 이런 맛을 구분할 정도로 유제품과 고기를 많이 먹는다. 우리가 김포, 이천 쌀밥 맛이 더 좋고 순창 고추장 맛이 낫다는 것과 조금도 다를 것이 없다.

몽골인은 초원에서 많으면 하루 평균 30~40ℓ씩 말젖을 채유하지만 일가족이 다 마시기에는 많은 양이다. 말젖을 그대로 보관하면 2일을 넘기기가 힘들다. 우유와 같은 젖 종류라서 곧 부패하기 때문이다. 이 말젖을 발효시키면 약 1주일 가량 저장이 가능하다. 몽골인은 이런 생활의 지혜를 발휘, 초원에서의 생활을 풍요롭게 이끌어 갔다.

아이락은 운반이나 저장이 젖보다 쉬워 선호된다. 말젖을 가죽부대에 넣고 나무 막대기로 밤새 휘젓는데, 1만 5천 번을 휘저으면 아이락이 된다. 휘저을 때 산소가 공급된다는 것이다. 1만 8천 번을 저으면 질좋은 아이락이 된다면서 자주 저으라고 강조한다. 이 숫자가 특별한 의미가 있는 것은 아니다. 많이 저을수록 산소 공급량이 많아져 좋은 아이락이 된다는 것이다. 몽골인은 여름 밤새 아이락을 젓는다. 겔 문 옆에다 가죽부대나 젖통을 놓아두고 오가면서 일삼아 나무 막대기를 휘휘 저어준다. 우리 나라 고무래같은 모양을 하고 있다. 보통 막대기로 저으면 산소공급량이 적기 때문이란다. 아이락이 한참 발효될 때는 솥에서 죽이 끓을 때처럼 보글보글 소리를 내며 기포가

겔 입구에 달려 있는, 아이락을 발효시키는 가죽주머니. 많이 저어야만 좋은 아이락이 생산된다.

솟아오른다. 주부나 가장 심지어는 아이들조차도 집을 들며나며 심심하면 아이락을 저어주는 것이 한여름의 주요한 가사노동이다.

몽골 문학작품에는 아이락을 휘젓는 소리가 항상 등장할 정도로 보편화된 몽골인의 전통 생활방식이다. 멀리서 아이락 젓는 소리가 들려오면 허기와 피로에 지친 나그네들은 하룻밤 묵어갈 수 있다는 희망에 젖는다. 아이락 휘젓는 소리가 어머니 품속을 생각나게 한다는 걸 보면 몽골인들 뇌리에는 아이락이 기본 식사로 각인돼 있는 것 같다.

아이락과 우유는 또 행복의 상징이다. 흰색의 종교적 의미 때문에 축제와 기념일에는 꼭 아이락이 쓰인다.

우유·양유·염소유로 만든 타라크(요구르트)도 주요한 유제품이다. 생우유보다 보관과 운반을 용이하게 만든 발효식품이다. 설탕, 방향제, 과일 등 아무런 첨가제도 사용하지 않아 천연 그대로의 발효맛만 깨끗하게 느껴진다.

발효된 타라크와 아이락에 우유를 섞은 것은 각각 '에뎀', '호르목'이라고 불린다.

몽골 일부 지역에선 아직도 아이락을 증류, 술로 만든다. 증류하면 아르히, 아르츠, 호르츠, 샤르츠 등 다섯 종류의 술이 된다. 이 중 대표적인 것이 아르히. 아르히는 시장에서 유통된다. 이를 몽골 아르히라고 부르며 보드카와는 구별된다. 아르히는 우리 나라에서 소주를 빚는 것과 유사한 방법으로 증류한다. 우리 시골에서는 솥뚜껑을 거꾸로 엎어 찬물을 부어 소주를 증류, 냉각시켜 만든다. 몽골에서는 주전자 꼭지가 달린 것 같은 질그릇으로 아르히를 증류, 효율을 높이고 있다. 몽골 아르히를 만드는 데는 오랜 시간이 소요되고 손도 많이 가 기피하는 경향이 늘고 있다. 가게에서 독한 술을 사는 사람들이 늘고 있어 전통 아르히는 점차 사라지고 있다.

몽골 아르히는 10~12도의 무색 투명한 무미의 술이다. 처음 맛볼 때는 알콜기를 거의 느낄 수 없다. 단지 화독내가 조금 난다. 입 안에서도 거부감이 조금 있다. 알콜기 대신 덤덤한 맛이 초취(焦臭)와 어울려서 야릇한 냄새를 만들어내기 때문이다. 이 아르히를 마실 때는 조심해야 한다. 밋밋할 정도로 알콜기를 느낄 수는 없지만 마시고 나면 취기가 뒤늦게 올라 실수하기 딱 좋다. 그리고 숙취가 되면 다음 날 아침 머리가 아파 몹시 고생한다.

수테 차(茶)

 몽골에 처음 간 사람들이 일반 가정을 방문했을 때 가장 곤혹스러워하는 것이 '수테 차'라는 우리에게는 생소한 차를 대접받는 일이다.
 소금으로 간이 돼 있어 짭짤하고 젖이 들어 있어 조금 텁텁하며 차의 색은 희다. 독특한 맛은 있다. 이 맛에 길들여지면 다른 어떤 차보다도 마시기가 수월하다. 이것에는 복합적인 조건 즉 기후와 생활 여건을 극복할 수 있는 지혜가 담겨 있다.
 '수테'의 '수'는 우유·가유 등 젖 종류를 통칭하는 단어다. '테'는 무엇을 포함하고 있다는 접미어이다. 그런 뜻으로 보면 '수테 차'는 말 뜻 그대로 '젖 종류를 탄 차'이다. 영국인들이 즐겨 마신다는 우유를 탄 일명 '화이트 티'의 일종이라고 할 수 있다. 하지만 영국인들이 마시는 차의 고상함을 생각했다가는 낭패하기 십상이다.
 몽골인은 손님이 오면 반갑게 인사하고는 막바로 이 차를 내온다. 특히 기후가 건조한 봄에 이 차를 많이 권한다. 귀한 손님일수록 푸

수테차를 끓여 맛을 보는 몽골 노부인. 중요한 손님이 오면 집안에서 가장 나이 많은 주부가 차를 끓인다.

짐하게 보이려는지 커다란 그릇에 담아 낸다. 특별히 상이 마련돼 있는 것은 아니지만 난로에서 금방 끓인 차를 찻잔에 자꾸 따라준다. 잘 마시는 사람에게는 대여섯 잔 끝이 없다. 외국인에게는 마시라고 말은 하면서도 자꾸 권하지는 않는다. 그러나 주부가 정성들여 끓인 차를 안 마시기가 민망해 마시다 보면 배가 불러지기 일쑤다.

수테 차는 차의 기능만 하는 것이 아니다. 아침에는 국의 역할도 한다. 아침에는 수테 차에 차가운 양고기, 양의 순대 등을 말아먹는다. 뜨끈한 차에 양의 순대를 넣은 말 그대로 양고기 순대국은 처음에는 몹시 역겨워 관광객들이 먹기에는 부담스럽다. 하지만 몽골인에게는 아침식사치고는 좋은 메뉴이다. 고기가 있고 따끈한 국물이 있기 때문이다.

수테 차에다 딱딱한 빵을 적셔 먹는 경우도 있다. 커피나 홍차에 빵을 적셔 먹는 것과 같다고 생각하면 된다. 언뜻 보면 뿌옇고 탁한 빛 때문에 맛에 대한 기분이 별로이나 영양과 기능 면에서는 그만이다.

신기한 것은 다른 유제품은 많이 마시면 배탈이 나는 경우가 흔한데, 수테 차는 배부르게 마셔도 뒤탈이 없다. 허기도 면하고 고원에서 흔히 느끼는 갈증도 거의 느끼지 못한다. 이유는 간단하다. 수테 차에 들어있는 소금기가 갈증을 면하게 하고 젖이 영양분을 공급하는 까닭이다. 몽골인이 고원에 살면서 터득한 지혜로 만들어진 것이다.

갈증 이야기가 나왔으니 한 번 몽골의 기후 이야기를 잠깐 해보자. 몽골은 반사막 기후라서 건조한 날씨가 계속된다. 4계절 중 봄의 건조함은 상상을 초월한다. 처음 몽골에 도착한 외국인들은 건조한 기후 탓에 코피를 흘려야 하고 심할 경우 병원에서 치료를 받아야 한다. 건조한 기후 탓에 피부가 갈라져 따끔거리기도 한다. 이를 방지하기 위해 밀크 크림을 몸에 바르면 한결 상태가 양호해진다. 코 안에는 항생제가 약간 가미된 연고를 발라주면 코피 나는 것도 막을 수 있고 세균의 침입도 사전에 예방할 수 있다.

빨래를 해 널면 아무리 두꺼운 것이라도 반나절이면 바짝 마른다. 몽골 정부가 울란바토르 녹화를 위해 하는 일은 봄이면 나무에 물을 주는 일이다. 심는 것보다 나무뿌리가 활착되도록 하는 일이 더 급하다. 기름이 없어 일반인의 자동차 운행이 중단되는 사태가 발생했을 때도 물주기 위한 자동차 운행은 계속될 정도였다.

다시 수테 차로 돌아가자. 앞서도 말했지만 약간 비릿하고 찝찔한 수테 차는 서양식 커피나 홍차, 녹차 등이 입에 밴 사람들이 마시기에는 쉽지 않다. 설탕을 좋아하는 사람이라면 더더욱 마시기 힘이 든다. 단 맛은 전혀 찾을 수 없고 차 고유의 맛을 즐기기에는 무리가 있다. 엄밀하게 말한다면 차라기보다는 건강 음료에 가깝다. 그러니 외국 여성들은 아예 입에 대는 것조차 꺼린다. 더욱이 몽골의 젖을 짜서 관리하는 것을 보고 난 후라면 흔쾌히 마시기 어려울 수밖에 없다.

이 차를 끓이는 것을 보면 신기하다. 일반적으로 차를 끓일 때는 물을 끓여 찻잎을 넣는 것이 순서이나 수테 차는 다르다. 우선 물 5~6ℓ에 차 한 국자의 비율로 양을 조절한다.

차를 끓이는 용기로는 중국 음식점에서 음식을 튀기거나 끓일 때 사용하는 위가 넓은 그릇 같은 형태의 것을 사용한다. 솥뚜껑 같은 생김새를 하고 있다.

이 그릇에다 물을 붓고 끓여 김이 나기 시작하면 국자로 한 번 휘저어준다. 물에서 기포가 생겨날 때쯤 차를 넣는다. 물 위에 떠 있던 찻잎이 가라앉았다가 다시 떠오르기를 기포와 같은 주기로 용솟음칠 때 찻잎을 건져낸다.

찻잎을 건져내느냐 아니면 그냥 끓이느냐는 집안에 따라 다르다.

찻잎이 우러나 약간 떫은 맛이 있는 것을 즐기는 집안에서는 찻잎을 건져내지 않는다. 색도 조금 더 진해져 보리차 비슷하게 된다.

이렇게 일차 작업이 끝나고 나면 다음에 젖 종류를 섞어 다시 끓인다. 말젖(마유)이나 소젖(우유)을 주로 사용한다.

젖을 국자에 담아 눈 높이까지 들어올려서 끓고 있는 찻물에다 서서히 쏟아붓는다. 국자를 눈 높이까지 들어올리는 것은 양을 조절하고 공기와 접하는 부분이 많아지게 해 산소공급의 기회를 늘리기 위해서라고 한다. 젖을 서서히 붓는 것은 한꺼번에 쏟아부을 경우 찻물이 갑자기 차져 맛이 변하기 때문이라고 한다. 그리고 젖이 엉겨 멍울이 생기는 것을 방지하는 역할을 한다. 젖을 갑자기 쏟아부으면 멍털멍털해지는데 그것을 방지하는 것이다. 잘 끓인 수테 차의 특징은 젖을 탔는데도 멍울이 없는 것이다. 홍차에 우유를 타 마셔본 사람이라면 이해가 쉽게 된다. 조그마한 찻잔에다 우유를 타면 금방 멍울멍울해진다. 우유가 차의 성분과 작용해 멍울이 생겨 마치 물 속에 입자가 떠있는 것처럼 보인다.

수테 차를 만들 때 빼놓을 수 없는 것 하나가 소금을 넣는 일이다. 찝찔한 맛이 나지만 필수적인 것이다. 기후가 건조하고 소금기를 섭취할 기회가 거의 없는 몽골인은 차를 마시면서 염분을 보충한다. 소금도 넣는 때가 중요하다. 소금이야말로 온갖 화학반응의 촉매 역할을 할 수 있기 때문이다. 소금의 구성화학기호인 나트륨(Na)이 쉽게 다른 화학물질과 결합하는 작용이 차에서도 일어난다. 소금을 일찍 넣으면 곤란하다 소금은 가장 나중에 넣는다. 순서가 바뀌면 차의 맛이 크게 달라진다. 차의 빛깔도 사뭇 다르다.

몽골인 가정에서는 양념이 귀하다. 간을 맞출 때는 간장보다는 소금을 많이 사용한다. 그래서 음식에서 별다른 맛을 느끼기 어렵다. 간장은 '초'라고 부르는데 러시아, 북한, 헝가리 등에서 들여온 것이 대부분이다. 몽골 사람들은 기후가 건조한 탓에 음식을 매우 짜게 먹는 습관을 가지고 있는데, 이 때 사용하는 소금은 대부분 암염이다.

바다가 없어 소금이 생산되지 않기 때문이다. 아니 안 한다고 보는 표현이 옳다. 몽골 내륙에는 염분을 많이 포함한 함수호가 있다. 여름에는 수분이 증발해 호수 주변이 허옇게 말라 있는 경우도 자주 있다. 이렇게 염호가 있음에도 불구하고 소금을 생산할 수 없는 것은 일조시수가 적고 기온이 낮아 증발량이 적어 소금생산의 효율이 적기 때문이다. 염호 부근에 가면 목이 말라 죽어 있는 가축의 시체를 자주 만날 수 있다. 물을 찾아왔다 죽은 가축의 시체들이다. 염분이 포함된 물에 담겨 있어 부패되지 않은 채 독수리, 수리 등의 새 먹이가 되고 있다. 결국 뼈만 앙상하게 남는다.

그런데 암염에는 요드가 포함되어 있지 않아 갑상선 질환을 앓는 사람들이 의외로 많다. 그래서 몽골시장에 나와 있는 소금에는 요드가 포함되어 있다는 표기가 되어 있다. 몽골 정부는 수돗물에도 의무적으로 요드를 포함시켜 국민건강을 보살피고 있다.

한편 초원에는 가축이나 야생동물들이 소금이 필요할 때마다 핥아먹는 소금돌이 있다. 일정한 지역이 정해져 있는 것이 아니라 짐승과 가축들이 풀을 뜯다 염분이 필요하면 핥는 돌이다. 가축들도 염분이 모자라면 이 돌을 찾아 헤메인다고 한다. 몽골 초원에서만 볼 수 있는 광경이라고 한다.

수테 차는 희고 깔끔해야 한다. 흐리터분하게 끓여내면 안주인이 욕을 먹는다. 그래서 차를 잘못 끓인 새색시들은 시어머니에게 혼쭐난다. 시집오기 전에 살림살이도 배우지 않고 무얼 했느냐고 호되게 꾸중한다. 몸소 시어머니가 국자를 들고 젖을 쏟아부으면서 이렇게 하라 저렇게 저어라 일일이 설명하면서 가르친다.

시어머니가 아무리 혼을 내도 그 말에 대꾸조차 할 수 없다. 말대

꾸를 했다가는 곱절로 혼이 난다. 우리 시어머니들이 "밥도 제대로 못 지으면서 무슨 놈의 살림살이냐"는 말보다 혼내는 의미가 더 심하다고 생각해야 한다. 목마른 신랑과 자식에게 물 하나도 제대로 못 먹이는 여자가 두슨 소용이 있겠느냐고 나무라는 말이다.

시어미 미워 거 옆구리 차기는 몽골이나 우리 나라나 같은 것 같다. 자기가 잘못했다는 생각보다는 별것도 아닌 것을 가지고 시어머니가 괜스레 혼난다고만 생각한다. 요즘에는 남편에게 불평불만을 하는 여성들이 늘고 있다고 한다. 전 같으면 아무 말도 못했는데 말을 또박또박 되받아 하는 여성들이 늘고 있다고 어른들이 걱정한다.

되는 집은 장닷도 다르다는 우리 말처럼 몽골인도 일어나는 집안은 수테 차가 깨끗하고 입에 맞는다고 말한다. 그만큼 생활에서 수테 차가 차지하는 비중이 크다는 뜻이 담겨 있다.

이렇게 끓인 수테 차는 오가며 목이 마를 때마다 마신다.

차는 주로 중국에서 생산된 것을 사용한다. 봉지에 넣어 곱게 포장한 것이 아니다. 대량생산한 싸구려가 대부분이다. 기름을 짜고 난 깻묵처럼 둥그렇게 압축해 말린 찻잎이다. 이 덩어리를 절구공이나 쇠망치로 깨 잘게 부순다. 그리고는 필요할 때마다 적당량을 사용한다. 물론 질 좋은 차를 마시는 집안도 있다. 이런 집안은 우리가 말하는 신흥 졸부들이다. 몽골 자체에서는 차가 생산되지 않아 좋은 차를 마시는 것은 곧 금전적으로 넉넉하다는 것을 표시한다.

몽골인과 음주

몽골에서는 만취가 예의이다. 만취하지 않았더라도 취한 척 해야만 한다. 특히 남의 집을 방문했을 때는 주인의 호의에 답하는 뜻으로 만취한 모습을 보여주어야 한다. 만취한 것처럼 보이면 주인이 크게 기뻐한다. 만약 덜 취한 것 같으면 취할 때까지 술을 권한다. 가세가 아무리 빈한해도 술자리가 시작되면 취할 때까지 술을 권한다.

당장 내일 아침 때거리가 없어도 보드카를 사서 손님을 대접하는 것이 몽골인의 음주문화다. 만취해서 저지른 행동에 대해서는 아주 관대하다. 성질이 급한 몽골인은 취중에 이상한 소리를 듣게 되면 곧장 치고 받는다. 주먹질이 오가고 욕설이 난무하고 술상이 엎어져도 막무가내다. 특별히 말리지도 않는다.

재미있는 것은 치고받은 두 사람이 다음 날 다시 만나도 별다른 사과도 하지 않는다. 초대한 사람이 어제 와줘서 고맙다고 말하면 당연하다는 듯이 나도 한 번 초대하겠다고 말하곤 이내 잊어버린다. 만취를 당연한 것으로 여기다 보니 동료나 부하직원에게도 너그러울 수밖에 없다.

이런 풍습은 칭기즈칸 시절로 거슬러 올라간다. 작은 종족들이 세력을 다툴 때 상대방을 죽이고 약탈하는 행위가 빈번하게 일어났다. 이즈음 남의 집을 방문, 취한 척하고 있다가 몰래 주인을 살해하는 경우가 비일비재했다. 그런 다음 그의 식솔과 재산은 물론 영토까지도 독차지하는 일이 다반사였다. 이후 남의 집을 방문하여 술을 마실 때는 만취하는 습관이 생겨났다. 다시 말해 손님이 주인을 해치지 않을 테니 안심하라는 표시다. 몽골에서는 '대취는 영원한 우정'이라고 말한다.

손님도 무작정 주인을 믿었던 것은 아니다. 손님도 술을 마시기 전에 주인의 진심을 확인할 필요가 있었다. 몽골인은 술 마시기 전에 왼손 약지에 술을 묻혀 하늘에 대고 튕긴다. 이렇게 세 차례 하늘에 뿌린 다음 술을 마신다. 이 과정에서 술이 손가락을 흘러내려 은반지에 닿게 한다. 만약 은반지의 색이 변하면 술에 독이 들어 있다는 증거이다. 이 풍습은 아직도 전해지고 있다. 지금 술을 마시는 몽골인은 누구나 하늘에 대고 세 번 술을 튕긴다.

몽골인은 예부터 몸에 은붙이를 지니고 다녔다. 은가락지, 은수저, 은비녀, 은장도 등 은으로 만든 것이 필수 휴대품이다. 남녀를 불문하고 은반지를 끼고 다니면서 상대방의 진심을 떠보는 데 사용했다. 상대방이 술을 권하면 은제품을 주인 몰래 술에다가 담그곤 했다. 은붙이가 독극물에 닿으면 색이 변하는 속성을 이용, 독극물의 유무를 점검했던 것이다.

손님이나 주인 모두가 상대방을 시험해보는 데 한치의 양보도 없었다. 장군 멍군이다.

몽골에서는 아침에 사람들이 손가락으로 오른쪽 목을 튕기는 것을 자주 볼 수 있다. 장지로 울대 부근을 튕기면서 씩 웃으면 이를 본 상대방이 고개를 끄덕인다. 만취했다는 표시다. 우리는 '꼭지가 돌았다', '필름이 끊어졌다' 등으로 말하는 것을 몽골인은 이렇게 나타낸다.

이 같은 수화 행동이 언제부터 시작되었는지 정확하게 말하는 사람은 없다. 몽골 국립대학 교수 프레브잔찬은 "공산당 지배 당시일 것"이라고 말했다. 몽골 공산당이 음주를 단속하자 이를 감추기 위해 가벼운 손짓으로 표시했을 것이란 설명이다.

몽골인은 술과 함께 산다. 국민 1인당 연간 음주량에 대한 정확한 통계는 없다. 몽골 유일의 영자지 『몽골 메신저』지는 몽골 국민 1인당 연간 26ℓ 이상의 보드카를 마시고 있다고 보도했다. 맥주병 크기(640㎖)로 계산하면 40.6병을 마시는 셈이다. 알콜농도 38도 이상의 독주를 마셔대다 보니 늘 취해 있는 것처럼 보일 수밖에 없다.

외국인들에게는 몽골인 생활의 반 이상이 음주와 관계된 것으로 보인다. 슬퍼도 술, 기뻐도 한 잔, 상대방이 미워도 보드카이다. 직장이나 집, 놀이터에서도 술이 없으면 생활이 없는 것처럼 보인다.

대학교수, 장관, 관리 등 너나 없이 직장에서도 술을 즐겨 마신다. 관공서에 업무차 찾아갔다가 술에 취한 관료 때문에 일을 마치지 못하는 경우가 허다하다.

술을 마시는 경우도 다양하다.

몽골인은 먼 길을 떠나는 사람과 이별할 때는 언제나 술을 마신다. 몽골의 관문 보얀트 오하 국제공항 로비에 환송객들이 모여 있으면 틀림없이 술판이 벌어진다. 떠나는 사람의 안전한 여행을 비는 의식의 일종이다. 술잔에 따른 술을 마시기 전에 동서남북을 향해 조금씩 뿌린다. 사방신(四方神)에게 고하는 의식이다. 신에 대한 일종의 여행신고식이다. 그리고는 모여든 사람끼리 술잔을 주고받는다. 떠나는 사람은 의무로 석 잔은 마셔야 한다. 삼신(三神)인 하늘과 땅과 성황당 또는 조상들이 그를 돌본다는 의미 때문이다. 몽골인이 믿는 좋은 숫자 3에서 기인한 풍습이다. 몽골학자 체른 소드넘은 숫자 3이 산스크리트어에서 전파되었다고 말했다. 불교의 삼보(三寶) 즉 불(佛)·법(法)·승(僧)에서 유래돼 몽골인의 정신세계에 영향을 주었다는 것이다.

어쨌든 이러다 보니 몽골에서 출발하는 북경행 비행기에 탑승한 승객들은 모두가 얼굴이 뻘겋다. 비행기가 이륙, 고도를 잡기도 전에 화장실을 들락거리는 승객들이 줄을 잇는 진풍경이 발생한다. 기내 서비스가 시작되면 몽골인 승객 대부분이 댁주, 보드카 등 알콜성 음료를 마신다.

북경행 몽골리안 에어라인에서 내외국인의 구별은 술을 마셨는지 아닌지로 곧바로 파악할 수 있다. 울란바토르에서 출발하는 비행기의 몽골인 승객들은 오전임에도 불구하고 이별주로 불콰해져 있다. 몽골인 승객들은 오랫만에 타보는 여객기인데다 술까지 마셨으니 보이는 것이 없다. 기내를 휩쓸고 다니다 목적지에 도착해서야 약간 긴장하지만 역시 막무가내다. 안전벨트를 매라는 스튜어디스의 말씀은 아예 무시한다.

그러나 입국 심사장에서는 상황이 급변한다. 중국 당국은 가끔 술 취한 몽골인의 입국을 거부하곤 한다. 몽골과 중국은 입국사증면제협정이 있음에도 불구하고 술에 몹시 취한 승객의 입국심사를 까다롭게 하는 경우가 종종 있다. 여기에다 입국카드를 제대로 작성하는 몽골인 승객이 드문 것도 한 원인이다.

울란바토르 기차역과 시외버스 정류장에서도 같은 상황이 발생한다. 환송객들이 보드카를 마시며 이별을 아쉬워한다.

이와 함께 흰 우유를 마시게 한 뒤 비행기를 향해 세 번 뿌리며 여행목적을 달성케 해달라고 기원한다. 흰 색이 장드를 안전하게 지켜

몽골인과 음주 69

준다고 믿어서이다.

먼 길에서 돌아온 가족이나 친지에게도 술을 석 잔 권한다. 공항 입국장에서도 출국장과 같은 술파티가 벌어진다. 무사귀환을 술로 환영한다.

몽골인은 어려서부터 알콜에 길들여진다. 우리에게도 널리 알려진 아이락은 알콜이 6~7도 정도 된다. 말젖으로 만들어 막걸리처럼 뿌연 아이락에는 알콜이 들어 있는데도 불구하고 몽골인은 술이 아니라 환자의 원기회복에 가장 좋은 음식으로 여긴다.

칭기즈칸이 적군의 화살에 맞아 혼수 상태에 빠졌을 때 부하가 먹여서 살려낸 것이 이 아이락이라 한다. 우리 같으면 환자에게 술을 먹이면 상처가 곪는다고 펄쩍 뛸 일이지만 몽골인은 정반대다.

노인이나 환자 등에게도 아이락을 영양가 많은 음식으로 권하고 있다. 또 아이가 갓 태어나면 새로 만든 아이락을 한두 숟가락 떠먹인다. 신생아가 세상에 태어나 처음 맛보는 음식이 아이락인 것이다. 몽골인의 말에 따르면 아이락의 맛은 어머니의 손길이 닿은 그 맛이라 한다.

그러니 우리는 일본인이 사용하는 마유주(馬乳酒)라고 부르기보다는 외래어로 아이락이라고 사용하는 것이 몽골인을 이해하는 데 도움이 될 것으로 여겨진다. 야구르트를 야구르트로 부르는 것과 같은 맥락이다.

몽골인은 여름이면 세 끼를 아이락으로 해결한다. 아침 눈뜨자마자 아이락을 서너 대접 마시고 일터로 나간다. 이 때는 손님이 와도 아이락을 내놓는다. 길가던 과객이 들러도 아이락을 대접한다. 모든 것이 공짜였다. 그러나 개방 이후에는 아이락을 돈을 받고 팔기 시작했다. 물론 도회지에서는 아이락을 오래 전부터 매매했었다. 개방이 훈훈한 인정을 몰아냈다고 나이든 노인들은 한숨짓는다.

몽골인의 식사

　몽골인은 하루에 한 번만 요리한다. 왜냐면 식사의 개념은 있어도 음식을 풍성하게 만드는 일은 사치라고 여기기 때문이다. 그리고 초원의 여름 하루는 다른 계절의 3, 4일과 동일한 의미를 갖기 때문에 시간을 중히 생각해 요리하는 시간을 절약한다는 뜻도 있다.
　시골에 거주하는 몽골인은 아침·점심에는 음식을 만들지 않는다. 수테 차와 기름에 튀긴 밀개떡으로 요기만 한다. 저녁에는 삶은 고기를 먹는다. 이 때 만찬으로 한 차례 요리를 한다. 만찬에는 고기와 국수, 쌀, 귀리 등 곡물이 든 묽은 스프를 곁들인다. 이런 음식은 최근 상에 오르기 시작한 것들이다. 몽골 정부가 간행한 몽골 안내 책자에는 전통음식으로 스프를 꼭 끼워 넣지만 실제는 러시아 지배 이후에 받아들인 것이다.
　지금도 많은 몽골인 가정에서는 옛날과 마찬가지로 하루에 한 차례만 음식을 해먹는 습관이 남아 있어 몽골인과 처음 생활하는 외국

몽골인들의 주식은 유제품이다. 한가족이 둘러 앉아 아침식사로 아이락과 치즈를 먹고 있다.

인들은 어려움을 겪는다. 아침을 먹는 둥 마는 둥 건너 뛰다보면 하루 끼니 때우기가 큰 문제로 등장한다. 몽골인과 함께 거주하면서 느끼는 가장 큰 고민거리 중 하나이다.

일반적으로 몽골인은 육식을 하는 것으로 알려져 있지만 서구인처럼 많은 고기를 먹는 것은 아니다. 젖을 위주로 하고 고기는 부족한 젖을 보완하는 수준이다.

몽골을 방문했던 관광객들이 몽골 시장에는 고기뿐이라고 말들하지만 우리가 생각하는 것처럼 그렇게 풍부하지 못하다. 오히려 젖 종류가 더 풍부하다. 몽골 정부통계에 따르면 몽골국민 1인당 연간 88kg의 고기와 햄, 소시지 등 고기로 만든 제품을 먹는다. 이렇게 보면 몽골인이 육식한다는 표현은 맞지 않는다. 특히 시골 유목민에게는 어울리지 않는다. 도시인들은 주로 양고기를 이용하고 쇠고기가 여기에 추가된다. 시골에서는 종류가 더 다양하여 몽골인이 흔히 5대

주요 동물이라고 부르는 소, 말, 양, 염소, 낙타의 고기와 젖으로 만든 것이 식탁에 오른다. 고기 양도 88kg을 훨씬 능가한다. 식탁으로 보면 시골 사람들의 수준이 도시인보다 훨씬 풍요롭다. 숲이 우거진 북쪽의 한가이 지방에서는 소를 키워 쇠고기와 유제품을 주로 상식하고 고비 지방에서는 낙타고기를 먹는다. 잘 알려진 것처럼 낙타 젖 치즈와 두부처럼 허연 낙타 젖 응고덩어리를 먹기도 한다. 삶은 말고기는 극히 제한된 지방에서 식용한다.

도시민들의 고기소비량은 연중 일정하다. 시골에서는 여름이면 유제품 즉 차강 이데(흰 음식)를 주로 이용하고, 고기는 겨울철에만 식탁에 올린다. 기온이 낮은 겨울을 이겨내려면 높은 칼로리의 음식이 필요하기 때문이다. 결과 몽골인은 겨울 음식에 더 많은 관심을 가졌다. 이런 식습관은 오래 된 전통이다.

몽골인은 우리로 치면 먹을 수 없을 정도의 비계 덩어리를 가장 좋은 고기로 친다. 비계가 없으면 질이 형편 없이 나쁜 고기로 생각해 시장에서 잘 팔리지도 않는다. '하르 마흐'라고 불리는 순 살코기는 말려 저장했다가 여름에 먹는 비상식량 정도로 사용될 뿐이다.

자민련 모의원이 몽골 평화친선협회 초청으로 몽골을 방문, 이 나라 최고의 숙박시설인 대통령궁 영빈관에 머문 적이 있다. 영빈관 측은 정성을 다해 기름기가 붙은 고기로 스테이크를 만들어 이들에게 내놓았다. 몽골 최고의 하얀 고기를 대접했던 것이다. 그러나 몽골의 실정을 전혀 몰랐던 의원 일행은 음식에 손도 안 대고 그대로 남겼다. 그리고는 가져간 라면을 외국인들과 함께 먹는 식당에서 끓여먹는 촌극을 벌였다. 이들 일행은 "오로지 뜨거운 물만 찾았다"면서 "몽골인이 먹는 음식에는 손도 댈 수 없었다"고 자랑삼아 얘기했다. 이 이야기가 몽골 신문에 가십으로 실려 한동안 비웃음거리가 되었다.

외국을 방문하는 데는 그 나라의 음식을 먹어보는 재미도 뺄 수 없다. 같은 인간이면서도 서로 다른 음식을 먹는 그들의 생각은 어떻게, 얼마만큼 다른지 알아보는 재미를 그들은 무시해 버렸던 것. 몽골 여행의 진수를 스스로 버린 것이다. 몽골의 음식에도 그들 나름대로의 생활철학과 기후, 전통 등이 반영돼 있다. 회교지역에서 돼지고기를 먹지 않는 것과 같은 이치다. 회교지역은 대부분 덥고 습한 지역이어서 기름기가 많은 돼지고기가 쉽게 상할 수밖에 없다. 그래서 건강을 지키는 방법으로 돼지고기를 가능하면 먹지 말라고 권하는 것이라고 설명한다. 몽골에서도 건조하고 추운 기후를 견디기 위해서 기름기가 많은 고기가 최고의 것으로 대우를 받을 뿐이다.

이에 앞서 한국 기자들을 대동하고 몽골을 방문했던 전(前) 모장관은 "몽골에는 양 삶는 노린내뿐"이라고 말해 비난을 받기도 했다.

실제로 몽골에서는 야채가 상대적으로 적다. 필요한 비타민도 유제품과 날고기를 섭취, 보충한다. 야생의 양파와 마늘이 가끔 요리접시에 추가되기도 하지만, 감자에선 '땅냄새'가, 닭고기에서는 '쓰레기 더미 냄새'가 난다면서 먹기를 거부한다. 그들에게 야채란 동물들이 뜯는 목초와 같은 개념이고, 이런 이유로 오래 전부터 고기와 유제품만으로 식탁을 차려온 것이다.

몽골인은 양념을 거의 사용하지 않는다. 최근 양념을 사용하고는 있지만 대부분의 가정에선 양파, 마늘 정도가 고작이다. 양파는 사시사철 구입할 수 있을 만큼 많이 생산된다. 한겨울에도 몽골산 양파를 먹을 수 있을 만큼 저장시설도 잘 돼 있다. 마늘은 귀한 편이다. 파와 고추 등이 시장에 나오기는 하지만 중국에서 싸구려 제품을 들여온 것이다. 몽골 시장에서의 가격은 수입품인 까닭에 비싸다. 이처럼 양념이 귀하다 보니 매우 아껴 먹는다. 간장은 '초'라고 부르는데 러시아, 북한, 헝가리 등에서 들여온 것이 대부분이다. 콩을 생산하는 사

몽골 최대의 자유시장. 저울 하나하나가 다른 주인임을 나타내, 그 영세함을 보여준다. 이곳에서 거래되는 야채가 외국인들에게는 생명선처럼 소중하기만 하다.

람들이 없어 메주를 만들지 못하며, 따라서 가정에서 간장도 아예 담그지 않는다.

 몽골인들은 음식을 매우 짜게 먹는 습관을 가지고 있다. 짠 맛은 주로 간장보다 소금을 많이 사용하여 내므로 별다른 맛을 느끼기 어렵다. 몽골인은 바다와 멀리 떨어져 살다 보니 해산물을 먹을 기회도 별로 없다. 해산물을 즐기는 사람도 없어 몽골 시장에서 해산물로 만든 음식을 구하기는 매우 어렵다. 시장에서 쉽게 구할 수 있는 것으로는 헝가리산 꽁치 통조림이나 러시아산 청어 통조림 정도다. 러시아산 철갑 상어 알 통조림이 있지만 비싼 편이다. 최근 한국산 참치 통조림이 시장에 선보이기 시작했다. 몽골인은 해산물이 몸에 꼭 필요한 영양소를 갖고 있다고 믿고 있지만 오래 된 습관 때문인지 먹기를 꺼려한다.

일상화된 양고기

몽골인들이 가장 즐겨먹는 고기는 역시 양고기이다. 양고기로 만든 음식 중에서는 몸통 전체를 삶은 '오츠'가 대표적이다. 오츠는 복잡한 의미를 가지고 각종 연회와 중요행사 때마다 상에 오른다. 설날, 결혼식, 아이의 머리를 깎는 가족행사를 끝냈을 때, 신건축물의 낙성식, 나담 등에서 빠질 수 없는 음식이다. 오츠는 소의 앞가슴살과 함께 상 위에 차려지는 것이 보통이다. 쇠고기로는 풍요로움을 나타내고 양의 오츠로는 감사와 행운을 표시한다.

양을 잡는 방법을 보면 그야말로 신기에 가깝다. 피 한 방울도 흘리지 않고 물도 거의 사용하지 않는다.

먼저 양의 앞다리를 두 손으로 잡아 땅 위에 눕힌다. 이 때 양이 약간 버둥거리지만 일단 땅 위에 눕혀지면 반항을 멈춘다. 양의 앞가슴을 잘 드는 주머니칼이나 장도로 5cm쯤 찢고 그 틈새로 손을 들이민다. 양은 처음 가죽을 찢을 때 약간 요동치면서 음메 소리를 내지만

몽골인들은 양을 잡을 때 피를 한방울도 흘리지 않는다. 야생동물이 피냄새를 맡으면 사나와져 사람들을 습격하기 때문이다.

금방 조용해진다. 손을 서서히 들이밀어 심장 부근에 도달할 때까지도 양은 꼼짝도 하지 않는다. 그러다 손으로 심장동맥을 갑자기 움켜쥐어 양이 즉사하게 만든다. 필자는 '순한 양'이라는 말을 이해하지 못했었는데 몽골인이 양을 잡는 걸 보고서야 확실히 알게 되었다. 죽어가면서도 비명 한 마디 지르지 않고 사지만 잠깐 버둥거리다 만다. 시간은 고작해야 5~6분이 걸릴 뿐이다.

양이 죽으면 잘 드는 주머니칼로 앞가슴 가죽을 가슴팍에서 사타구니까지 갈라 땅 위에 쫙 펼쳐 놓는다. 이 양가죽은 밑에 까는 깔개로 사용한다. 배를 가르고는 내장을 꺼내 큰 그릇에 담는다. 흘러나오는 피는 다른 그릇에 옮겨 담는다. 그리고는 머리, 갈비, 다리, 엉덩이, 가슴팍, 어깨 부분을 따로 잘라버리면 작업 끝이다. 많이 걸려도 30분을 넘지 않는다.

피는 한 방울도 땅에 흘리지 않는다. 피를 식량으로 사용해야 하기 때문이기도 하지만 적이나 다른 짐승으로부터 습격을 방지하기 위해서다. 배고픈 야생 맹수와 독수리 등 맹금류가 피냄새를 맡으면 사나워져 사람들을 해친다는 것이다. 또 피냄새는 다른 냄새보다 멀리 퍼져 나가므로 전장에서는 적에게 쉽게 노출돼 목숨을 잃기 때문이다.

마르코 폴로의 기록에 따르면 칭기즈칸의 병사들은 전쟁중에 그들의 위치가 탄로되는 것을 우려하여 불을 피우지 않았고, 허기가 지면 말 목의 정맥에 구멍을 내 생피를 마시며 요기를 했다. 그래도 말은 죽지 않았다고 한다. 현재는 생피를 마시지 않는다.

양의 피(血)는 양의 내장을 이용해 순대를 만들 때 쓰인다. 양파·마늘 등 약간의 야채와 섞어 양창자에 넣어 삶아 만드는데, 돼지 순대보다 기름기가 많고 고소하다. 하지만 창자를 씻을 때 물로 깨끗이 헹구지 않아 양똥 냄새가 많이 나는 것이 흠이다.

순대가 따뜻한 때는 그냥 썰어 먹는다. 순대가 차거워지면 뜨거운 차에 넣어 마신다. 찻물로 일종의 순대국을 만든 것. 비위가 약한 관광객들은 먹기 역겹다. 한 술 더 떠서 소똥 말린 것으로 피운 불 위에 구워서 주는 것은 먹기가 더 힘들다. 똥냄새는 나지 않지만 던지와 불똥에 범벅이 된 것이라 토기에도 속이 거북하다. 양피는 소시지를 만들 때도 쓰인다. 몽골 여성들은 고기를 하나하나 부위별로 구분, 양피와 함께 섞어 소시지를 만들어 시장에 내다판다.

몽골인은 또 '셈지'라는 양의 내장을 둘러싼 기름기가 많은 부분을 선호한다. 간이나 살코기를 먹을 때 셈지로 싸서 먹으면 더 맛이 있다고 말한다. 몽골인은 셈지를 먹으면 양 한마리를 다 먹었다고 할 정도이다. 셈지를 차지하기 위해 아내를 걸고 도박까지 했다는 민화도 있다. 두께 3~4mm 정도의 노란 기름막은 삶아 놓으면 아주 부드럽다. 흔히 양에서 노린내가 많이 난다고 말하는데 그 중 셈지의 냄새가 가장 진하다.

앞서도 말했지만 몽골인은 양을 잡을 때 물을 거의 사용하지 않는다. 물이 쓰이는 때는 양의 피가 묻은 손을 씻고 내장을 씻을 때이다. 물은 두 대야면 족하다. 손을 씻는 데 한 대야, 양의 내장을 씻는 데 한 대야가 필요하다. 첫번째 손을 씻은 물로 양 내장을 1차로 씻는다. 씻기 전에 손가락 사이에 창자를 끼고 훑어나가면서 똥을 빼낸다. 내장 속에 들어있던 덜 삭은 풀에서부터 대장 속의 똥까지 모두 빠져나와 주변에 시큼한 냄새가 진동한다. 이 똥에는 사나운 짐승들이 달려들지 않아 마음놓고 버린다. 그 다음 남은 물로 내장을 씻어낸다. 소금을 넣어 박박 씻어내고도 모자라 더운 물로 다시 한 번 헹구는 우리네와는 천지차이다.

몸뚱이는 삶아 오츠로 쓰고 뼈가 붙은 고기는 우리의 물만두 같은 '반시', 찐만두 같은 '보츠'로 만든다. 여기에 기름에 튀긴 '호쇼르'가 추가된다. 이 세 가지가 몽골인의 주요 음식이다. 몽골 전통음식을 파

몽골의 잔치 설날, 나담 등 중요행사에 없어서는 안 되는 '오츠'. 양의 몸통을 통째로 삶아 내놓은 것이다.

는 식당이나 호텔에서 흔히 볼 수 있다.

보츠는 우리 나라 찐만두와 모양이 비슷한데도 먹는 법이나 맛은 영 딴판이다. 크기는 우리 나라의 만두보다 약간 크며, 보츠 속은 양고기를 주로 다져 넣는다. 야채는 전혀 사용하지 않는다. 일반 식당에서 판매하는 보츠는 질 나쁜 밀가루를 사용하여 새까맣다.

양고기는 기름기로 돼 있어 솥에 넣고 찌면 보츠 안쪽이 온통 기름으로 꽉 찬다. 따끈할 때 먹으라는 주인의 권유에 따라 덥석 베어 물었다가는 낭패를 당하기 쉽다. 기름이 녹아 있어 보통 만두보다 엄청 뜨거워 입 안을 데고 만다.

따라서 보츠를 먹을 때는 두 손으로 조심스럽게 들어올려 보츠의 뜨거운 정도를 감지해야 한다. 잘못하면 기름기가 흘러내려 옷을 버리기 쉽다. 적당한 온도라고 생각되면 보츠에 입을 대고 안쪽의 기름을 빨아 먹는다. 기름을 다 빨아 먹은 뒤 한 입 베어 먹는다. 야채 만두같이 담백한 맛은 없다. 입안에 가득 기름기가 고여 텁텁하다.

몽골인은 그러나 보츠가 가장 입에 맞는 음식이라고 추천한다. 많이 먹는 사람은 한자리에서 30~40개를 거뜬하게 먹어치운다. 외국인을 초대한 몽골 가정에서는 필수적인 것처럼 보츠를 내놓는다. 보츠를 먹지 않으면 안주인이 당황하여 여러 가지 다른 음식을 내온다. 맛이 없어도 3개 이상은 의무로 먹어주는 것이 예의이다.

더 당황스러운 것은 보츠를 먹고 나서 배가 부르다고 말해도 두세 번 보츠를 더 내올 때다. 이 때는 그만 먹겠다고 하면 외국인에게는 다시 권하지 않는다. 몽골인끼리는 그러나 자꾸 권하고 손님은 배가 불러 더 이상 먹을 수 없을 때까지 계속 먹어준다.

반시는 중국집에서 판매하는 물만두와 똑같다. 내용물이 양고기일 뿐 모양과 크기, 접시에 담아 내는 방법 등이 일치해 친근감을 느끼지만 먹기는 보츠보다 훨씬 어렵다.

호쇼르는 군만두보다 크며 가끔 야채를 사용하기도 한다.

몽골 최고의 요리

몽골에서는 곡식이 들어간 음식을 내놓는 것이 최고의 대접이었다. 고기와 유제품으로 식사를 하던 몽골인은 가장 귀한 손님이 오면 보리, 귀리 등 밭잡곡이 든 음식을 장만했다. 몽골에서는 곡물을 구하기가 쉽지 않았다. 지배층이나 군인들은 중국을 침략, 약탈한 쌀 등 중국산 곡물류를 구경할 수 있었다. 그러나 일반 백성들은 쌀은 아예 몰랐고 다른 곡식도 유목을 하면서는 재배하기가 어려웠다. 날씨가 춥고 여름 일조량이 적어 곡물이 자라기 어렵기 때문이다.

몽골에서 가장 좋은 음식으로 치는 것 중 하나가 '랍샤'라고 불리는 스프 형태의 것이다. 잘게 썬 양, 소, 염소 고기와 손칼국수나 수제비를 떠 넣어 끓인 음식이다. 곡식 구하기가 어려웠던 때 이 음식이 상에 오르는 날은 1년에 두세 번이 고작이었다. 현재 도시에서는 곡물을 쉽게 구할 수 있어 자주 먹지만 아직도 고비 지방 등 시골에서는 잔칫날이나 좋은 날에만 랍샤를 먹을 수 있다.

최근 도시에서는 감자·양파·파·양고기를 넣은 우리네 칼국수 같은 '고릴테 슬'이라는 밀가루 음식을 거의 매일 먹는다. 외국인들에게는 이 고릴테 슬이 몽골의 대표적인 음식처럼 널리 알려져 있다. 어느 가정을 방문해 봐도 손쉽게 마련해 대접하는 음식이 고릴테 슬이다. 몽골인은 곡물이 든 음식을 장만하기 어려워 대신 고릴테 슬을 대접한다는 설명이지만 외국인 눈에는 그게 그것으로 보인다. 몽골인은 정성을 다해 장만한 고릴테 슬을 내놓고 손님의 눈치를 살핀다. 이 음식을 즐겁게 먹어주면 안주인이 환하게 웃고 즐거워하며 극진한 대접을 아끼지 않는다. 우리 구미에 잘 맞지 않지만 먹을 만하다. 입맛이 까다로운 사람은 후추나 고춧가루를 준비해 가면 몽골에서도 식사해결이 어렵지만은 않다.

고릴테 슬은 곡물의 낟알을 그대로 사용하는 랍샤와는 달리 밀가루를 쓴다. 이 음식은 러시아가 몽골을 지배하면서 밀가루를 배급, 널리 퍼졌다고 한다.

'초이방'이라는 음식은 고기와 야채를 볶아 접시에 내놓는 음식이다. 가끔 쌀과 국수를 함께 넣어 볶기도 한다. 중국집의 볶음밥과 비슷하다고 생각하건 된다.

'버덕'이라고 불리는 음식은 몽골의 최고 전통요리로 손꼽힌다. 이 음식은 몽골초원에 서식하는 타르박과 염소를 잡아 만든다. 타르박은 형상이 사람과 비슷하다. 앞발을 들고 서면 사람이 먼 산을 쳐다보는 모습이다. 이들을 잡을 때 가죽은 벗기지 않고 목부분만 잘라낸 후 속의 내장과 고기 등을 모두 꺼낸다. 그리고는 가죽 속에 붉은 돌과 이들의 고기, 약간의 야채, 양념을 넣고 입구를 봉해 장작불로 바베큐를 하듯 익힌다. 붉은 돌은 가죽주머니 속의 온도를 고루 잘 퍼지게 해 고기가 골고루 익게 만든다. 주머니 속에 공간이 생겨 열기가 잘 교류되고 공기를 위로 빼내 가죽이 부풀어 터지는 것도 방지한다. 이렇게 익힌 고기는 부드럽고 연하며 맛도 뛰어나다.

버덕을 먹기 전에는 음식 속에 들어 있던 돌을 꺼내 손에 쥐고 식을 때까지 공기돌처럼 주무른다. 몽골인은 돌을 주무르는 동안 '피곤이 풀린다'고 설명한다. 몽골 아카데미의 체른 소드넘 박사는 돌을 주무르는 동안 만큼 기다려 식욕을 돋구고 찬 손을 덥게 해 음식을 더운 채 먹을 수 있다고 부연했다. 메마른 손에 기름기를 발라줘 추운 날씨에 손이 트지 않게 보호한다고 한다.

타르박으로 만든 버덕이 별미다. 염소로 만든 버덕은 타르박이 없을 때 타르박 대용으로 해 먹는다. 버덕을 만들 때는 불을 피울 넓은 공간과 많은 나무가 필요해 실제로 도시에서 해 먹기는 불편하다. 그래서 도시에 사는 사람들은 버덕과 비슷하게 만들고 맛도 유사한 '호르혹'을 만들어 먹는다. 우리 나라 신선로를 해 먹는 그릇과 비슷한 뚜껑 없는 냄비에 버덕의 재료를 넣고 끓여 먹는다. 도시에선 시골보다 타르박이나 염소 고기 구하기가 어렵다 보니 양고기를 주로 사용한다.

울란바토르나 고비 등 관광지를 방문한 외국인들은 호르혹이 가장 입맛에 맞다고들 한다. 기름진 양고기만 대하다 야채가 든 음식을 접했기 때문이다.

몽골인은 개고기와 새를 먹지 않는다. 옛적에 조상의 시신을 산야에 내다버리는 풍장 풍속이 있었는데, 이 때 조상의 시신을 들개가 와 뜯고 새들이 쪼아먹었다. 그래서 개와 새고기는 아예 먹질 않는다. 물고기도 먹지 않는다. 물고기는 몽골 국가의 문양에도 새겨져 있을 만큼 신성시된다.

몽골에서는 고기의 선호 우선 순위가 다른 여러 나라와 크게 다르다. 우선 고기 가격으로 본다면 가장 비싼 고기는 닭고기, 다음으로 돼지고기, 쇠고기, 양고기, 염소고기, 낙타고기 순이다. 닭고기는 최근

몽골인은 물고기를 먹지 않는다. 물고기처럼 두 눈을 부릅뜨고 국가를 지켜야 한다고 말한다. 국가 문양에도 물고기가 들어 있다.

들어 미국산이 유입되기 시작했고 러시아산도 더러 있지만 고기질이 미국산만 못하다. 닭고기 값은 쇠고기의 5배, 돼지고기는 3배 정도로 비싸다. 이들 고기값이 비싼 것은 이들 가축이 사료(곡식)를 먹기 때문이다. 시장에서 이들 고기를 구하기도 쉽지 않다. 특히 싱싱한 돼지고기를 구하려면 노력과 인내가 필요하다. 몽골인은 돼지를 잡을 때 불에 그을려서 털을 제거한다. 이 과정에서 고기가 반은 익어 훈제된 상태로 시장에 나온다. 시장에 나온 돼지고기는 반 이상 익힌 것이라 요리하다 들고 나온 것 같은 인상을 받는다.

 몽골 음식을 말할 때마다 거론되는 것이 칭기즈칸 요리다. 하지만 한 마디로 몽골에는 칭기즈칸 요리는 없다. 서울에서 칭기즈칸 요리를 하는 음식점에서는 몽골인이 초원을 달리다 소를 잡아 요리해 먹었던 방식대로 요리한다고 설명한다. 또 부족한 비타민을 섭취하기 위해 야채를 넣어 먹었다지만 천만의 말씀이다. 몽골족은 고기를 끓여먹거나 구워먹지 않는다. 삶아서는 먹는다. 야채를 먹기 시작한 것도 그다지 오래지 않는데 정통 몽골요리처럼 소개하는 것이 못마땅하다며 몽골인이 불만을 토로했다. 식당을 보고는 더욱 불쾌해했다. 음식점의 상호가 몽골식 레스토랑이면 모르지만 국호를 그대로 상호로 사용하는 것은 국제적인 예의에 어긋난다고 덧붙였다.

 몽골에 가 본 관광객들은 늦가을부터 몽골인들이 길거리에서 우리 나라 잣 같은 열매를 까먹고 다니는 것을 흔히 볼 수 있다. 어른 아이 남녀 구별이 없고 시간과 장소도 가리지 않는다. '사마르'라고 불리는 이 열매는 우리 나라 잣과 비슷한 종류지만 일조량이 적어 덜 익어 알맹이가 실하지 않다. 버스 안에도 까먹고 버린 사마르 껍질이 수북하다. 대학 교수들도 강의가 끝나면 교수휴게실에서 사마르를 까먹기 바쁘다. 별다른 간식거리가 없는 몽골에서 사마르는 가장 즐겨찾는 흔한 것이라고 할 수 있다.

외국인들은 껍테기가 딱딱해 힘주어 깨다 보면 속 알맹이까지 깨져 먹지 못하는 경우가 비일비재하다. 몽골인들은 대단히 숙달돼 있어 입 안에 집어 넣으면 딱 소리와 함께 껍질만 뱉어내고 알맹이를 씹어 먹는다. 최근에는 사마르를 길거리에 들고 나와 파는 장사치들을 아무 곳에서나 볼 수 있다.

몽골인은 껍데기가 딱딱한 것 모두를 사마르라고 부른다. 땅콩도 사마르, 호도도 사마르다. 유실수가 흔하지 않아 열매류를 쉽게 구할 수 없어 이름을 구분하지 않아도 생활에 별로 지장이 없다.

몽골인은 견과류와 과일을 잘 구분하지 못한다. 자연에서 얻어지는 과일이 몹시 적고 수입된 과일은 비싸서 쉽게 구입이 곤란하다. 바나나는 1kg에 우리 돈으로 7천 원이 넘고 수박도 우리 나라와 비슷한 가격에 팔린다. 참외는 아는 사람이 많지 않고 감은 아예 모른다. 딸기도 산딸기뿐이지간 중국에서 들여온 것들이 비싼 값에 팔린다. 포도와 오렌지, 귤은 중국과 터키, 카자흐스탄 등에서 수입된다. 사과와 배도 중국에서 수입되지만 품질이 조악해 먹기 힘든 경우가 대부분이다. 중국의 값싼 가장 나쁜 과일이 무작정 수입된다. 소비자들은 제품을 고를 권리도 없다. 우리 나라에서는 가축에게나 줄 낙과나 상품으로 될 수 없는 것이라고 생각하면 이해가 쉽다.

보르츠 만들기

 풍요로울 때 궁핍한 내일을 준비한다면 그것은 분명 미래지향적인 삶이다. 현재의 고달픔보다 앞으로 다가올 시간의 행복을 기다리는 것도 미래지향적으로 볼 수 있을 것이다. 이런 면에서 본다면 몽골인들의 삶은 늘 미래지향적이다.
 '과거는 흘러간 흔적에 불과하다'는 그들의 생활관을 거론하지 않더라도 몽골인은 늘 앞만 보며 살아왔다. 정복전쟁이 그렇고 아이들을 소중하게 키우는 것과 비축식량을 끊임없이 만드는 것이 좋은 예이다. 오늘의 삶도 예외는 아니다. 당장보다는 긴 겨울과 첫 젖이 날 때까지 젖고개를 넘길 준비로 여름 내내 바쁘다.
 서양인은 '햇살이 있을 때 건초를 만들라'지만 몽골인은 '햇살이 있을 때 겨울을 대비하라'고 가르친다. 상상하기 어려울 정도의 추위를 견뎌내기 위한 준비를 서두르라는 말이다. 봄의 기근은 인간을 위축시키고 건조한 공기는 대지와 가축을 황폐하게 만든다. 식량을 확보하지 못하면 죽을 뿐이다. 여름에는 먹을 것을 쉽게 구할 수 있어도 겨울에는 정말 힘들다. 사방을 둘러보아도 얼어붙은 대지뿐이다. 야생의 사냥감이 있기는 해도 식량으로 사용할 만큼 충분치는 못하다.

비축한 식량이 없으면 가축을 잡아먹을 수밖에 없다. 그러나 가축을 잡아먹는 것에는 분명 한계가 있다. 손쉽게 식량을 얻을 수야 있겠지만 내년을 기약할 수 없으니 마지막 수단이다. 가축을 잡아먹고 나면 내년에는 새끼를 낳을 소도 없고 젖을 짤 말도 없어지고 만다. 농사꾼이 논 팔아 떡해 먹는 것과 같다.

그런 까닭에 몽골인은 아무 때나 가축을 잡지 않는다. 가축을 잡아먹고 나면 미래를 포기하는 것과 다르지 않다고 믿는다. '우선 먹기는 곶감이 달다'고는 하지만 미래에 대한 희망이 없어진다면 그것은 몽골인다운 발상이 아니다. 유목민들이 그들 소유의 가축을 잡는 것은 곶감 꼬치에서 곶감 빼먹는 것과 다름 아니다. 빼내간 것을 보충할 길이 전혀 없다.

겨울을 넘기기 위해 불필요한 가축은 잡아 갈무리하는 것도 생활의 지혜이다. 몽골인은 가을에 가축을 잡아 수를 줄인다. 8개월 가량의 긴 겨울에 100~200마리의 가축을 먹여 살리는 것은 보통 일이 아니다. 몽골인은 서구 목축업자처럼 사료를 줘서 가축을 키우는 것도 아니고 건초를 준비하는 것도 아니다. 유목을 한다. 광활한 땅에서의 유목이라지만 일정 범위 내의 풀의 양은 한계가 있다. 가을부터 다음 해 봄까지는 풀이 자라지 않는다. 그런 연유로 겨울을 나고도 다음 해 생산에 지장이 없는 범위에서 가축의 숫자를 조절한다.

조절 방법으로 가을에 가축을 잡는다. 살이 가장 많이 찐 가을에 잡아 보관하는 것이 최상의 방법이다.

9월 말 10월 중순경에는 울란바토르 인근 야산이 온통 지방 사람이 몰고온 양들로 북적인다. 가을에 도시 사람들이 갈무리할 양의 수

요에 맞춰 목돈을 만들려는 지방 사람들이 몰고온 양들이다. 심한 경우에는 아파트촌 입구까지 양을 몰고온다. 양떼가 울어대면 아파트 일대가 온통 목장으로 변한 듯한 느낌도 든다. 거래가 이루어지면 즉석에서 잡아주기도 한다. 시장과 도살장이 동시에 서는 것이다.

1990년대 초만 해도 지방 사람들이 직접 몰고온 양떼가 많았으나 최근에는 상인들이 대행하는 횟수가 많아졌다. 이런 과정에서 폭리를 취하는 경우도 늘고 있어 도시인의 불만이 가중되고 있다. 여유가 있는 집에서는 멀리 지방까지 내려가 아예 10여 마리를 한꺼번에 잡아 도시로 가져오기도 한다.

러시아 국경 부근에서도 양을 사고파는 사람들이 많다. 이들은 몽골 내륙에서 2, 3개월 전 양을 몰고 떠나 하루 10여 km씩 전진해 국경에 도달한 양치기들이다. 어린 양을 대량으로 사모아 풀을 뜯기면서 쉬며쉬며 러시아 국경으로 몰고가 러시아 상인들과 대규모로 거래를 한다. 구 소련이 붕괴하기 전에는 거래가 쉬웠지만 최근 러시아가 들어서고 나서는 점차 줄어들고 있다. 전에는 내국인 간의 거래로 간주되던 것이 정식 무역으로 처리되기 때문이다. 그래서 양국 양치기들 대신 현재는 무역상이 대행하는 체제로 변화되고 있다.

몽골인의 환경을 극복하는 지혜는 음식물의 저장에서도 드러난다. 몽골인은 고기를 저장하는 방법으로 건조와 냉동 기법을 사용했다. 저장이 불가능한 내장이나 기름기 등은 먹고 일부는 얼려 봄까지 두고 먹는다. 9월 말부터 10월 중순까지 몽골 전역에서는 우리가 김장을 담아 겨우살이 준비를 하듯 가축을 잡아 비축하여 겨울에 대비한다.

설이나 신년에 삶아먹는 양고기도 전부 가을에 잡아 자연 상태에서 냉동시킨 것이다. 겨울에 몽골인 가정을 방문해 보면 아파트 베란다 또는 옥외 창고에 가마니, 마대 등으로 덮어 놓은 양고기를 흔히

몽골인이 즐겨 찾아가는 장터인 '자호'. 시내에서 구하기 어려운 물건도 이곳에 가면 어렵지 않게 구하는 경우가 종종 있다.

볼 수 있다. 겨우내 두어도 기온이 워낙 낮아 변질되지 않는다. 영하 30도 이하로 내려간 기온이 영상으로 올라오는 것은 4월이 지나서다. 그 동안 몽골 전역은 커다란 자연의 냉동창고가 된다.

겨울이 시작되고부터 여름까지는 특별한 일이 없는 한 가축을 잡지 않는다. 번식시키고 젖을 짜야만 한다. 그러다 보니 여름에 몽골 가정에서 고기를 보기가 쉽지 않다. 특수한 상황에서만 가축을 잡아 고기를 만든다.

건조기법으로 만든 것 중 대표적인 것이 봄과 여름에 먹는 '보르츠'다. 가축들이 살찐 가을철에 잡아 고기를 말려 가루로 만든 것이다. 몽골인들에게는 필수적이며 중요한 과제로, 보르츠 생산은 한 해의 수확을 갈무리하는 최종 단계에 해당한다. 이 방법은 칭기즈칸 전부터 계속되는 몽골인의 전통적인 방법이다. 이 보르츠 때문에 몽골인이 전 세계를 제패했다는 설도 있다. 왜냐면 몽골 병사들은 병참이라는 보급 수단 없이도 독자적으로 몇 개월을 지낼 수 있는 휴대식량을 늘 준비하고 다녔기 때문이다. 그 대표적인 것이 바로 보르츠다. 유제품을 말린 것도 있지만 영양소를 골고루 갖추고 부피도 적은 것으로는 보르츠를 당할 수 없다.

병사들은 전장에 나갈 때 집에서 만들어준 보르츠를 한 자루씩 말 등에 매달고 나갔다. 평소에는 젖을 짜 마시고 약탈한 음식으로 해결하곤 했다. 그러다 포위되거나 전쟁이 심해 식량을 구할 길이 막히면 보르츠로 요기를 했다. 그러니 아무리 용맹스런 적이라도 쉬지 않고 공격해 오는 몽골군 앞에서는 견딜 재간이 없었다. 늘 승리할 수 있는 비결이었다.

보르츠는 주로 쇠고기로 만드는데 살코기의 결을 따라 찢어 그늘에서 말린다. 소의 홍두깨살이 보르츠를 만들기에 가장 좋은 부분이다. 기름기가 적은 육질로만 이루어져 있어 말리기도 쉽고 그냥 먹을 때는 맛도 다른 부분에 비해 덜하다. 공기가 건조한 몽골에서는 고기를 베어내 그늘에 두어도 4~5일이 지나면 물기가 모두 증발, 칼로도 잘 썰어지지 않을 만큼 딱딱해진다.

겔의 입구에 소의 다리나 엉덩이 살이 꼬챙이에 꿰어져 달려 있는 모습을 자주 볼 수 있다. 언뜻 보면 흉하다. 시뻘건 고기가 실내에 달려 있으니 섬뜩해지지 않을 수 없다. 하지만 방법이 없다. 밖에서 말리면 훨씬 빠르겠지만 야생짐승들이 언제 물고 갈지 알 수 없어 실내에서 말리는 것이다. 특히 매나 독수리가 하늘에서 쏜살같이 내려와 물고 달아나면 속수무책이다. 낮게 매달면 들개나 늑대가 달려와 물고 가는 경우가 허다하다.

그래서 보기는 흉해도 울며 겨자 먹는 격으로 실내에 둔다. 그래도 공기가 워낙 건조해 상하지 않고 잘 마른다. 가을에는 대지가 온통 바스러질 정도로 사방이 데말라 있어 고기를 걸어놓으면 금방 꾸드러진다.

이렇게 말린 고기를 갈거나 절구로 빻아 가루로 만든다. 고깃가루의 비중이 있어 바람에 날리지도 않고 빻는 즉시 그릇 아래 모여 있게 마련이다. 소의 다리 하나를 말려 빻은 것이 조그마한 주머니로 하나가 될까말까 한다. 휴대하기도 간편하고 영양도 만점인 휴대 비상식량이다.

이렇게 해서 만들어진 보르츠는 깨끗이 씻어낸 소의 위나 오줌보 안에다 보관한다. 오줌보는 기후의 변화에 적응하는 능력이 있어 해가 바뀌어도 고깃가루가 상하지 않는다.

보르츠는 뜨거운 물에 두서너 숟가락 퍼넣고 2~3분 기다리면 훌륭한 영양식이 된다. 공기 하나 가득한 물에 두서너 숟가락이니 이보다 편한 인스턴트 식품이 없을 것이다.

보르츠를 물에 타면 약간 비릿하고 역한 냄새가 난다. 고기를 말린 것이니 그럴 수밖에 없다. 그런데도 고기맛에 익숙한 몽골인은 이 맛을 즐긴다. 외국에 가는 몽골인은 반드시 보르츠를 한 봉지씩 가지고 나간다. 현지에서 음식이 입에 맞지 않으면 이것으로 식사를 대신한다.

몽골인이 머무르는 호텔에 가면 이 냄새를 맡게 된다. 눅진하고 무거우며 약간 역겨운 듯한 비린내가 방안에 가득하다. 그럴 때는 틀림없이 보르츠를 타 마신 직후이다.

이를 두고 몽골인 냄새가 난다고들 말한다. 하지만 정확하게 말하면 보르츠 냄새다. 우리가 해외에 가서 컵라면을 먹는 것이나 다를 바 없는데도 우리는 그들을 비하하는 경향이 농후하다.

모든 민족은 그들이 사는 땅의 조건과 기후에 맞는 삶을 살아왔다. 어느 것이 좋다거나 열악하다고 비교할 수 있는 대상은 아니다. 어느 것이 우수하다거나 쳐진다고 판단하기는 더더욱 곤란하다.

같은 생활 유형에 속한 민족끼리도 서로 다른 생활을 영위하는 것을 흔히 볼 수 있다. 그것은 그들이 처한 지리가 다른 것에서 비롯된다. 하물며 매일 주식으로 하는 음식은 당연히 기후와 토양에 따라 달라진다.

몽골 고원에서 생활해 보면 그들이 겔에서 살며 델을 입고 있는 이유를 터득하게 될 것이다. 그리고 보르츠를 먹지 않으면 생존이 어렵다는 것도 이해할 수 있을 것이다.

이스끼 만들기

　햇볕이 따스한 가을날 하루를 정해 몽골인은 방한용 '이스끼'를 만든다. 이스끼는 겔의 안쪽에 둘러 외부와 차단하기 위해 사용하는 카펫 같은 역할을 하는 것이다. 겔의 뼈대(벽)와 흰 천 사이에 두르며 날씨가 추워지면 두껍게 해 보온을 돕는다. 가축의 털이 주원료이며 두께가 똑같아야 진가를 발휘한다. 멍석만하지만 길이가 짧다. 주로 양털로 만드는데 봄부터 여름 내내 깎아 모은 양털을 사용한다. 해마다 새 것을 만들지는 않는다 잘 상하지 않아 내구 연한이 길기 때문이다. 사용중인 이스끼가 상했거나 헤진 곳이 많아 갈아야 한다거나 새로 겔을 지을 때면 이스끼를 새로 준비한다. 이스끼가 있어야만 겔이 완성된다고 보면 된다.
　다시 말해 이스끼가 없는 겔은 겔이 아니다. 겔의 모양을 하고 있더라도 집의 의미인 겔이라고 부르지 않는다. 이스끼가 없는 것은 '매항'이라고 부른다. 천막이라는 뜻이다. 규모도 작고 여름 한 철 햇빛을 가리고 비를 피하는 기능을 할 뿐이다. 최근 들어 서구식으로 된 천막이 사용되기도 하지만 여름에 양을 지키는 젊은이들의 임시 거처로만 이용된다. 그만큼 이스끼는 겔의 필수 요소이다.

실제로 이스끼가 없는 겔로 한겨울을 나기는 불가능하다. 영하 40도 이하로 내려가는 한겨울에 방풍과 방한 작용을 하는 이스끼가 없다면 실내 난방은 엄두조차 낼 수 없다. 한겨울을 나려면 겔에 두 겹 혹은 세 겹으로 이스끼를 둘러야만 훈훈한 열기를 오래 간직할 수 있다.

이스끼 만들기는 한 집안의 일이 아니라 마을 전체의 축제가 된다. 양털을 모으는 과정에서부터 온 마을사람들이 협동한다. 각 집에서 여름 내내 깎아 모은 양털을 이스끼 만드는 집에다 부조를 한다. 이스끼 한 장을 만드는 데 보통 30~40kg의 양털이 필요한데 큰 것 2~3장과 작은 것 3장 정도를 만들려면 100~150kg이 소요된다. 이처럼 많은 양을 한 집에서 모으기란 쉽지 않아 여러 집에서 십시일반으로 모아 이스끼를 만드는 집에 준다. 이 양털은 금방 갚아야 할 것은 아니지만 언젠가는 갚아야 할 빚이다. 양털을 받은 사람은 받은 양을 기억했다가 나중에 그 양만큼을 갚는다.

양털이 필요한 가정에선 봄에 이웃들에게 미리 부탁을 하기도 한다. 그 해 깎는 털은 모두 이스끼를 만들 때 사용할 수 있도록 예약을 하는 것이다. 필요가 없을 때는 털을 안 깎는 경우도 있으므로 미리미리 부탁하는 것이 관례로 되어 있다.

양털은 깨끗한 것보다는 잘 마른 것이 더 요긴하다. 이스끼가 깨끗하지 않기 때문에 털은 더러워도 무방하다. 대신 양털이 골고루 펴져 엉긴 것이 없어야 한다. 양모이기 때문에 젖은 것은 상할 우려가 있어 반드시 잘 건조된 것이라야 한다. 많을수록 좋은 것도 아니다. 너무 무거우면 이사다닐 때 번거로우니까 적당한 양의 양모를 고른 두

몽골 겔 앞에서 필자(왼쪽)와 일행을 단내한 운전사가 포즈를 취했다.

께로 평평하고 넓게 만드는 것이 필요하다.

　이스끼는 먼저 초원에다 한겹 두겹 챙겨가면서 멍석같은 두께로 만든다. 처음에는 양털을 두께 5~10cm, 가로 7~8m ,세로 1.5m 크기로 바닥에 깔고 양털을 골고루 펴서 평평하게 한다. 그러나 양털이 잘 말라 푸슬푸슬하므로 바람에 날리기 쉽다. 이를 방지하기 위해 아녀자 2~5명이 둘러서서 양털을 막대기로 두드린다. 길이가 1.5~2m 가량 되는 나무 막대기로 양털을 두들기면 부풀었던 것이 점차 가라앉는다.

　두드리는 것은 뭉친 양털을 펴기 위해서다. 원모 상태의 양털은 더럽고 덩얼덩얼 뭉쳐져 있어 좀처럼 잘 골라지지 않는다. 그리고 털이 오글오글 엉겨서 하나의 실처럼 작용하기가 어렵다. 이 때문에 계속 막대기로 두드리지만 생각보다 잘 골라지지 않으면 물을 약간 뿌리기도 한다. 양털이 더 이상 부풀지 않고 뭉치는 데 필요한 습기를 더 해주기 위해서다. 물을 뿌리면 부풀었던 털이 착 가라앉는다.

　솜이불을 만들 때 방바닥에 펴놓고 기다란 자막대기로 잘 타진 솜을 한장 한장 들어내 같은 두께로 만드는 것과 같은 원리이다. 솜이 뭉치지 않고 골고루 펴져야만 이불이 잘 만들어진 것처럼 양털도 골고루 펴져야 좋은 이스끼가 된다.

　처음 5~8cm 정도 되는 두께의 양털을 두들겨서 가라앉히면 0.5~1cm 정도로 얄팍해진다. 이런 양털을 두 겹 또는 세 겹을 겹쳐 다시 두들겨 딱딱하게 만든다. 그러면 우리의 멍석과 비슷한 형태가 된다. 색은 검고 중간중간 마른 풀잎도 가끔 끼어 있지만 양모라서 보온성이 뛰어나다. 한겨울 추위도 이 이스끼만 있으면 거뜬하게 넘길 수 있다. 몽골 어느 지역이나 춥기는 매일반이나 그래도 더 추운 지역에서는 이스끼를 겹으로 사용하여 보온성을 높인다. 실제로 이스끼를 겹으로 친 겔에 들어서면 한겨울에도 훈훈함을 느낀다. 양모로 짠 털

스웨터와 같은 원리로 보면 이해가 쉽다.
 이스끼를 만들 때면 동녀에 노랫가락이 흘러 넘친다. 힘든 일을 하면서 노동의 어려움을 경감시키기 위한 노래이니 일종의 노동요이다. 아녀자들은 양털을 두드리면서 사설 섞은 노래를 구성지게 부른다.

  이 이스끼를 두른 집에
  사랑하는 님을 모시면
  한겨울 추위에도 사랑의
  열기가 넘쳐 날 걸세
  어여어여 양털을 다듬세

  비단같은 양털로 뭉쳤으니
  한겨울 추위도 녹여 나겠네
  이스낀가 무스낀가
  님의 사랑을 꽁꽁 묶어 두게나
  어여어여 양털을 다듬세

  이스끼 고탈로 님의 발길 묶고
  어룬 밤 더운 손으로 소매를 잡으면
  사랑이 식은 사람도 매정하게는
  떠나가지 못할 걸세
  어여어여 양털을 다듬세

 이스끼로 만든 집은 이렇게 몽골인의 마음과 삶을 풍요롭게 해주는 역할을 한다. 그만큼 이스끼는 중요하다.
 두세 겹을 겹쳐 딱딱하게 만든 이스끼는 돌돌 말아 가운데에 나무 기둥을 박고 멍에를 얹은 말에 매달아 끌고 다닌다. 말을 겔 주위로 몰고 다니며 단련을 시킨다. 이스끼를 더욱 단단하게 만들기 위한 작업이다. 이 일은 남자들이 담당한다. 이 때부터는 이스끼의 관리에서 보관까지 모두 남자들의 몫이다. 여성의 손을 떠난 것이다.

이사를 갈 때도 이스끼는 요긴하게 쓰인다. 돌돌 말아 중요한 물건 사이에 넣어 완충작용을 하게 한다. 주로 겔의 서까래와 천장의 중심이 되는 나무로 된 것들이 보호대상이 된다.

몽골 여성은 "이스끼가 제대로 쓰이는 것을 아는 남성이 몇이나 될까"라고 자조적인 말을 되뇌인다. 남성이 집안살림을 돌보지 않을 때 하는 말이다. 실제로 집안일을 돌보지 않는 사람들이 최근 많아졌다. 몽골 남성은 집안의 가장이면서도 바람처럼 산다. 황혼 무렵에 나타났다가는 새벽 어스름에 떠나가도 아내는 덤덤하게 받아들인다. 애면글면 남편의 바지가랑이를 잡는 여성은 드물다.

그러나 지나가던 남성도 겔을 옮기는 모양을 보면 "이스끼나 도와드릴까요?"라고 말하고는 거든다. 이스끼가 넓고 길어 혼자서는 처리하기가 쉽지 않아 일손을 반긴다.

몽골 여성들은 이를 두고 남성들이 유일하게 제 구실을 하는 때라고 말한다.

바람막이 역을 하는 이스끼 신세나 아무 일도 안 하지만 가장으로 필요한 몽골 남성의 팔자나 같다고 말하는 여성들의 한숨이 배어 있는 것이 이스끼이기도 하다.

겔과 남녀유별

몽골인은 지금까지도 천막집 '겔'에서 살고 있다. 우리에게는 영어의 유르트(yurt)로 자주 소개된 집이다. 몽골에서는 이 집을 겔이라 부른다. 몽골인은 춥고 건조하고 자주 이동해야 하는 생활에 적응하기 위해 이동이 간편하고 보온이 잘 되는 겔을 주거로 이용해 왔다.

겔은 짓고 다시 조립하는 데 많이 잡아도 3시간을 넘지 않는다. 이 겔은 영구성이나 외적이나 짐승 등 외부로부터의 보호 기능보다는 추위와 햇빛 그리고 비바람을 차단하는 차양 효과가 더 크다.

겔이 실생활에 사용되기 시작한 것은 오래 되지 않은 것으로 기록돼 있다. 초기 겔은 서너 명이 한 공간에서 보낼 수 있도록 고안된 임시 거처였다.

기록에 따르면 겔은 전장중에 주로 사용되었다. 전장에서는 천으로 된 밝은 색의 큰 천막을 사용했고 대신 두껍고 튼튼한 의복으로 방한을 했다. 공격·이동·방어에 유리한 기동성에만 초점을 맞춘 거

몽골의 개집. 겔이 만들어지기 전에는 몽골인도 이 같은 흙집에 살았다고 한다.

처였다.

이보다 앞서서는 풀로 만든 주머니 속에서 살았다. 『몽골비사』에 보면 칭기즈칸의 선조 보돈차르는 풀 주머니에서 살며 적이 나타나면 언제든지 맞아 싸웠다고 한다. 그러다 양털을 사용하면서 가볍고 반영구적인 겔이 등장했다. 이처럼 모든 생활이 전쟁과 연결된 비상체제로 보면 이해가 쉽게 된다.

몽골 겔은 크게 나무로 된 틀과 펠트로 된 겉부분으로 나뉜다. 나무로 된 틀은 '한느'(벽), '온'(서까래), '터너'(연통이 나가는 구멍 주위의 나무), '바가나'(기둥) 등이다. 벽은 약 1.5m 길이의 나무 10~15개로 손풍금 바람주머니처럼 접었다 폈다 할 수 있게 만들어져 있다. 이동할 때는 접어서 부피를 줄이고 겔을 지을 때는 펼쳐서 서로 이어 둥그렇게 만든다.

옛날 우리 나라에서는 집의 크기를 말할 때 몇 칸 집이냐로 계산하지만 몽골에서는 벽이 몇 개냐로 크기를 따진다. 일반인들은 평균 5개로 겔을 짓는다. 5개로 지은 겔은 실내가 5평반 정도의 조그만 공간이다. 귀족들의 겔은 10~12개의 벽을 사용했다는 기록도 있다. 최근에는 이렇게 큰 겔은 외국 관광객을 위한 음식점이나 카페로 사용될 뿐이다. 시골에서는 도서관이나 호텔 등으로 이용된다.

여름에는 겔 안쪽 바닥에 아무것도 깔지 않는다. 곧 다른 곳으로 이동해야 하기 때문에 안쪽을 치장할 마음의 여유가 없어서이다. 그러나 겨울에는 일부 부유한 집의 경우 겔 바닥에 나무판자를 깔고 위에 양탄자를 덮었다.

벽 위에는 서까래를 잡아맨다. 서까래의 다른 끝은 터너의 구멍에다 꽂아 고정시킨다. 서까래는 보통 81개를 기준으로 가감된다. 서까래는 우리 나라처럼 굵은 나무가 아니라 장대처럼 가늘고 길다. 굵고 크면 무게가 많이 나가 한느가 견딜 수 없기 때문이다.

겔에서 밖과 통하는 구멍은 사람이 드나드는 정문과 연기가 빠져나가는 터너뿐이다. 연기가 빠져나가는 터너는 우주의 중심으로 비유된다. 터너는 직경이 약 1~1.5m로 둥그런 모습이 흡사 우산을 펼친 것처럼 중앙이 볼록하다. 두 개의 기둥이 받치고 있는 둥그런 터너는 미리 조립돼 있으며 겔에서 가장 중요한 부분으로 꼽힌다.

겔 터를 잡을 때는 터너의 위치를 먼저 잡는다. 터너가 놓이는 곳이 겔의 중심이며 바로 아래 난로가 있어 음식을 만들고 난방도 한다. 난로는 세 개의 받침돌 위에 놓여 있다. 받침들은 주인, 안주인, 그리고 며느리로 상징된다. 며느리는 상속자의 어머니로 대변된다. 이 난로가 집안의 중심에 놓이듯 며느리가 집안의 번영을 책임지는 구심점이 된다는 것이다.

겔 안은 난로를 기준으로 남성구역, 여성구역, 신성구역의 세 부분으로 나뉜다.

이런 좁은 공간에서 '남녀칠세부동석'을 찾기는 불가능하다. 하지만 남녀유별을 강조하며 엄격하게 자신들의 위치를 찾고 지킬 줄 안다. 안방 아랫목에는 어른들이 앉고 윗목에 아이들이 앉는 우리의 풍습과 별로 다르지 않다.

남성구역은 겔 안에서 서쪽이다. 정문에서 보아 왼쪽이다. 이 곳에는 주인의 말안장, 말재갈, 고삐, 아이락 주머니가 놓인다. 주인의 방어용 무기는 이보다 안쪽에 주인의 손이 닿을 만큼 가까운 거리에 둔다.

손님이 오면 이 곳에 모신다. 주인은 일반적으로 이 신성지역에서 동쪽으로 약간 벗어나 자리잡고 손님은 남성구역과 신성구역의 경계지역인 주인의 오른쪽에 자리잡는다. 몽골에서 손님이라면 주로 남성이기 때문에 이렇게 얘기할 뿐이다. 여자손님이 오면 물론 여성구역으로 가는 것이 당연하다. 주인이 보면 바른쪽에 손님을 앉혀 우대하는 것이 되지만 만약의 경우 가족을 보호하려는 의도가 담겨 있다는 설명이다.

손님으로 가장한 적이 들어와 갑자기 공격했을 때 연약한 아녀자들을 격리, 보호하고 오른손잡이인 가장이 방어를 원활하게 하기 위한 배려라는 것.

여성구역은 겔의 동쪽 입구에서 보아 오른쪽이다. 안주인은 이 곳에 주방용구와 생활도구를 비치한다. 어린이들도 여기에서 기거한다.

모든 몽골인은 겔에 들어갈 때 자기가 어디로 가 어느 곳에 앉아야 할지 잘 알고 있다. 남성은 겔에 들어가면 곧바로 왼쪽으로 가고 여성들은 오른쪽으로 간다. 남성구역은 하늘이 보호하고 여성구역은 태양이 보살핀다는 것이다.

독자들이 가장 궁금해하는 것이 몽골인의 부부생활이다. 몽골인은 다산을 인생의 가장 큰 복으로 여긴다. 그런 연유로 아이들이 많을수

몽골 가정의 주방용품. 겔 정문에서 오른쪽 입구에 자리잡고 있다.

록 다복하다고 한다. 그렇다면 부부생활을 이 좁은 공간에서 어떻게 유지하는지 호기심을 자극할 수밖에 없다.

부부생활의 신호는 남편이 여성구역으로 접근하는 것. 무언으로 행동을 표시하는 것이다. 그러면 부인이 응한다고 한다. 그러니 여성구역에는 함부로 접근하지 않는다.

외국인들이 "언제?"라고 질문하면 "아이들이 보지 않을 때"라고 지극히 상식적인 대답만 한다. 여하튼 종족을 이어가는 행위는 그들의 의무이며 신성한 것이므로 더 묻지 않았다. 상식적으로 생각하면 큰 무리가 없는 것으로 알든 무난하다.

신성구역은 정문의 맞은편 북쪽이다. 이 곳에는 가문의 가장 나이든 어른이 사용하는 무기, 모린호르(馬頭琴)와 말재갈 등을 놓아둔다. 옷이나 중요한 물건을 넣어두는 아브다르(상자) 2개도 이 곳에 자리한다. 밝은 오렌지색 아브다르 위에는 가족사진이 들어 있는 사

겔 안의 신성구역. 입구에서 안쪽을 볼 때 왼쪽에서 북쪽에 가깝다. 집안에서 섬기는 것들이 이곳에 놓인다. 부처나 부처 화상이 자리를 차지한다. 공산주의 시절에는 각종 훈장과 상패가 대신 놓여 있었다.

진들이 잘 보이지 놓여 있다. 주인이 정부로부터 훈장을 받은 것이 있으면 역시 이 곳에 올려놓는다.

이 위치는 공산당 집권 시절 획일적으로 지정돼 지금까지 전해지고 있다. 이 곳은 원래 라마교를 믿는 몽골인이 신성하게 여기는 곳으로 부처와 관련된 것들이 놓여 있었다. 공산당은 그러나 국민들의 사상통제를 위해 부처 관련 물품이 놓여 있던 이 곳에 사진이나 훈장 등을 놓아 불교세력을 약화시키고자 시도하였다. 1990년 자유화 이후 이 곳에 다시 자유롭게 부처의 화상(畵像)을 올려놓기 시작했다.

아이들은 여성구역에 자리하지만 난로를 기준으로 해 문쪽을 차지해야 한다.

주인 내외의 침대는 여성구역 벽에 붙어 있고 손님용 침대는 반대편 남성구역 벽쪽이다. 아이들은 부모의 발치에서 잠잔다. 4~7세 아이들에게는 침대가 거의 돌아오지 않는다. 바닥에 양탄자나 양가죽을 깔고 잠든다. 아이들의 덮을 것도 특별히 마련되지 않는 경우가 많다. 이불이 있을 경우에는 두세 명이 같이 덮고 잔다. 우리 나라 1960년대 초반에 볼 수 있었던 풍경과 유사하다. 아이들 서너 명이 한 이불 속에서 자던 것을 생각하면 이해가 가능하다. 귀한 손님이 오면 침대를 신성구역으로 옮겨 잠자리를 마련해 준다. 최고의 예우를 베푸는 것이다.

몽골의 톱아이막에서 지냈던 때의 일이다. 때는 7월 말. 우리 나라의 한여름이었다. 몽골도 여름이기는 마찬가지였다. 필자 부부는 찾아간 집에서 푸짐한 대접을 받았다. 양도 한 마리 잡아 삶아 내놓았고 잠자리도 신성구역에 새 이불과 시트를 깔아 마련해줬다. 겔 안에 우리 부부, 몽골 민속학자, 겔 주인의 아버지, 겔 주인 부부, 아이들 3명 등 9명이 함께 잠자리를 할 수밖에 없었다.

우리는 밤 기온이 많이 내려가 가져간 두툼한 점퍼를 껴입고 잠자리에 들었다. 한여름인데도 밖의 기온은 영상 4도라고 라디오 뉴스에서 들었다. 겔 안이라고 온도가 높은 것이 아니었다. 여름에는 겔의 밑부분을 들어올려 통풍이 되도록 열어 놓기 때문이다. 우리는 추워서 덜덜 떨며 자리에 들었는데 놀랍게도 몽골인은 아무것도 덮지 않고 잤다. 오히려 배를 내놓고 잠을 청했다.

그 날 밤따라 비바람이 몹시 몰아쳤다. 겔을 날려보낼 듯 세찬 바람이 밤새 불어와 잠을 이룰 수 없었다. 겔 주인들은 그러나 자주 있는 급격한 기후의 변화에 적응된 듯 코를 골며 잘도 잤다.

새벽 2시쯤 갑자기 와장창 무엇이 부서지는 소리가 나 우리 부부는 잠자리를 박차고 일어났다. 겔의 서까래가 한 개 떨어진 것이다. 그런데 다른 사람들은 무슨 일이 일어났는지도 모르는 양 꼼짝도 안 했다. 다들 자는 것처럼 보였다.

우리도 머쓱하여 다시 자리에 들었다. 잠이 올 리 없었다. 엎치락뒤치락하다 보니 얼마 안 있어 날이 밝았다.

자리에서 일어난 사람들이 모두 "지난밤에 놀랐지요"라고 물었다. 간밤의 사고를 알고 있었던 것. 그런데도 혹시 다른 사람들에게 방해가 될까봐 모르는 척 넘겼던 것이다. 좁은 공간에서 여러 사람이 살면서 지켜야 하는 최소한의 예의였던 것이다.

겔에 담긴 사상

　몽골인이 가장 힘들어하는 일이 겔 만들기이다. 특별한 건축물이 없는 초원에 사는 사람들이 살 집을 만드는 것만큼 복잡하고 어려운 일도 없다.
　한 동의 건물을 지으려면 모든 인력과 장비가 동원되고 금전적인 뒷받침도 필요하듯이 몽골인도 겔을 지으려면 2, 3년 전부터 치밀한 계획을 세운다.
　겔을 만드는 것은 새 식구가 늘어난다는 표시이다. 새 며느리가 들어온다는 것을 뜻한다. 아들이 장성한 신랑집에서는 나이가 들면서 적당한 규수감을 찾기 전에 겔 지을 준비를 서두른다. 색시감이 나타나면 곧바로 예식을 올리고 살림을 내줘야 한다.
　이 때가 되면 신랑감보다도 부모가 더 좋아한다. 후손이 번성해야 가문이 일어나는 것이라는 갈을 귀에 딱지가 없도록 들어온 이들은 자식이 장가들어 살림을 차리는 것을 자기가 해야 할 큰 의무 중의

겔을 짓다 말고 한 낮의 봄볕을 즐기는 젊은이들. 벽이 앙상하게 드러나 있다.

하나라고 생각한다.

  혼기가 된 자식을 둔 부모는 여기저기에 색시감이 있다는 소리를 들으며 겔 지을 준비를 차근차근 해 나간다. 서까래, 기둥, 벽, 천장의 터너, 다가 등을 구입해 비축한다. 만들어둔 이스끼도 꺼내 다시 손본다. 이스끼는 새 것을 만들어 주는 것이 원칙이지만 급할 경우에는 아버지가 사용하던 것 중에서 일부를 벗겨 겔에다 둘러주기도 한다. 하지만 새 신랑이듯 겔도 새 것을 원칙으로 한다.

  겔에서 가장 어려운 부분이 터너와 벽. 터너는 둥그런 모양을 만들기도 어렵거니와 겔을 단단하게 고정시키는 역할을 하기 때문에 신경을 많이 쓴다.

  겔을 지을 때 소요되는 재료는 모두 모아 손으로 다듬고 맞춰야 한다. 그러다 보니 많은 시간과 일손이 필요하다. 겔을 만들 때는 인근 마을이 모두 동원된다. 서까래를 다듬고 손풍금같은 벽을 손으로 하나하나 엮는 것이 보통 일이 아니다.

겔은 복이 많은 것으로 평가되는 노인들이 자진해서 만든다. 자식을 많이 낳고 건강하게 평생을 살라는 기원이 담긴 것이다.

겔은 몽골인의 심오한 사상도 담고 있다. 자연과 자기를 일체라고 믿는 몽골인은 겔의 부품 하나하나마다 독특한 의미를 부여했다.

연기가 나가는 터너 부근은 겔의 하늘로 열린 유일한 공간이며 태양빛이 들어오는 통로이다. 이 곳으로 몽골 조상의 어머니인 금발의 알란고아가 드나든다고 믿는다. 알란고아는 아들을 셋 거느리고 있는 것으로 알려지고 있는데 우리로 말하면 삼신할머니쯤 된다.

이 구멍으로 들어오는 빛은 몽골인에게 시간의 역할도 했다. 시계가 없던 몽골인은 겔에 들어오는 빛의 위치 즉 터너의 그림자를 보고 경험으로 시간을 감지했던 것이다. 몽골인은 우리 조상처럼 하루를 12시간(時辰)으로 사용했으며 1시간은 12분이었다. 시간의 이름은 12가지 동물의 이름을 그대로 사용했다.

겔의 지붕을 덮는 천을 묶는 끈은 바람이 심한 몽골초원에서 겔의 무게 중심을 잡는 역할을 한다. 이 천으로 터너를 가리거나 열어 빛의 양을 조절한다. 눈비가 올 때는 닫아 겔 안으로 들이치지 못하도록 한다. 밤에도 이 천으로 터너를 닫아 겔 안의 온도를 유지한다.

새로운 겔을 지었을 때는 이 끈의 끝부분은 '하닥'으로 연결한다. 이 하닥에는 곡식 낱알을 한 움큼 담아 묶는다. 우리 나라에서 새 집을 짓고 대들보를 올릴 때 돼지머리와 마른 명태를 놓고 고사를 지낸 후 명태를 대들보에 매다는 것과 같은 의미를 갖는 긴간신앙의 일종이다. 이 의식은 겔의 주인집에게 다산과 행운이 늘 함께하기를 기원하는 것이다.

겔의 기둥은 과거·현재·미래를 연결하는 하나의 축선 역할을 한다. 또 하늘과 주인집을 맺어 주는 하나의 통로로 생각한다. 몽골 부

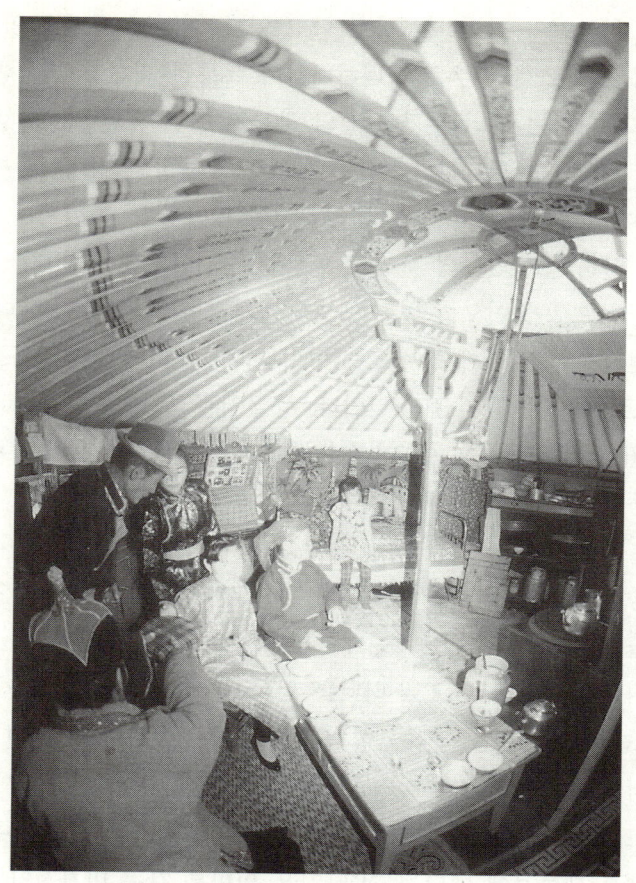

천장 부분에 둥그렇게 나무로 만든 것이 '터너'이다. 이 곳이 하늘로 통하는 유일한 공간이다.

모들은 그래서 자녀들에게 겔의 기둥을 함부로 만지거나 기대서는 안 된다고 가르친다. 그러나 본래의 의미는 땅에 박히지 않은 상태의 겔의 기둥에 몸을 기대면 집 자체가 무너질 수 있기 때문에 금기시하는 것이다. 겔은 땅 위에 지은 것이지만 땅에다 뿌리를 내린 것은 아니다. 기둥에 조금만 힘을 가해도 겔은 뒤틀리거나 무너지기 십상이다.

겔의 난방은 난로가 담당한다. 나무가 자라는 지역에서는 난로에 나무를 때고 남부지방에서는 소와 말의 마른 똥을 연료로 사용한다. 겔 내부는 금방 더워지고 오랫동안 열기를 간직한다.

겔은 여름에는 외부의 열기를 차단하고 태양빛을 가려 시원함을 유지한다. 겔을 둘러친 천과 이스끼의 아래쪽을 걷어올리면 바람이 들어와 오히려 추위를 느낄 만큼 온도가 내려간다.

겔은 낮고 둥근 모습을 하고 있어 강한 바람에 견디기가 쉽다. 또 외부가 빨리 말라 눈비에 젖어도 하루도 되지 않아 금방 말라버린다. 도시 근교에 사는 많은 사람들도 겔에서 살고 있다.

가장 재미있는 것은 겔 안의 어디를 둘러봐도 화장실이 없다는 사실이다. 겔 밖을 둘러보아도 화장실은 없다. 겔을 처음 방문한 외국인들은 처음에는 부끄럽고 창피해 주인에게 화장실이 어디에 있느냐고 묻지 않는다. 화장실에 갈 시간이 급해지면 겔을 들랑날랑하며 주변을 두리번거리지만 화장실을 찾을 수 없다. 앉았다 일어섰다 엉덩이를 들었다 났다 10여 번 하다 보면 아랫배가 터질 것 같다. 여성들은 말도 못하고 혼자서 배앓이를 하다 울상이 된다. 몽글에서 먹은 음식으로 배탈이라도 나면 더더욱 볼 만하다.

설사를 참다참다 속옷에 쌀 지경이 되면 엉덩이에 힘을 잔뜩 주고 '화장실'(비에 자사흐 가자르)이 어디냐고 묻지만 몽글인은 멀뚱이 쳐다 볼 뿐 말이 없다. 다시 한 번 물으면 아무곳이나 상관없다고 대답

여름 내내 모아 놓은 가축의 똥을 말려 쌓아 두었다가 난로에다 땐다. 방풍벽 역할도 하던 똥이 다 없어질 때쯤이면 겨울이 끝난다.

한다. 사방 모든 곳이 자연의 화장실이라는 것이다. 다시 말해 특별히 화장실을 마련해 놓지 않았다는 것이다. 집(겔)이 있는데 화장실이 없다는 대답에 관광객들은 아연실색한다. 남성들은 상황이 급해지면 체면 불구하고 아무곳에나 실례를 무릅쓰지만 여성들은 죽을 지경이다. 몸이라도 가려줄 은폐엄폐물을 찾지만 아무것도 없다. 넓은 초원에서 그런 것을 찾기란 풀밭에서 바늘 찾기만큼이나 어렵다.

한참을 고민하다 정 급해지면 멀리 보이는 양떼 속으로 달려간다. 양떼 속으로 들어가도 양떼가 도망가지 않는다. 이렇게 해결하고 나면 세상이 훤해 보인다는 것이다. 날아갈 것 같은 행복감에 빠졌다고들 말한다.

화장실에 간다는 표현도 재미있다. 말(馬)을 본다고 말한다. 직접 화장실이라고 하는 경우는 흔치 않다. 말은 대부분 겔에서 조금 떨어진 곳에 있어 그 곳에서 볼 일을 보는 경우가 많아 화장실이란 단어

대신에 말을 본다고 표현하는 것. '모리 하리이'(말을 보자) 또는 '모리 하르마르 바인'(말을 보고 싶다)이라고 말하면 몽골어를 품위있게 하는 것으로 간주한다. 화장실을 의미하는 '조르동'이란 말은 잘 사용하지 않는다.

옛날 어른들이 밭떼 속으로 들어가서 볼 일을 보면서도 주위 사람에게 말을 하기가 곤란하자 '말을 보자'고 했다는 것이다. 이런 풍습이 도시지역에서는 전혀 어울리지 않는데도 지금도 그대로 쓰인다. 현대식 호텔에서 화장실에 가면서도 말을 보자고 한다.

처음 몽골에 가서 당황했던 일을 생각하면 지금도 웃음이 절로 나온다.

아카데미의 교수를 만나 식사를 하고 있는데 미안하다면서 말을 보러 가겠다며 자리를 떴다. 나는 멋도 모르고 옆에 앉아 있던 다른 교수에게 말이 어디에 있느냐면서 도시에서 어떻게 말을 키우느냐고 물을 수밖에. 그는 막 웃으면서 화장실에 가는 것이라고 설명해줬다. 재미있는 추억의 한 토막이다.

몽골 젊은이들의 대부분은 견고하게 지어진 현대식 건물에서 살고 싶어한다. 현대식 건물의 편리함을 잘 알고 있기 때문이다.

수도 울란바토르에는 5층 건물을 위주로 가끔 10층 이상의 건물도 주거용(아파트)으로 지어져 있다. 이들 아파트에는 전기, 수도, 온수, 난방시설, 수세식 변소 등이 잘 갖춰져 있다. 높은 아파트에는 엘리베이터도 있다. 가끔 정전이라도 되면 엘리베이터는 지옥으로 변한다. 10분은 평균이라고 보면 틀림없고 1시간, 길면 2~3시간씩 깜깜한 엘리베이터 속에 갇혀 있어야 한다.

개방 초기에는 자주 정전이 돼 고층 아파트에 사는 사람들이 어려움을 겪었다. 전기 때문에 주었던 불편함은 이루 다 말할 수 없다. 취사도 전기를 이용하게 되어 있는데 전기가 자주 나가다 보니 식사를 거르기 일쑤였다. 그 해 겨울은 전기 사정이 극도로 악화돼 하루에도 4, 5차례씩 정전이 되곤 했다. 나는 조그만 전기밥솥을 하나 가지고 있었는데 전기가 없으면 무용지물이었다. 전기는 용케 식사시간을 아는 것처럼 점심 또는 저녁 시간에 단전되었다. 당시는 휴대용 부탄가스레인지도 없어 전기가 나가면 굶을 수밖에 없었다.

아파트는 구 소련이 조립식으로 지었다. 모든 아파트의 온수와 난방은 시가 맡아 중앙집중시설로 공급하고 있다. 최근 이 아파트의 사유화를 놓고 몽골 정부가 곤욕을 치르고 있다. 사유화를 인정하지 않던 몽골 정부는 아파트의 사용권을 100년간 인정, 상속이 가능하도록 했다.

자유화 이후 인구는 매년 크게 늘고 있는 데 비해 주택공급은 거의 이루어지고 있지 않다. 이러다 보니 수요에 비해 공급이 크게 달려 사회적인 문제로까지 비화됐다. 울란바토르 시민 모두가 건물에 살기를 원하기 때문이다. 이 판에 사정이 급한 사람들은 집의 사용권을 팔아 돈을 챙긴다. 상황이 이렇게 되자 몽골인은 자녀가 결혼해도 살림을 내줄 엄두도 못 낸다. 한 집에 서너 가구가 모여 살기도 한다. 아들 딸이 결혼해도 데리고 살 수밖에 없는 실정이다. 결혼한 자녀도 당연한 듯 부모집에 얹혀 산다.

건물의 주소를 알아보는 것도 재미있다. 몽골에는 가게, 학교, 빌딩 등의 모든 것에 번호가 매겨져 있다. 이발소, 미장원, 서점, 심지어는 무덤에도 번호가 있다. 행정구역도 우리처럼 중구, 도봉구, 쌍문동처럼 고유 명칭이 있는 것이 아니라 1번 구역, 2번 구역, 최근에 설립된 19번 구역까지 번호가 주어져 있을 뿐이다. 건물도 1호, 2호 등으로 순서대로 번호가 매겨져 있다.

살던 집을 떠나는 몽골인

  울란바토르에서는 외국인 때문에 살던 집을 떠나는 사람들을 종종 볼 수 있다. 정확하게 말하면 달러 때문에 정든 집에서 떠날 수밖에 없는 사람들이 늘고 있다. 외국인은 집세를 모두 달러로 계산하기 때문에 어느 집이나 관리인은 외국인을 들이길 선호한다.
  달러가 귀한 몽골에서는 달러를 벌 수 있는 일이면 내국인은 안중에도 없다. 경제 상태가 워낙 불안정하다 보니 달러에 눈이 먼 달러 최우선 경제권으로 변질된 것이다. 그런 상황이니 달러를 가진 외국인에게 좋은 건물에 입주할 우선권을 줄 수밖에 없다.
  1990년대 초만 하도 큰 변화가 없었는데 10여 년이 흐른 지금에는 몽골인이 물러나고 외국인이 들어앉은 아파트가 매년 증가하고 있다. 아파트에 살던 몽골인은 그 숫자만큼 쫓겨나는 것이다.
  몽골인은 이 곳에서 물러나며 외국인을 원망 어린 눈으로 쳐다보곤 한다. 임대료를 달러로 낼 수 없는 까닭에 집을 내준 이들은 열악

울란바토르 빈민들은 겔 속에 살며 나무판자로 울타리를 치고 있다. 아파트에서 밀려나는 사람들은 도시 변두리의 겔에다 거처를 정한다.

한 다른 환경으로 이사가며 돈 없음을 한탄한다.

한국인도 몽골인보다 좋은 아파트에 입주해 있다. 서울에 비하면 굉장히 싸다. 한국인이 많이 모여사는 15구역의 한 건물에는 한국인들이 입주민의 대다수를 차지해 '한국인 촌'이라고 부르기도 한다. 한국인 학생, 선교사, 실업인, 기업가 등이 이 곳에 모여 살고 있기 때문이다.

이 곳에 거주하는 한국인들은 시장에 야채가 나오거나 색다른 제품을 발견하면 곧바로 소식을 주고받아 모여 사는 이점을 누린다. 이 집 관리인은 외국인 숫자가 적었을 때는 무료로 대여하던 침대, 탁자 등 간단한 집기를 외국인 숫자가 늘자 유료화해 달러를 챙기는 약삭빠름도 보여주었다.

이 아파트의 시설은 다른 곳보다 나은 편이지만 서울의 아파트에 비하면 허름하기 짝이 없다. 아파트 계단에 전기불이 켜진 곳이 드물어 밤에는 드나들기가 어렵다. 계단에 전등을 달아 놓으면 전등을 빼가거나 술취한 주정뱅이들이 깨버리기 때문이다.

몽골인은 이 건물의 입구에도 번호를 부여해 번호로 구분한다. 이 아파트에는 5개의 입구가 있는데 내가 살던 곳은 너 번째 입구 즉 계단의 5층이었다. 우리 나라에서 흔히 몇 호 라인이라고 부르는 것과 같은 개념이다. 너 번째 계단에는 늘 전구가 끼워져 있어 밤이면 환하게 불빛이 비치곤 한다. 한국인이 교대로 전구를 갈아 끼워 그런대로 지낼 만하다

네 번째 계단의 집들은 비교적 깨끗하다. 페인트도 새로 칠해져 있고 매일같이 청소원이 계단을 쓸고 닦는다. 이 계단에는 층마다 각각 방 3개짜리가 2집, 2개짜리가 1집씩 해서 총 13집(1층엔 한 집 뿐이다)이 살게 되어 있다. 장기 임대한 외국인이 모여 살기 때문이다. 한국인, 네덜란드인, 뉴질랜드인, 영국인, 스웨덴인, 미국인 등 세계 각

몽골의 한인교회 신도들이 예배를 마치고 친교시간을 가지고 있다.

국에서 온 각양각색의 직업을 가진 사람들이 오손도손 모여 산다. 하지만 방음시설이 안 돼 있어 늘 조심하며 살 수밖에 없다. 옆집에서 주고받는 소리가 다 들려 큰 소리로 말하면 그 다음 날 곧바로 질문을 받는다. 누가 왔었느냐 무슨 일이 있었느냐 등등.

나는 이 아파트에서 전화 교환수 역할을 했다. 네덜란드, 뉴질랜드, 스웨덴, 영국 등에서 걸려오는 국제전화를 연결해주느라 바빴다. 네덜란드인 알리는 나와 동갑으로 네팔에서 6년간, 뉴질랜드인 조이는 55세의 할머니로 역시 네팔에서 18년간 선교사로 체류했었다. 두 사람은 시간 있을 때마다 같이 만나 지냈으며 나도 가끔 동참해 티타임을 가지기도 했다.

계단 입구엔 이중문이 설치돼 있어 겨울 추위를 막았다. 첫번째 문을 열고 들어서면 난방용 라디에이터가 설치돼 있고 천장에는 전등을 달 수 있지만 전구가 꽂혀 있지 않아 밤이면 늘 어둠에 싸여 있다. 두번째 문을 열고 들어서면 한국인이 갈아 끼운 전구 덕분에 밤에도 환하다.

이웃 계단은 밤이 무섭기만 하다. 해가 지면 그야말로 암흑천지이다. 겨울에는 가끔 추위를 피해 들어온 집없는 아이들이 구석에 웅크리고 있어 기겁을 하고 놀란다. 외국인의 집을 털려는 몽골인이 몰래 숨어드는 일도 있어 외국인들은 공포에 떤다.

그래서 몽골에서는 손전등이 필수품이다. 계단은 물론 거리의 가로등도 자주 나가 손전등 없이는 거리를 다닐 수 없을 때가 비일비재하다. 몽골인은 숙달된 탓인지 손전등 없이도 잘 다니지만 외국인들은 늘 불안하다.

몽골에 가기 전 나는 친구로부터 충전식 할로겐 손전등을 하나 선물받았다. 건전지 구하기가 어려운 몽골에서는 이 손전등이 최고의 인기였다. 전기 콘센트에 꽂아 놓으면 충전돼 8시간 이상 사용할 수 있었다. 몽골에 체류하는 동안 요긴하게 사용했다. 외출할 때는 가방 속에 손전등을 챙기는 것이 생활화되어 있었다. 낮에 외출할 때 모르고 손전등을 챙기지 않으면 밤에 돌아올 때 곤란한 경우가 너무 많다.

최근에는 집없는 아이들이 늘고 있어 심각한 상황이다. 몽골 정부도 고아를 위한 대책 마련에 나서고 있지만 뚜렷한 해결책을 제시하지는 못하고 있다.

한 통계조사에 따르면 몽골의 고아 숫자는 매년 10% 이상씩 증가하고 있다. 1990년 자유화 이후 교통사고 등 각종 사고로 부모가 사망했거나 이혼한 부모들이 버린 아이들이 늘고 있기 때문이다. 또 가계가 빈곤한 가정에서 생활이 어려워 거리로 뛰쳐나온 어린이 숫자도 매년 늘고 있다.

이들 어린이들은 남의 아파트 계단이나 온수관이 지나는 지하 공동구에 모여 잠자며 영하의 추위를 비켜간다. 여기서 구걸, 도둑질 등으로 연명하고 있어 사회적인 문제로 떠오르고 있다.

몽골 정부는 '집없는 어린이들에게 보금자리를 마련해 주는 해'로 정하는 등 정부와 정당, 각 사회단체, 기업, 국민이 참여하는 범국민적인 구호시설 마련 계획을 마련하기도 했다. 몽골 정부는 대대적인 모금행사를 전개해 고아 수용시설을 설립키로 하고 국민들에게 동참을 호소했지만 경제 사정이 여의치 못해 별 실효를 거두지 못했다.

좀도둑도 더러 있다. 특히 외국인들은 집을 비우는 경우가 많아 도둑들의 좋은 표적이 되고 있다. 비디오, 텔레비전, 전기밥솥 등 가전제품은 말할 것도 없고 외투, 신발, 전기기구 등 물건을 가리지 않고 들고 가는 통에 안심할 수 없다. 대부분 집에서 가출한 청소년들이 범인일 것이라고 믿고 있을 뿐이다.

한 번은 갑자기 전화가 끊겨 당황했었다. 서울과 약속하고 기다리고 있는데 전화가 먹통이 된 것이다. 전화국에 신고했지만 기계에 이상이 없다며 2일 후에나 수리원이 나가 고장을 수리할 수 있다고 말했다. 어이가 없었다. 당장 필요한 판에 2일이나 기다리라니 화가 치밀어 올랐다. 아래층에서 전화를 빌려 방송은 마쳤지만 약이 올랐다. 전화선 단자를 찾아 열어보니 전화선이 끊어져 있었다. 누군가 전선이 필요해 끊어간 것이다. 관리인에게 이야기하자 자주 있는 일이며 예비로 전선을 확보해 놓는 일이 중요하다고 가르쳐 줬다. 서울 아니 외부와 유일하게 연결되던 전화와 관련된 에피소드는 끝이 없다.

중국인이 전화를 신청했는데 전화국 직원이 나와 내 전화선에 다른 전화를 연결, 중국인들과 신경전을 벌인 적도 있다.

몽골 전통의상 델

몽골인은 지금도 전통의상 '델'을 입고 산다. 서구화가 계속되고 있어도 많은 사람들이 입고 있는 것은 여전히 델이다. 델은 길고 폭이 넓은 소매를 가진 우리 나라 두루마기와 비슷하다. 반드시 허리띠를 맨다는 것이 두루마기와 다를 뿐이다.

몽골의 21개 종족은 서로 다른 소매와 끝단 처리 등 고유한 디자인 델을 입고 있다. 델의 색상, 모양, 무늬, 소매끝 처리 등에 따라 종족의 특색을 나눈다. 외국인들 눈으로 보면 그게 그것으로 보이지만 몽골인은 분명하게 차이점을 지적해 낸다. 종족의 특징까지도 집어낸다.

혁명 전에는 모든 사회계층 사람들이 각각 다른 델을 입고 있었다. 델로 지위·종족·계급 등을 나타냈기 때문이다.

유목민은 여름·겨울 구별 없이 평범한 델을 입었다. 승려들은 노란색 델 위에 망토를 걸쳐 입었다. 몽골에서 노란색은 신성한 색이며

전통의상 델과 고탈을 착용한 할흐 족 노인. 몽골인은 델을 입어서 다 떨어질 때까지 절대로 빨래를 하지 않는다.

여성들은 함부로 노란색 옷을 입지 못했다. 특히 여성들의 하의에는 노란색 사용이 엄격하게 금지되었다. 혁명 이전에는 만약 여성들이 속에 노란색 옷을 입었다가 발각되면 집안 어른들의 불호령이 떨어졌다. 여성이 노란색 속옷을 입으면 가문에 재앙을 가져온다고 믿었다. 관리들은 모자를 쓰고 비단 조끼를 입었다.

최근 울란바토르, 다르항 등 도시의 젊은이들은 서구식 의상을 착용한다. 도시에서도 많은 사람들이 델을 입고 있지만 모양이나 색상 등이 많이 달라졌다. 젊은 여성들은 스스로 고안한 변형된 델을 입고 있다. 이렇게 개량된 델을 젊은이들이 선도해 입고 있어 머지 않아 몽골에도 의복의 변화가 불어닥칠 것으로 보인다.

시골에서는 서구식 의상이 적합하지 않고 유목생활에 불편하다는 걸 경험으로 알고 있다.

델은 계절에 따라 세 가지로 크게 분류된다. 첫째는 사철 입는 '단델'이다. 이것은 프록코트처럼 생겼지만 안에는 아무것도 없는 홑겹이다. 시골의 아낙네들이 주로 착용한다. 겨울 추위가 몰아치면 단 델 위에 따뜻한 옷을 겹쳐 입는다. 다음은 '테르렉'이다. 봄·가을이나 집안에서 주로 입는데 속에 솜을 누빈 것을 얇게 덧댄 것이다. 끝으로 '네흐 델'이 있다. 겨울에 입는 것으로 속에다 양털을 댄 두꺼운 옷이다. 혹독한 몽골의 겨울 추위를 견디기에 적당하도록 고안됐다.

델은 남녀 구별이 없다. 단지 단추의 숫자가 많고 화려한 것이 여성용이고 단추 숫자가 적고 넓고 색이 화려하지 않은 것이 남성용이다. 모양은 단순한 것이 모두 같다. 만들 때 길이나 폭에는 신경 쓰지 않아도 좋다. 두루뭉술하게 입을 수 있기 때문이다. 델을 만드는 옷본도 정확한 치수가 없다. 우리 식으로 말하면 한 뼘 한 발하는 식의 치수를 사용한다. '손가락 몇 개 너비'(호로), '한 팔 길이'(터흠) 등의 단위이다. 이 길이는 사람마다 다 달라 정확하게 몇 cm라고 말하기 곤란하다.

평소에 입는 델은 회색·갈색 등 어두운 색조를 띠고 있다. 명절에 입는 델은 밝은 청색·녹색·자주색이다. 허리띠로는 델의 색과 대비가 되는 실크로 된 것을 착용한다. 이 허리띠는 단순한 장식품이 아니다. 말을 타고 장거리를 여행하는 데 편리하도록 델을 몸에 붙도록 만들어 주는 것이다. 과거에는 이 허리띠에 칼, 담배쌈지, 부싯돌, 담뱃대, 후비개 등을 꽂고 다녔다. 지금도 몽골인들은 습관처럼 담뱃대를 긴 가죽장화 속에 꽂고 다닌다.

델의 깃, 앞섶, 소매는 입는 사람의 취향에 따라 폭이 결정되며 수를 놓거나 장식을 하기도 한다.

델의 단추는 실을 꼬아 감아서 만들어 단다. 비단실을 꼭꼭 감아 옛날 어머니들이 삼베옷에 달던 것과 똑같은 모습이다. 시장에서 사는 델에는 돌, 보석, 은 등으로 만든 단추를 달기도 하는데 전통적인 것은 아니다.

델 한 벌을 손으로 만드는 데 꼬박 3일쯤 소요된다. 천을 사다 재단하고 단추를 꼬아 만든 뒤 옷깃을 마무리한다. 바늘로 한땀 한땀 떠서 옷깃을 만드는데 기계로 한 것보다 훨씬 촘촘하고 여물다.

옛날 결혼한 여성들은 여러 폭으로 된 델을 입었다. 소매에는 수를 놓고 어깨에는 낙타털을 넣고 말편자 모양의 소매끝단을 달았다. 귀족 부인들은 회장에 은실로 수를 놓은 색이 고운 델을 준비했다.

이런 델은 검은 담비가죽으로 치장한 모자를 쓰고 특별한 머리 모양을 한 채 입었다. 은으로 만든 장식을 달고 머리를 땋아 어깨 쪽으로 늘어뜨렸다. 장식이 달린 델은 지금은 볼 수 없다. 박물관이나 영화에서만 구경할 수 있다. 가끔 민속공연 때 배우나 가수들이 입고 출연하기도 한다.

남성들의 델은 다목적용이었다. 보온에 사용되고 일할 때나 말 탈 때 몸을 보호하고 밤에는 담요 대용으로 훌륭한 역할을 했다.

시골에 사는 몽골인은 축제 때 '한타즈'라고 부르는 망토같은 옷을 입었다. 겨울에는 '후름'이라는 겉옷도 겹쳐 입었다. 한타즈는 갈색 또는 검정색의 수놓은 천으로 만들었다.

몽골에서는 존경하고 아끼는 사람에게 델을 선물한다.

천 구하기가 어려웠던 옛날에는 옷 선물이 최고였다. 부모는 물론 스승, 친지 등에게서 옷을 받으면 극진한 존경 또는 사랑 등을 나타냈다. 칭기즈칸도 어려움에 처했을 때 옷을 한 벌 가져가 도움을 청했다는 기록이 있다. 몽골인은 이처럼 옷을 선물하면 마음을 열고 상대방을 기꺼이 받아들인다.

또 제자가 박사학위를 받거나 중요한 지위에 오르면 델을 선물한다. 학문이 깊어지고 이 세상 모든 사람들에게 진리를 전하라는 스승의 염원이 담긴 것이다.

필자는 아카데미 논문 심사위원회로부터 박사학위 통과 소식을 듣고 지도교수 체른 소드넘 박사를 찾아갔다. 체른 소드넘 박사는 학위 통과를 축하해주면서 감색 델을 한 벌 나에게 선물했다.

박사 부인이 내 몸의 치수를 눈 대중으로 겨냥해 모두 손으로 기웠지만 몸에 꼭 맞았다. 부인은 나에게 델을 입혀주면서 다시 한 번 학위취득을 축하했다.

델을 눈 높이까지 들어올려 고개를 숙여 목례하며 "하늘과 땅 우주의 만물이 당신의 건강과 행운을 지켜줄 것"이라고 기원했다.

몽골인의 칭찬은 늘 최고의 미사여구를 사용한다. 칭찬을 시작하면 우리네 상식으로는 미안하고 송구스러울 만큼 상대방을 치켜올린다.

돈도 재물도 들지 않는데 아낄 것이 무엇일까만은 우리는 남을 칭찬하는 데 너무 인색한 것이 아닌가 반성하는 계기가 됐다.

빨래

 칭기즈칸은 그의 법전으로 불리는『대야사』에서 천이 완전히 너덜너덜해지기 전에 의복을 세탁하는 것을 금하였다. 날씨가 추워 빨래를 하다 보면 사람이 상하기 쉽고 의복이 상하기 쉬워 백성들의 노고를 덜기 위해서였다. 역으로 생각하면 빨래를 하지 않아도 될 만큼 땀의 분비가 적고 건조하여 생활에 별지장이 없었기 때문에 그런 발상이 가능했다고 본다.
 이런 전통이 최근에도 남아 있어 많은 몽골인이 빨래를 중하게 생각하지 않는다. 그래서 빨래는 대충대충하는 경향이다.
 몽골인은 눈(雪)으로 빨래를 한다. 눈이 날리기 시작하면 털옷과 양탄자 등을 챙겨들고 밖으로 나온다. 빨래감을 눈밭에 던져두고 그 위에 눈이 2~3cm 가량 쌓이기를 기다린다. 눈이 쌓이면 빨래감을 이리저리 굴리면서 눈이 골고루 묻게 한다. 떡고물에 떡을 묻히듯 하던 일손을 멈추고는 갑자기 빨래감을 바위나 나무등걸에 대고 패기 시작한다. 이렇게 두세 번 하고 난 뒤 훌훌 털어 버리면 빨래 끝이다. 입었던 털옷은 눈밭에 굴렸다가 털어 내고 그 자리에서 다시 걸쳐 입는다. 털옷을 세탁하는 모습은 한 마리 늑대가 눈밭에 굴렸다가 일어나는 것처럼 보인다.

이렇게라도 세탁하는 털옷은 나은 편이다. 천으로 만든 몽골 전통의상 '델'은 한 번 입으면 허어져 버릴 때까지 빨래를 하지 않는다. 목덜미와 팔꿈치에 때가 덕지덕지 묻어 있어도 그대로 입고 다닌다. 도시의 일부 사람을 제외하고는 빨래가 사치스러운 것으로 치부해 버린다.

요즘 물 절약운등이 세계 적으로 번지고 있지만 몽골인에게는 걱정이 없다. 생활에서 '물 쓰듯 물을 쓰는 것'이 아니라 최소한의 물만 사용한다. 물을 거의 쓰지 않고도 부엌에서 음식 만드는 모습을 보면 신기하다.

고기는 절대 물로 씻지 않는다. 고기 본래의 맛이 없어진다는 것이다. 물에 넣어 삶을 때 떠오르는 핏물을 국자로 떠내는 것이 고작이다.

설거지 하는 걸 보면 더욱 놀랍다. 한 식구가 먹고 난 그릇들을 물 한 바가지로 다 씻는다. 식사가 끝나면 여자들이 겔 중앙의 난로 곁으로 그릇을 모두 모아 온다. 난로 위의 솥에 물을 한 바가지 붓고 미지근하게 데운다. 이 물에 큰 그릇부터 씻어 나간다. 냄비에 물을 부어 씻고 난 다음 이 물로 대접, 사발, 밥공기 등의 순서로 닦는다.

마지막 그릇을 씻을 때쯤이면 물이 새까맣다. 기름도 둥둥 떠다녀 구역질이 절로 나올 지경이다. 몽골을 방문했던 친구들과 함께 들른 툽아이막의 한 겔에서는 설거지를 물로 하지 않고 행주로 닦아냈다. 손수건만한 행주는 때에 절어 기름기가 흐를 정도였다.

그나마 행주라도 있으면 양호하다. 델의 소매끝이 바로 행주 대용으로 쓰인다. 빨지 않아 새까매진 소매끝으로 한 번 쓱 문지른 그릇에다 음식을 담아낸다. 우리 누나나 어머니가 깨끗한 행주치마로 숟가락을 닦아주던 정겨운 모습을 상상하면 곤란하다.

설거지를 하기 전에 아예 그릇을 깨끗하게 핥아먹는 모습을 보면 더더욱 낯설다. 한 마리 들개를 보는 듯하다. 아이락을 공기에 담아주면 혀로 그릇을 깨끗이 핥아먹게 가르친다. 이렇게 핥아먹게 가르치는 것이 물을 적게 쓰는 방법이기 때문이다.

혀로 그릇을 핥아먹으면 목이 발달한다고 말한다. 몽골 군악대의 아코디언 주자 테르비시는 아이들에게 낙타젖으로 만든 음식을 주면서 "핥으라"고 강요했다. 그의 혀는 20cm는 족히 넘어 보였다.

좀 큰 마을에는 정부가 관장하는 관정이 있다. 주민들은 물을 얻기 위해 3~4km씩 말을 몰고와 식수를 길어 간다. 물에서 옮기는 수인성 질병을 예방하고 효과적인 주민 건강을 보살피기 위해 마련한 제도이다.

하루 1가구당 평균 40ℓ짜리 물통으로 한두 개씩 받아간다. 1통당 10~20트그르그를 내야 한다. 목장에서 흔히 볼 수 있는 우유통처럼 생긴 알루미늄통을 손수레로 끌고 오거나 말 등에 싣고 와 물을 받는다.

이 곳에 모여 이웃들의 살아가는 이야기와 외지 소식을 전해듣고 간다. 일부 지역에는 이 곳에 목욕탕도 마련돼 있으나 이용률은 저조한 편이다.

외국인들은 몽골 시골 사람들이 평생 두 번 목욕한다고 농담한다. 태어날 때 한 번 목욕하고 죽었을 때 한 번, 모두 남의 손을 빌어서이다.

칭기즈칸은 고인 물이나 샘에 손을 담그는 것을 금하고 물은 반드시 그릇으로 떠 마셔야 한다고 가르쳤다. 물이 귀한 사막지역에서 손

물이 귀한 고원에서 식수 확보는 필수적이다. 아이들 몫인 물긷기로 전가족의 식수를 해결한다.

으로 물을 떠 먹고나면 고인 물이 흙탕으로 변한다. 그러면 뒤에 온 사람은 물을 마실 수 없게 된다. 이를 방지하기 위하여 고인 물은 그릇으로 조심스럽게 떠 마시도록 규정했다. 그 결과 지금도 몽골인은 물에 손을 대는 것을 썩 달가워하지 않는다. 그러니 목욕은 엄두도 내지 않는 경우가 많다. 나아가 물에 오줌을 눈 사람은 사형에 처했다. 물을 귀하게 여기도록 가르쳤던 것이다. 고원과 사막에서는 물을 확보하는 것이 필수적이었기에 이렇게 가르친 것으로 보고 있다.

우물 곁에는 가축이 물을 마실 수 있는 큼직한 구유가 놓여 있다. 구유에는 늘 물을 담아 놓는다. 새벽에 나갔던 가축들이 겔로 찾아오는 것은 구유의 물을 마시기 위해서다.

몽골인은 물을 신성시한다. 아무 물에나 발을 담그지 않으며 호수에서도 목욕은 아예 생각지도 않는다. 또 물을 호랑이보다도 더 무서워한다. 겨울에는 말할 것도 없고 여름에 내리는 빗물조차 몸에 적시는 것을 싫어한다.

물도 귀하다. 여인들이 '뒷물할 물조차 없다'고 농담한다. 그러나 물이 없다기보다는 물을 가까이하지 않으려 한다는 표현이 옳다. 의식적으로 물을 멀리하는 것이다.

칭기즈칸 시절에는 아예 물에 들어가거나 빨래를 하는 등 물을 더럽힌 사람은 법으로 처벌받기까지 했다. 물을 신성시했다는 기록을 보고 나면 그들의 생활방법을 이해할 수 있게 된다. 그들에게 물을 가까이하는 것은 이익보다 손해가 많았던 것이다.

그렇다고 물을 마시지 않고 살아갈 길이 없으니 그것도 아이러니다. 몽골인에게 물은 불가근불가원(不可近不可遠)인 묘한 존재다.

몽골군이 우리 나라를 침공, 전국을 유린했던 고려시대에도 몽골인은 지호지간(指呼之間)의 강화도로 넘어가지 못했다. 물에 들어가는 것을 죽기보다 더 싫어했던 몽골인은 강화도를 눈 앞에 두고도 건

사막에서는 물이 생명의 근원이다. 지하수를 퍼내는 두레박이 옛 고향의 향수를 불러일으킨다.

너갈 수 없었다.

　몽골군은 강화도로 피난간 왕실을 정복하지 못하는 분풀이를 죄없는 민초들에게 해댔다. 수많은 남정네들이 목숨을 잃었고 아녀자들이 겁탈당했다. 육지에 남겨둔 백성들은 몽골군의 말 발굽 아래 신음해도 왕실만 보존되면 된다는 생각이었다. 그 때 뿌려진 몽골족의 피가 우리 후세에게 얼마나 많이 남아 있을지 쉽게 상상할 수 있다.

　우리 지도자들은 '국민과 함께한다'라고 말만 했지 국민과 함께한 지도자는 참 드물었다. 고려, 조선, 대한민국 어느 시대를 거슬러 올라가도 정치가들은 자신들의 자리 보존에만 급급했다. 백성들을 책임지지 못하면 백성들이 지도자를 심판해 지도자의 목을 치던 몽골족과는 사뭇 달랐다. 국민을 위해 목숨을 내던지던 몽골족의 지도자 같은 사람을 고르는 혜안이 우리 국민들에게도 필요한 때다. '모든 정치가들은 국민보다 자신들의 자리 지키기에만 노력한다'는 서양 속담을 새삼 깨닫게 하는 역사의 기록이다.

　다시 물 얘기로 돌아가자. 여름에 울란바토르를 가로질러 흐르는 '톨' 강에서는 수영하는 러시아인을 종종 볼 수 있다. 그러나 정작 주인격인 몽골인은 수영을 즐기지 않는다. 물에 들어가는 것을 극도로 꺼리기 때문이다. 사실 톨 강의 수온은 수영하기에 너무 낮다. 건강한 사람일지라도 강물 속에 손을 담그고 5분을 넘길 수 없을 만큼 차갑다.

　몽골인은 물고기도 잡지 않았다. 먹을 줄은 더구나 몰랐다. 낚시도 즐기지 못했다. 공산혁명 이후 러시아인들이 낚시를 가르치고 물고기를 먹는 법을 알려줬다. 몽골인은 그들을 지배하는 구 소련인의 생활 습관을 흉내내야만 했다. 먹지 않는 물고기 낚시도 하고 맘에 없는 수영도 배워야 했다. 그러나 여전히 몽골에는 수영을 할 줄 아는 사람이 참 적다. 울란바토르 시내에 실내 수영장이 있기는 하지만 러시아에서 공부했던 일부 사람들과 젊은이들이 찾을 뿐이다.

물고기를 잡지 않고 물고기 요리도 안 먹으니 몽골의 모든 강은 낚시꾼들에게 그야말로 환상적인 낚시터다. 강가에 앉아 낚시대를 담그면 5분도 채 안 돼 월척이 낚인다. 낚시대를 2대 펴놓을 시간이 없다. 크기도 월척이 많다. 물고기의 가시는 억세다. 몽골인의 기상만큼이나 물고기의 힘도 강하다. 낚시에 물린 고기의 손맛이 참 활기차다.

이토록 몽골인이 물을 무서워하며 멀리하는 것은 근본적으로 혹독한 겨울 추위에서 기인한다. 영하 30~40도를 오르내리는 겨울의 혹한에는 모든 것이 얼어붙는다. 한겨울에는 물기가 조금만 남아 있어도 꽁꽁 얼어터진다. 몽골인은 맨손으로 쇠로 된 문고리와 대문 손잡이를 잡지 않는다. 손에 배어난 땀이 얼어붙어 잘못하면 손에 상처를 입을 수 있다. 어릴 적 시골서 살 때 문고리를 잡으면 손에 붙어 떨어지지 않았던 경험이 있는 사람이라면 쉽게 이해할 수 있다. 한국보다 영하 20~30도 더 내려가는 몽골 고원이고 보니 문고리가 손에 붙을 수밖에 없다.

몽골인을 자세히 관찰하면 귀가 없거나 모양이 흉한 경우가 참 많다. 한겨울 추위에 잘못 건사해 동상에 걸렸던 흔적이다. 민감한 귓불에 달라붙은 물방울이 얼면 귀 주위가 벌겋게 변한다. 알밤만하게 부풀어올랐던 귀가 치료를 받아 완쾌되면 한쪽 부분이 떨어져 나간다. 얼굴에도 곰보같은 흔적을 가진 사람들이 많다. 동상에 걸렸던 부위에 남아 있는 흉터다. 심한 사람은 3도 화상을 입은 것 같은 흉한 모습을 하고 있다.

그러다 보니 몽골의 가정교육 내용에서 가장 두드러진 것이 물과 관련한 겨울철 몸관리이다. 시골에서는 이것이 생존과 직접 관련된다. 물을 얻는 것보다 몸에 닿은 물기를 어디서 말려야 하는가를 먼저 가르친다. 몸에 물기가 닿으면 곧바로 가축의 몸에 비벼서 물기를

빨래 135

말리게 한다. 양이나 염소의 털에는 온기가 있고 기름기도 묻어 있어 방수 및 방한 작용을 한다. 가축들이 스스로 추위를 이길 수 있는 능력을 갖추고 있는 점을 이용하라는 것이다.

또한 아무리 추워도 손이나 몸에 입김을 불지 못하게 한다. 입김에 서린 습기가 곧바로 얼어붙는다. 추위 속에 나다니다 들어오면 얼굴 등 노출되었던 곳에 손을 대서도 안 된다. 한 부위가 갑자기 온도가 올라가면 부풀어오른다. 실내온도에 몸이 적응할 때까지 기다린다. 외투를 벗고 가벼운 차림으로 멍청하게 로보트처럼 서 있게 한다.

몽골인은 물로 씻고 빠는 것도 싫어한다. 세수하는 것을 보면 기절초풍한다. 아침에 일어나면 말 그대로 고양이 세수를 한다. 눈 뜨면 겔 밖으로 나와 기지개를 켜고 물을 한 컵 받아든다. 놀라겠지만 딱 한 컵 물로 아침 세수와 양치를 끝낸다. 물을 한 모금 입에 물고 손가락으로 양치한다. 치약이나 칫솔이 귀해 간이 양치질을 생활화하고 있다. 양치한 물은 그대로 뱉어버리지 않고 손에 받아 이번에는 얼굴을 씻는다. 이렇게 두세 번 씻고 나면 세수가 끝난다. 물이 귀하기도 하지만 찬 물을 입 안에서 따뜻하게 데운다는 설명이다.

몽골인의 세수와 관련한 유명한 일화가 있다. 2차 세계대전 당시 몽골에 파견된 일본인 첩자가 몽골식으로 세수를 하지 못해 체포된 사건이 있었다. 몽골에 파견된 일본 첩자가 아예 세수를 하지 않고 지냈는데 임무를 마치고 본국으로 귀환 날짜를 받고는 무의식중에 그릇에 물을 받아 세수를 했던 것이다. 이상히 여긴 몽골인이 신고, 당국에 체포되었다.

몽골인의 모자와 신

몽골인은 모자를 쓰지 않으면 복식을 갖추지 않은 것으로 간주한다. 꼭 모자를 쓰고 팔뚝을 옷으로 가려야만 정장을 한 것으로 본다. 의관을 차리지 않으면 예의에 어긋나는 우리 풍습과 같다.

몽골인은 지금도 손님이나 웃어른을 볼 때는 꼭 옷을 바로 입고 모자를 쓴다. 전통모자를 쓰는 것이 예의이나 최근에는 서구식 모자를 써도 별로 흉될 것이 없다.

몽골인이 쓰는 모자도 특이하다. 우리 나라 방한도 같은 털모자에 사방을 가리도록 털이 달려 있다. 주로 겨울용이지만 여름에는 털을 위로 들어올려 시원하게 해 햇빛을 가린다.

겨울에는 털 끝에 달려 있는 끈을 내려 턱에 꼭 맞게 조여 맨다. '루브즈'라고 불리는 이 모자는 지금도 유목을 하는 시골에서 남녀 구별 없이 착용한다.

혁명 전에는 남자들만 모자를 쓰고 다녔고 모자로 신분을 나타냈다. 군인들은 끝이 뾰족하고 딱딱하며 네모난 모자를 썼다. '잔진 말가이(또는 말드가이)'라고 부르는 지휘자용 모자였다. 울란바토르 광장 사진에서 흔히 볼 수 있는 수흐바타르 동상의 모자와 같은 것이다. 나담 때 씨름 선수들이 쓰는 모자도 이것이다.

관리들은 만주족 스타일의 공작새 털 술과 보석 끈장식이 달린 모자를 썼다. 보석의 색과 크기는 관리의 계급에 따라 다르다.

소녀는 꼭대기에 보석으로 만든 단추같은 장식이 달린 여섯 쪽으로 된 '토르촉' 모자를 쓴다. 모자 꼭대기에서 길게 늘어뜨린 끈이 말에 올라타 바람을 가르고 달려가면 말총이 두개처럼 보인다. 돈많은 여자들은 진주를 끈에 매달기도 한다.

결혼한 여자들은 검은 자주색 모자에 은장식을 한다. 이 때는 특별한 머리 모양을 요구한다. 마치 머리에 독수리 날개를 단 형상이다. 몽골인은 이 머리가 몽골인의 난로를 지키는 독수리 민속과 관련 있다고 말한다. 난로를 지키는 여성의 임무를 표현한 것으로 보인다.

혁명 이전 몽골인은 남녀를 불문하고 축제 때 '힐렌'이라는 모자를 썼다. 여성들은 은장식과 함께 보석을 달고 앞에는 커다란 은 브로치를 달아 멋을 냈다. 모자는 실질적인 목적과 종족적인 특징을 지녔다.

힐렌 모자의 꼭대기는 몽골족의 시조가 탄생했다는 전설 속의 숨버 산을 의미한다. 모자 위의 단추는 몽골국의 통일을, 두 개의 리본은 태양빛을, 넓은 챙은 광활한 국토를 각각 의미한다.

이런 전통적인 몽골 의복과 모자에 변화가 온 것은 1930년대부터다. 유럽형의 모자와 베레모가 유행하면서 젊은이들 사이에 유럽 스타일 옷이 퍼졌다. 유럽 모자가 몽골인들의 얼굴과 델에 잘 어울렸기 때문이다.

당시는 유럽 모자를 써야 행세를 할 수 있을 만큼 유행하였다. 우리 나라에서 한때 마카오 신사로 불리던 사람들이 양복을 입고 다니

말을 몰고 찾아온 친구를 갖이한 주인집 아들(왼쪽)이 자리를 함께 했다. 전통모자 대신 서구식 모자를 쓰고 있는 것이 이색적이다.

던 것과 같다.

 겨울에 모자를 쓰지 않으면 밖에 다닐 수 없다. 기온이 너무 낮아 머리를 보호하기 위해서다. 추위로 피부가 지나치게 축소되면서 혈관을 압박, 뇌에 혈액공급이 줄기 때문에 머리가 쪼개질 듯 아프다. 그래서 몽골인이나 러시아인의 겨울복장에서 뺄 수 없는 것이 모자다.

 몽골인은 모자를 굉장히 쥐한다. 집안에서도 제일 높은 곳에 둔다. 만약 타넘거나 깔고 앉으면 무섭게 화를 낸다. 모자를 털고 간수하는 데도 정성을 들인다. 집안에 들어오면 모자에 묻은 먼지를 털고 나갈 때는 모자의 모양이 구겨지지 않았나 살펴본다.

 몽골 멋쟁이들은 밍크로 된 모자를 즐겨 찾는다. 보통 150~250달러를 호가하지만 장만하려는 사람들이 줄을 잇는다. 한 번 사면 평생을 애지중지하며 아낀다. 여우나 늑대 가죽으로 만든 모자는 40~60

달러, 타르박 가죽 모자는 30달러 내외로 싼 편이다. 더 싼 것은 솜을 넣어 누벼 만든 4~5달러짜리 중국제 모택동 모자다.

 몽골인은 발싸개를 사용한다. 주로 운전사와 시골 사람들이 착용한다. 긴 가죽장화를 신을 때 발을 천으로 감싼다. 원래 발싸개는 버선을 신을 때 사용하는 것이지만 몽골인은 양말 대신 사용한다. 양말을 구하기 어렵다 보니 손쉬운 발싸개가 인기다. 몽골인은 이 발싸개가 건강에 훨씬 좋다고들 말하지만 우리가 보기엔 비위생적이다. 한 번 마련하면 1~2년은 사용하는데 세탁을 하지 않는다. 3~4개월이 지나면 발싸개가 누렇게 변하고 땀냄새가 진동한다.

 천이 생산되기 전에는 양털실로 엮은 '오임스'라는 것을 착용했다. 보통 양말이라고 번역하지만 양말보다는 발싸개에 가깝다.

 몽골 여성들 중에 멋쟁이는 스타킹을 신고 다닌다. 그러나 스타킹은 내구성보다는 미(美)에 중점을 두고 있어 곧잘 올이 나가 못 쓰게 된다. 우리 나라에서는 버리고 곧바로 새 것으로 갈아 신지만, 몽골인은 새 스타킹을 구하기 어려워 올이 나간 부분을 실로 꿰메 다시 신고 나온다. 버스 안에서 종종 실로 꿰메 굵은 선이 보이는 스타킹을 신은 여성들을 만날 수 있다.

 이러다 보니 웬만한 멋쟁이가 아니고서는 스타킹을 신을 엄두도 내지 못한다. 대신 두꺼운 긴 양말을 선호한다. 때로는 털실로 짠 바지형 셔츠를 바지 안에 껴입는다. 겨울 추위가 매섭다 보니 보온을 위해 두꺼운 옷을 입어야만 한다.

 나는 몽골에 있는 동안 겨울이면 얼굴만 내놓고 두꺼운 옷으로 감싸고 다녔다. 몽골에 가기 전 그 곳의 겨울 추위 때문에 매우 걱정했다. 코가 남들보다 민감하여 서울에 있을 때도 겨울이면 코감기를 달고 살았다. 9월에도 눈이 내린다는 소식을 접하고는 정말 난감했다. 그런데도 잘 지내고 돌아왔다. 그들의 옷과 신 그리고 모자가 기후를 극복할 수 있도록 고안된 덕이었다.

옛날 몽골인은 양털로 신을 만들어 신었다. 양털을 꼭꼭 다져 넓게 만들어 신발 모양으로 잘라 실로 꿰매 신을 만들었다. '이스끼 고탈'이라고 부르는 이 신발은 보온성이 매우 뛰어나다. 앞에서도 말했지만 이스끼는 겔에서 보온을 위해 벽에 두르는 것을 말한다. 이 이스끼는 양털로 만들어 통기성도 우수하고 발도 편하지만 튼실하지 못한 것이 흠이다. 그러나 '3코 이상 승마'라는 농담이 있을 정도로 말을 늘 타고 다니므로 생각보다는 오래 신는 편이다. 보통 두 해 겨울은 별 탈 없이 견딘다. 몽골에서 생산돼 가격도 싸다. 우리 돈으로 2~4만 원 선이다.

단단한 가죽으로 만든 장화 목 끝에는 가죽으로 장식을 꿰메 달았다. 특이한 것은 오른쪽 왼쪽 신발 모습이 같다. 아무것이나 신어도 발에 맞게 돼 있다. 옛날 전쟁중 적과 대적할 때 신발을 갖춰 신고 나가는 시간이라도 벌기 위해 구별 없이 만들었다고 한다. 숫자가 적은 몽골족이 견딜 수 있는 방벽은 적보다 민첩해야 하기 때문이다.

몽골 신발은 우리 나라 고무신과 많이 닮았다. 뒷굽이 없고 대신 앞코를 위로 들어올려 멋을 냈다. 몽골인은 신발코를 위로 향하게 하고 굽을 없앤 것은 땅에 대한 존경심에서 비롯됐다고 설명한다. 라마승들은 '조용히 쉬는 땅'을 깨우지 말라고 가르친다. 인간이 사는 터전인 성스러운 땅을 신굽으로 짓이기지 말라고 덧붙인다.

신에서 발이 빠지는 것을 방지하기 위해서라는 설명도 있다. 발을 감싼 발싸개가 앞코에 조금이라도 걸리게 고안했다는 것이다.

신바닥은 두껍고 단단해 발을 보호하고 걷기 어렵게 만들었다. 땅과 접촉하기 어렵게 해 말을 타고 다니도록 유도했다고 한다. 신발과 달리 말은 살아 있는 동물이라 지구와 하나가 될 수 있다고 믿었다고 한다.

몽골의 세시풍속

흡스골 부근의 거석 유적. 몽골은 민간 신앙의 본고장답게 각종 종교적인 의미를 지닌 유적과 유물이 많이 남아 있다.

이사

　기후가 민족의 성격 형성에 커다란 영향을 미친다는 인류학자들의 말을 실감나게 느낄 수 있는 것이 몽골의 봄이다. 몽골인의 기상과 꿈 그리고 야망을 옆에서 쳐다보면 특히 인상 깊다. 편린이나마 몽골인의 의식을 접할 수 있어 흥미롭다.
　몽골의 봄은 우리보다 한 달 반 가량 늦은 5월이나 돼야 피부로 감지할 수 있다. 온기가 느껴지는 바람은 3월부터 서서히 불어오기 시작한다지만 외국인이 느끼는 봄은 멀다. 3월이면 실제 기온은 영하로 내려가도 체감온도는 영상인 경우가 많다. 거리의 양지바른 곳에서는 눈이 녹기도 한다. 공기가 건조하고 바람이 없기 때문이라고들 설명한다. 다른 사람들은 공기가 깨끗하여 햇볕의 강도가 높기 때문이라고 말한다. 오존층이 파괴되었을 때 자연방사능의 강도가 높아지는 이유와 같다는 것이다. 여하튼 봄에는 몽골의 햇볕이 우리 나라보다 훨씬 더 따끈하다는 것을 자주 느낄 수 있다. 양지바른 곳에 있으면 영하에서도 가끔 땀이 솟기도 한다. 참으로 불가사의한 현상이다.

몽골인의 봄 햇볕에 관한 표현이 재미있다. 과장된 감정이겠지만 강한 희망이 담겨 있어 친근감을 갖게 한다.

수도인 울란바토르에 사는 사람들은 3월이 되면 봄바람이 보그드 산 정상에 쌓였던 눈을 녹이는 따스한 온기를 품어 온다고 반가워한다. 하지만 3월의 평균기온도 영하 10도를 밑도는 매서운 추위이다. 밤에는 영하 20도에 가깝고 낮이 되어야 겨우 영하 7, 8도가 된다. 아무리 생각해 봐도 봄의 개념이 잘못된 것이 아닌가 착각을 불러일으키기도 한다.

한국을 3월 둘째 주에 방문했던 몽골 최고의 문학자이며 민속학자인 체른 소드넘 박사도 이 말에는 긍정적인 반응을 보였다. 그는 만나자마자 "지난주 몽골을 떠나오던 날 최고기온이 영하 8도였다"라고 말하며 "봄이 와서 살기가 좋아졌다"고 덧붙였다.

더 심한 과장인 "설날이 지나면 곧 봄"이라는 몽골인의 말은 착각을 넘어 새빨간 거짓말처럼 여겨진다. 설날 무렵 울란바토르의 기온이 영하 30도를 오르내리는데 봄 운운하기는 적당치 않은 것만 같다. 그런데도 그들은 봄이라고 부른다.

날씨에 관한 한 몽골인의 과장도 중국인만큼이나 심하다. '백발3천장 비류3만척(白髮三千丈 飛流三萬尺)'식의 과장을 몽골인도 전혀 어색하지 않게 사용한다. 강대국이었다고 생각하는 민족들의 공통적인 특징처럼 느껴졌다면 비약일까? 자신들의 말이 법이고 세상을 지배하던 기준이었기에 자신있게 과장된 표현을 할 수 있었던 것이 아닌가 생각되기도 한다.

중국 측에서 보면 과중에는 주변 민족을 야만시하고 자기네 나라가 세계의 중앙에 위치한 가장 문명한 나라라는 뜻으로 일컫는 중화(中華)사상을 바탕에 깔고 있을 것이다.

몽골 측에서 봐도 이에 못지 않다. 세상의 중심이라는 중국이 주변 국가들 중 유일하게 정복하지 못했을 만큼 몽골은 근대 무기체계 이전에선 세계 최강의 국가였다. 이미 언급했던 것처럼 몽골이라는 말 자체가 세상의 중심이라는 데서도 그들의 자존심을 상상하기가 어렵지 않다. 그 큰 중국이 오히려 몽골에게 나라를 빼앗겼던 치욕의 역사를 안고 현대로 이어져올 정도였다.

과장 표현은 지금도 흔히 쓰이고 있다. 단어가 반복되면서 의미가 강조된다. 돈이 없으면 '한푼도 없다'고 말하기보다는 의미없는 단어를 만들어 돈 뒤에 붙여 사용한다. '땡전 한푼 없다'고 말하는 것과 같이 돈(뭉그)과 같은 음절의 '층그'라는 의미 없는 말을 반복해서 과장, 강조한다.

봄 날씨 설명이 길었다. 세시풍습으로 넘어가 보자. 몽골인은 봄에 매우 바쁘다. 시골에서는 4월 말부터 훈훈한 바람이 불어오기 시작하면 봄맞이 이사를 서두른다.

그런데 이사라는 것이 지어진 집에서 집으로 가는 것이 아니라 살고 있는 집 자체를 뜯어 세간과 함께 옮겨야 하는 것이어서 우리의 이사 개념과는 판이하다. 이런 이사를 1년에 너댓 번씩 하는데 봄이사가 그 시작이다. 구릉 앞에 자리잡고 있던 겔을 뜯어 보다 더 넓은 곳으로 식솔과 가축을 끌고 나간다. 겨우내 살을 에듯 차게 불어오는 매서운 바람을 피했던 지역에서 벗어나 햇볕이 따사로운 곳으로 집을 옮긴다.

초원에 푸른빛이 조금이라도 보이면 이사 시기가 늦었다고 할 정도로 이사 때를 서두른다. 겨우내 굶주리다시피한 가축에게 한시라도 빨리 새 풀을 뜯기려는 안타까운 심정에서다. 새싹이 돋아나는 기미가 보이면 그 때부터 가축들의 눈빛이 달라진다. 눈에 생기가 돌면서 아직도 멀기만한 풍성한 여름을 고대한다.

겔을 지었다가 이사를 간 곳에는 목초가 다 말라죽고 억센 풀간 자라난다 이런 흔적이 발견되면 가축을 몰고 다른 곳으로 가서 정착한다. 먼저 머물렀던 사람들이 풀을 뜯겨 더 먹일 풀이 없기 때문이다.

이사 날짜는 집안 어른들이 잡는다. 조상대대로 체험했던 경험으로 날씨를 예상하고 미리 보아 둔 장소로 옮긴다.

날짜 결정에도 우리 나라에서 이사할 때 민간에서 손이 없는 날을 선호하듯 몽골인도 좋아하는 날이 있다.

띠에 나타나는 짐승(12지 동물) 중 양의 날, 돼지의 날, 닭의 날, 소의 날 순으로 선호된다.

양의 날이 가장 좋은 이사일로 간주되는 것은 순하고 희생적이며 유목민들에게 없어서는 안 되는 재산의 대표적 가치를 가졌기 때문이라고 한다. 양의 날 이사하면 가정이 화목하고 만사가 형통한다는 전래 속설을 믿는다. 지난해 어려움이 많았던 가정일수록 양의 날로 결정하는 경향이 짙다.

돼지의 날에 이사하면 음식저장량이 늘고 모든 것이 풍요로워진다고 한다. 우리 나라에서 갖고 있는 돼지 이미지와 크게 다르지 않다.

닭의 날에는 살림이 풍요로워지고 출산율이 크게 증가한다는 설이 있어 자손이 귀한 가정에서 이사를 한다. 닭이 알을 자주 낳듯 자손의 출산이 이루어지기를 고대하는 것도 흥미롭다.

소의 날에는 눈이 많이 오며 음식과 유제품이 풍성해진다고 믿는다. 우리 나라에서 눈이 많이 온 해는 보리가 풍년이 들어 봄 식량 걱정이 없다는 것과 유사하다.

봄의 이사 장소는 그리 멀리 잡지 않는다. 겨울 피한지에서 그리 멀리 잡지 않는 것이 상식으로 되어 있다. 멀어야 30~40km 떨어진 곳으로 거처를 옮긴다.

많은 가축을 끌고 가는 것이 비효율적이기도 하고 선점자가 있을 경우 유목지역이 겹쳐 상호 충돌할 수 있는 가능성을 사전에 피하자는 것이다. 또 겨우내 추위에 지친 가축을 장거리로 몰아내면 수태율이 떨어지고 그 결과 가축 번식률이 저조해져 재산증식이 더뎌지는 것을 막기 위해서다.

터를 잡을 때 좌청룡 우백호의 형세는 찾지 않지만 언제든지 물이 있는 곳을 기준으로 삼는다. 물이 귀한 몽골 고원에서는 샘이 사막의 오아시스 역할을 한다. 보통 샘에서 2km 이내에 터를 잡는다. 샘이 없는 고비 지방에서는 우물을 파기도 한다. 지하 50~60m까지 파내려가야 물이 있다 그러다 보니 평생을 반경 40km 정도의 범위에서 마치기도 한다.

·····································ㆍ미니상식

    몽골리안(Mongolian) : 현재 몽골에 사는 몽골인을 말한다. 한국인을 코리안이라고 부르는 것과 같다.
    몽골리즘(Monglism) : 의학용어로 최근 흔히 사용하는 동고증(다운증후군)을 말한다. 머리가 작고 손가락이 짧으며 눈이 치켜 올라가 인상이 몽골사람과 비슷한 선천적인 백치를 말한다. 몽골사람들이 근친혼에 의해 열성이 강하게 나타나면서 생겨난 형태를 두고 서구인들이 몽골족을 비하해 붙인 병명이다.
    몽골로이드(Mongoloid) : 몽골인종에 속하는 사람 즉 몽골반점(Morgolian spot)을 가진 동계혈족에 속한 종족을 가리킨다. 여기에는 우리 한민족고 에스키모, 인디언, 인디오, 마자르족 등이 속하는 것으로 알려져 있다. 다시 말해 연변에 사는 조선족들이 코리안은 아니지만 한민족이라고 말하듯 몽골로이드도 같은 이치로 생각하면 된다.

막내상속

　몽골인의 이삿짐을 살펴보자. 짐이라야 말이나 낙타 두세 마리에 실으면 족할 정도로 간단하다. 살림이라야 간이침대 두세 개, 중요한 것을 넣는 상자 두세 개, 말을 기르는 데 필요한 도구 등 10여 개에 불과하다. 모두 합해 봐야 모두 200~300kg 정도이다. 자주 이동해야 하는 까닭에 무거운 것은 버리고 가능하면 세간을 줄이며 살아 왔다. 부담을 줄이기 위한 생활의 지혜이다. 생활의 편함보다는 간편함을 추구한 생활을 칭기즈칸 이래 유지했다.
　이삿짐 중 가장 중요하며 대표적인 공유물이 난로 겸 화덕이다. 몽골인은 난로에 특별한 의미를 두고 있다. 이사 때 난로를 지키는 것이 가장(家長)의 주요 임무 중의 하나다. 몽골인은 불을 곧 조상으로 여기기 때문이다.
　그래서인지 난로가 여러 가지 용도로 사용된다.
　난로는 가문의 유일한 상속물로 여길 만큼 재산적인 가치를 가지고 있다. 몽골인은 가문의 상속자로 장남을 선택하는 것이 아니라 막내를 선택한다. 자식들에게 상속시켜 줄 것이 별로 없지만 몽골인은 전통적으로 난로를 '아버지의 불'이라 부르며 막내에게 상속시켜 준다. 아버지만큼 귀한 존재로 떠받들어 형제들에게 밀고 따르라는 가르침에서다.

옛날 막내가 상속하는 것은 또 있었다. 아버지의 후처들이 막내에게 물려졌다. 몽골인들은 친족에 의한 혈족은 인정하면서도 인척관계로 생긴 친족은 어떤 것도 인정하지 않았다. 그러니 동시에 2명의 자매와도 혼인이 가능했다.

여자는 자기가 현세에서 섬긴 자를 사후에도 섬긴다고 믿었다. 그래서 과부는 재혼하지 않았다. 대신 막내에게 상속이 되었다. 여기에서 아들은 자기의 생모를 제외한 아버지의 모든 처와 결혼한다는 수치스러운 관습이 생겨나게 되었다. 아버지의 가재도구와 어머니는 항상 막내아들에게 상속되므로 그는 아버지의 가재도구와 그의 것이 된 아버지의 모든 처를 떠안아야 했다.

아버지의 처를 자신의 처로 삼으면 비록 사후에 아버지 곁으로 돌아가더라도 그에게는 아무 해가 없다고 생각했기 때문이다.

몽골인은 막내상속을 합리적인 방법이라고 믿는다. 아버지의 후처 중에는 나이가 아주 어린 경우도 있어 막내에게 가는 것이 오랫동안 보살핌을 받는 길이라고 믿었다. 부모의 사랑과 보살핌을 가장 적게 받은 막내에게 부도의 사랑을 마지막으로 넘겨주는 것이란다. 사랑을 받을 시간이 적었던 것을 아버지의 사랑 대신 그의 사랑하는 여인과 물질로 대신한다는 것이다. 가문에서 가장 늦게 태어난 막내가 이 세상에 제일 늦게까지 살아남아 가문을 후세에까지 번창시키라는 뜻이다. 가문의 희망을 젊은이에게 걸고 있다는 상징이기도 하다. 또 집안에서 가장 늦게까지 보호를 받아야 할 사람이라는 내용도 담고 있다.

집안의 중심을 확인하는 난로. 이사갈 때는 제일 처음 난로터를 잡는다. 또 아버지가 죽으면 불씨를 막내에게 상속해준다.

상속은 소, 말, 양 등도 있지만 앞서 말한 난로 즉, 집안의 불을 넘겨줌으로써 끝난다. 가축을 자식들에게 물려 준 뒤 막내가 아버지가 살던 겔과 함께 난로를 차지하면 상속이 끝나는 것이다. 이들에게 불씨란 가장 소중한 재산이며 이를 물려받는 사람이 상속권을 갖는다는 의미가 담겨 있다. 장자가 상속자가 아니라 막내가 호주상속자가 되는 셈이다. 집안의 마지막 지킴이 역도 늘 막내의 몫이다. 칭기즈칸은 전쟁에 나설 때마다 막내아들에게 집안의 모든 관할권을 위임하고 출정했다. 가족 보호는 쿨론 성(城)의 관할조차도 나이 어린 막내에게 맡겼던 것. 그리고는 유언도 잊지 않았다. "만을 이 애비와 너의 형들이 전장에서 돌아오지 못하면 가문과 나라를 일으켜 원수를 갚아 달라"고 주문했다. 그 때 하는 말이 바로 '난로를 지켜라'는 것이었다. 그래서인지 몽골인에게 난로는 신성한 것이고, 숭배의 대상으로도 사용되곤 했다.

이런 연유에서인지 몽골인은 난로의 불씨를 늘 살려두어야 한다고 강조한다. 난롯불이 꺼지면 가문이 기울고 가족에게 재앙이 다가온다고 생각한다. 일부러 불씨를 꺼뜨리면 결투 신청을 하는 것이나 같다. 이 때의 결투는 개인 대 개인이 아닌 가문 대 가문의 싸움이다. 패배는 멸문을 의미할 만큼 심각하다. 그러다 보니 난롯불에는 가문의 흥망성쇠가 달려 있다고 믿는다.

난로는 겔의 중앙에 자리해 중심을 잡아주는 역할도 한다. 겔 터를 잡으면 가장 먼저 바닥 중앙에 난로 자리를 정한다. 난로를 기준으로 물건을 배치하기 때문이다. 천장 중심에 뚫린 구멍으로 하늘과 연결된다는 상징성도 무시하지 못한다. 모든 것을 신에게 의존하는 몽골인은 겔 안의 자신들과 신을 연결하는 유일한 통로로 연통을 중요시한다. 몽골 신화에는 이 통로로 들어온 신과의 교류에 관한 내용이 자주 등장한다. 밝음과 따사로움이 동시에 존재하는 소중한 곳이 바로 난로 부근이기에 그런 생각이 가능한가 보다.

 영하 40도 이하의 추위를 견디게 하는 난방과 가족의 취사용으로, 외부와 단절된 공간에서 열기를 더하는 것은 오직 이 난로뿐. 연료로는 말린 소똥을 사용한다. 나무가 희귀한 초원에서 손쉽게 구할 수 있는 유일한 연료이다. 아낙네들이 여름내 모아 둔 것이다. 냄새나 분진은 거의 없는 편이다. 소는 사료를 먹는 것이 아니라 풀만 먹기 때문에 똥에도 섬유소가 그대로 남아 있다. 생각보다는 위생적이다.

 하지만 봐주는 데도 한계가 있다. 연료로 때는 것이야 그렇다지만, 이 똥 불 위에 고기나 순대 같은 음식을 올려놓고 데워 먹는다. 밤이나 고구마를 숯불에 얹어 구워내는 것과 같은 상황이지만 께름칙하지 않을 수 없다.

 어느 민족이나 가까이 접근하려면 그들의 의식을 존중하는 것이 첩경이다. 몽골인도 예외가 아니다. 그들에게 친근하게 느껴지도록 하려면 그들의 풍습을 따르는 것이 좋다. 그 중에서도 모든 가정에서 늘 접하는 난로의 예의를 지키는 것이 중요하다. 난로에 집안의 쓰레기나 부스러기를 넣어 태우지 말라. 주인의 노여움을 산다. 난로에 물을 붓거나 침을 뱉어서는 곤란하다. 아무리 너그러운 주인이라도 화를 낸다. 불을 헤집어 불씨를 일찍 사그라지게 하는 행위도 금해야 할 일이다. 불을 쑤석이면 아낙네들이 눈을 흘긴다. 한 가정을 방문했을 때 좀더 대접을 잘 받고 싶으면 여성의 비위를 맞추는 것이 상책이다. 신 마유주라도 한 잔 더 얻어 마시려면 불씨를 소중하게 다뤄줘야 한다.

 이런 풍습은 우리 나라에도 전해져 1960년대 전까지만 해도 일부 지방에서 시행되었다. 필자가 어릴 적 어머니는 불씨를 소중하게 여겼다. 방안에 있는 화롯불이 아침까지 사그라지지 않도록 불씨 위에 재를 덮고 인두로 꼭꼭 눌러 두곤 했었다. 현진건의 소설 『빈처』에서도 이런 불씨 다루기가 잘 묘사돼 있다. 불씨를 꺼뜨린 며느리의 고뇌가 그대로 드러나 보인다.

이삿짐의 중요 목록으로는 조상 대대로 물려오는 작은 농(아브다르)도 뺄 수 없다. 농이라고는 해도 조금 큰 상자만한 것으로, 옷가지보다 가문에서 중하게 여기는 것들이 들어 있다. 소의 말하는 가문의 보물상자라고 보면 틀림없다. 조상들의 사진과 가보는 물론이고 얼마 안 되는 현금도 그 속에 들어 있다. 몽골의 구비문학에는 농과 관련되는 것이 자주 채집된다. 신화, 전설, 민담의 단골 메뉴이다. 농이 하늘로도 그려지고 때로는 우주가 되기도 한다. 사랑을 담은 마법의 상자로 비유되면 이야기의 절정이라고 알면 틀림없다.

몽골족 개개인의 필수품으로는 칼, 젓가락(밥공기), 부싯돌 세 가지를 들 수 있다. 언제 어디에서나 사용되는 것이며 이 세 가지만 있으면 생존이 가능하다. 칼은 식량을 얻는 도구이며 자신을 보호하는 호신 무기가 되기도 한다. 야외에 나갔을 때 식량이 떨어지면 칼로 야생 짐승을 잡아 식량을 삼을 때가 많다는 것이다. 밥공기도 개인의 필수품이다. 젓가락을 들기도 하지만 공기의 필요성을 더욱 강조한다. 젓가락이야 임시 방편으로 대용할 것들이 있지만 국물이 있는 음식을 먹을 때 사용할 공기가 더 필요하다는 것이다. 이사갈 때도 이것들만은 개인들이 챙기는 것이 전래풍습이었다. 현재야 공동생활과 이사도 중요시하지간 본래는 각자가 제몫을 해야 하는 것이 이사철 풍습이었던 것이다.

그리고 입었던 옷 몇 가지가 따라 붙는다. 여벌옷이 많은 집은 부잣집이다. 하지만 유목민들에게는 여벌의 옷이란 이사 다니는 데 지장을 주는 짐이 돼 별로 없다. 공기가 건조하고 일교차가 20도가 넘는 경우가 흔한 탓에 여벌옷이 그리 필요치 않은 것도 옷이 없는 이유이다. 한여름 낮에는 27~29도의 뜨거운 햇빛이 대지를 달군다. 하지만 워낙 공기가 맑고 건조하고 깨끗하여 땀이 별로 나지 않는다. 한낮에도 그늘에만 있으면 서늘함을 느낀다. 밤에는 4~5도까지 급격하게 내려가 두꺼운 옷이 곧바로 필요해진다. 우리 한국인 같으면 불을 지필 정도의 싸늘한 밤기온에도 몽골인은 이불을 덮지 않고 잘 잔다. 그러니 두꺼운 옷 한 벌이면 대충 사철을 견딜 수 있는 것이 유목민의 생활이다.

개화바람을 탄 집안에서는 최근 텔레비전과 냉장고 등의 가전 제품이 보이지만 이런 것을 갖춘 집들은 유목에서 벗어나 반정착 상태의 생활을 영위한다. 젊은이들이 선호하고 있어 멀지 않아 많은 몽골인이 정착생활로 접어들 것 같은 생각이 든다. 몽골 고원에도 변화의 물결이 서서히 밀려오고 있다.

···미니상식

> 울란바토르는 몽골어로 '붉은 영웅'이라는 뜻이다. 몽골어 이름에는 특히 바토르(발음이 바타르에 가깝다)라는 말이 많은데 모두 영웅이라는 뜻을 담고 있다. 울란바토르가 도시로 자리를 잡은 지는 이제 360여 년에 불과하다. 서울과 비교하면 일천하지만 유목민들에게는 정착으로 변화되는 시기여서 큰 의미가 있다. 울란바토르의 옛 이름은 후레였다. 소련의 지원으로 건설된 하나의 난방시스템으로 도시 전체가 보온되고 있다.

상부상조 풍습

몽골인은 모든 일에서 혼자보다는 상부상조를 우선으로 여겼다. 자녀의 결혼은 물론 가정 대소사조차도 이웃과 함께하는 공동체 생활을 영위해 왔다. 공동생산, 공동분배의 정신으로 가문이 화합했고 전 국민이 똘똘 뭉쳐 살았다. 이런 전통은 칭기즈칸 이전부터 전해져 오던 것을 칭기즈칸이 명문화시켜 오늘날까지도 전해져 국민생활에 커다란 영향을 미치고 있다.

오이라트 법은 상호부조와 자선을 아예 명문화시켜 귀족부터 앞장서게 했다. 귀족이라고 거들먹거릴 수만은 없게 하고 대우받는 것에 합당한 만큼 사회적 공동책임을 지게 했다. 권리에 따르는 의무와 책임을 균등하게 규정, 국민들이 모두 동등한 자격을 갖게 했던 것이다.

만약 의무와 책임을 망각한 정부관료가 있다면 그는 법은 물론 사회로부터도 엄한 처벌과 비난을 받았다. 복잡한 우리 현실의 눈으로 보면 비현실적인 것으로 보일 수도 있다.

혼자서 잘먹고 잘 산다는 것은 상상조차 할 수 없는 것이 몽골이다. 살아도 죽어도 함께하는 것이 현재까지 몽골을 지켜 내려온 힘이다.

법령은 일정 규모 이상의 관록을 받는 자는 의무로 빈곤한 자와 거주할 집이 없는 사람을 구호하게 했다. 이를 어긴 자는 엄벌에 처했다. 혼자 힘으로 구호가 불가능할 경우에는 윗사람에게 보고하여 정당한 사유로 인정받으면 구호의 책임을 덜어주게 했다.

만약 구호를 담당한 자가 태만하여 빈곤한 사람이 죽었을 경우 일반 살인죄와 마찬가지로 엄하게 다스렸다. 윗사람에게 아랫사람의 어려움을 의무로 떠맡게 하여 사회 전체가 하나로 뭉치는 계기를 국가가 제공했다.

또 위험에 빠진 사람, 가축, 재산의 구조와 구출에 대해서도 국가가 포상했다. 물과 불의 재난으로부터 사람을 구한 사람에게는 가축 다섯 마리를, 노예를 구한 사람에게는 말 한 마리를 공로로 포상했다. 한 세트의 갑주와 철방패를 구한 사람에게는 말 한 마리와 양 한 마리를, 재산이 들어 있는 겔을 구한 사람에게는 말과 소를 한 마리씩 포상으로 주었다.

특이한 것은 갑주와 철방패를 구한 사람에게 내리는 포상이 노예를 구한 사람의 것보다 후하다. 그 이유는 몽골병사의 생명을 구해주는 것이기 때문이라고 한다. 병사의 목숨을 보호해주는 것은 곧 몽골의 역사와 전통을 이어가게 하는 소중한 것이라고 믿는다.

이런 제도는 내 재산뿐이 아니고 남의 재산과 식구까지도 존중하게 하는 사회분위기를 조성하는 데 큰 역할을 했다. 지금도 몽골인은 길을 가다가도 남의 불행을 내 일처럼 돌보고 구호하는 데 나서길 좋아한다.

병든 사람을 치료하고 산욕에 있는 부인을 간호하거나 졸도한 사람을 소생시킨 사람에게는 두 사람 간에 있었던 계약에 따라 포상금을 지불하고 만약 계약이 없이 자의로 구했다면 말 한 마리를 지불하도록 법으로 정했다.

심지어는 말 아래서 우는 아이를 구한 사람에게도 양 한 마리를 포상으로 주도록 규정했다.

이처럼 사회 전체가 어려움을 돕는 구조를 법으로 정해 실천케 했다. 다시 말하면 사회보장제도를 일찍부터 시작한 것이다.

사회 공동책임제를 확립한 것도 칭기즈칸 시절로 거슬러 올라간다. 가난한 사람과 약자를 보호하지 않으면 사회의 기본제도가 무너진다는 것을 일찍부터 잘 파악하고 있었던 것이다.

몽골의 사회학자들은 이런 제도가 잘 갖춰진 몽골의 전통에서 공산주의 기본 개념이 시작되었다고 주장한다. 사회가 국민의 일상생활을 보장하고 노후까지도 보호받을 수 있도록 한 칭기즈칸의 정신이 곧 공산주의 기본 이념이라는 것이다.

그 증거로 1917년 러시아 공산혁명을 성공시킨 레닌을 든다. 레닌은 몽골족인 외할머니의 핏줄을 이어받아 어려서부터 몽골족의 생활방식을 잘 터득하고 있었다는 것. 그는 외할머니로부터 받은 가정교육에서 공동생산과 공동소유, 공동분배의 정의와 국민의 인간다운 삶에 대해 감화를 받고 이를 실천했다는 설명이다.

이어 1921년의 몽골 공산혁명이 많은 사람들의 거부감 없이 성공할 수 있었던 것도 이 같은 사회적인 분위기가 이미 조성되어 있었기 때문에 가능했다는 분석이다. 공산주의 시절에 여타 국가보다 별다른 저항이 없었던 것도 본래부터 공산주의식의 생활을 해왔기 때문이라는 것.

몽골인의 공동생산 정신은 최근까지도 이어져 왔으나 자유화 이후 서서히 무너져 내리고 있다. 나이든 사람들은 공산화되었던 것보다

몽골족은 모계혈통을 별로 중시하지 않는다. 그러나 공산혁명 이후 남녀평등을 주장하는 공산주의 이론에 따라 여성의 발언권도 높아졌다. 러시아 공산주의 혁명을 완수한 레닌의 동상이 울란바토르 호텔 앞에 여전히 서 있다. 그의 외할머니가 몽골족이라는 이유 하나만으로 자유화 당시에도 끌어내려지지 않았다.

이를 더 걱정한다. 사회기반 자체가 와해되고 있는 것을 우려한다.

몽골 사회학자들은 개인의 능력보다 종족적 유대를 더 중시해야 한다고 지적한다. 몽골족이 지금까지 자신을 지켜온 것은 개인 능력의 우수함보다 종족의 결속이 강했기 때문에 가능했다고 말한다.

그런데 몽골족의 역사를 지탱해 오던 전통이 하루아침에 무너져 내리고 있다고 걱정한다. 특히 개인재산에 대한 욕심이 생겨나면서 흉악 범죄가 점차 증가, 사회의 안정을 뒤흔들고 있다.

벌써부터 빈부의 격차가 심해지고 있으며 정직하지 못한 방법으로 치부하는 무리들이 생겨나고 있다.

몽골인이 가졌던 최상의 덕목인 상부상조와 공동생산 개념이 무너지면서 몽골인에게 곧 닥쳐올 재앙이 눈에 보이는 듯하다.

결혼풍속

몽골에서는 1921년 공산주의 혁명 이후 결혼식도 여타 공산주의 국가들과 마찬가지로 국가의 통제를 받았다. 결혼식은 언제나 정부가 정한 일정한 장소 즉 결혼궁전에서 올려야만 했다. 울란바토르의 결혼궁전에서는 매년 8천 쌍 이상이 결혼했다. 공장에서 물건을 만들어 내듯 속전속결로 해치웠다.

하지만 개방 이후 젊은이들은 자유연애를 한다. 결혼도 자유의사에 따라 양가 부모의 동의 아래 이루어지고 있다.

결혼궁전에서 행해지는 결혼식은 우리와 비슷하다. 신랑신부 입장, 혼인서약 및 서약서 사인, 결혼예물 증정, 혼인서약서 교부 및 주례사, 화동들의 꽃다발 증정이 있다. 이런 절차가 끝나면 피로연과 기념촬영이 이어진다. 그 후 예식장에서 마련해준 자동차를 타고 신혼집으로 향한다. 아직까지 신혼여행은 가지 않는 것으로 알고 있다. 일부 러시아 등지에서 유학한 젊은이들은 신부와 함께 시골로 조용히 여행을 떠나는 경우도 없지는 않다.

  시골에서는 아직도 전통혼례를 올리고 있다. 혼례는 신랑집에서 신부집으로 긴 하닥을 보내 청혼하면서 시작된다. 청혼한 신랑집으로 신부집에서 결혼에 필요한 경비로 양 등의 가축을 보내면 약혼이 성립된다. 신랑집에서는 결혼 하루 전날 새로 만든 겔을 조립해 놓고 신랑이 신부집으로 인사하러 간다.

  장인과 장모는 신랑에게 활과 새 옷, 차(茶)를 준다. 집에 돌아온 신랑은 다음 날 어깨에 활을 메고 장인장모에게 드릴 소·말·양을 각각 한 마리씩 몰고 들러리를 5, 6명 데리고 신부집으로 간다. 옛날 약탈혼을 막기 위해 호위하는 사람을 데리고 가던 풍습이 아직도 남아 있어 들러리를 꼭 세운다.

  신부는 금은으로 된 장식품으로 치장을 하고 신랑을 맞이한다. 높은 머리를 하고 대례복을 입은 신부가 겔에서 나와 신랑과 서로 머리를 맞댄다. 최초의 육체 접촉인 것이다. 신랑은 신부를 말에 태우고 신부집 주위를 세 바퀴 돌고 신랑이 마련한 새 집으로 간다.

  신랑집에서는 모닥불을 피워 신랑신부를 맞으며 한 차례 연회를 베푼다. 연회가 시작되면 신랑신부는 차를 끓여 시부모와 하객들에게 대접한다. 시어머니는 신부의 새 옷에 돌과 도끼를 놓아준다. 가정에 충실하고 착한 아내가 되라는 뜻을 담고 있다.

  결혼식이 끝난 후 베일을 쓴 채 신부는 3일간 다른 사람에게 얼굴을 보여서는 안 된다. 은둔의 의미를 가진 행동이다. 몽골인은 가톨릭 교회에서 결혼하기 전 게시판에 게시하는 것과 같은 이유라고 설명한다.

  나흘째 되는 날 신부의 친정아버지가 와 베일을 벗기고 신랑부모에게 절을 시킨다. 이 때야 비로소 새댁이 되는 것이다. 이후 보름 간 신랑신부는 친정에 함께 가서 부모를 돕는다. 그 후에 신혼 겔로 돌아와 신혼생활을 시작한다. 모든 일정은 라마승이 관여하는 것이 일반적인 경향이다.

이 때 신부들이 하던 화장술의 하나인 연지곤지는 우리에게 전해져 전통혼례에서 자주 쓰인다. 부녀자들이 가슴에 차던 은장도와 족두리 원삼도 몽골에서 유래되었다고 한다.

몽골의 결혼풍속은 여러 가지로 흥미롭다. 몽골족의 결혼을 우리 상식에 견주어 보면 주로 조혼으로, 10세 이전에 결혼하는 것이 일반적이다. 일찍 결혼하고 많이 출산하는 것이 그들의 풍습이었다. 주변은 몇 억 명씩의 인구를 가진 국가인데 몽골은 3백만도 못 넘긴 숫자니 그럴 수밖에 없었다.

그런 까닭으로 몽골인은 혼인을 중요하게 생각했다. 결혼의 과정과 방법은 중요하지 않았다. 아내를 얻는 것만이 목적으로 허용되던 문화였다. 최근까지도 몽골인의 결혼은 종족보존에 주안점을 두고 있는 듯한 인상을 준다.

몽골족은 약탈혼도 마다하지 않았다. 힘있는 사람이 힘없는 부족의 여자를 약탈하여 아내로 삼는 일이 비일비재했다. 길가는 여성을 무력과 완력으로 탈취하여 아내로 삼는 것이 관행처럼 되어 있었던 것. 칭기즈칸의 어머니 후엘룬 우진도 칭기즈칸의 아버지 이수게이 바타르가 약탈해온 여자였다. 후엘룬은 남편인 메르키드족의 예케 칠레두와 길에 나섰다가 칭기즈칸 아버지 형제들에게 발각되어 인생행로가 하루아침에 뒤바뀌게 되었다. 메르키드족의 칠레두 아내에서 남편의 적인 이수게이의 부인이 된 것이다. 이수게이의 형제들 즉 시숙과 시동생들은 "당신의 남편이 당신을 버리고 갔다"며 "생각을 달리 하라"고 달랬다.

'여자 팔자 뒤웅박 팔자'라는 말이 있지만 여기서 빚어지는 사건도 많았다. 후엘룬 우진은 테두친·카사르·카치운·테무게라는 네 아들과 테물룬이라는 딸도 낳았다. 전부 두 살 터울이었다.

후엘룬은 잡혀와서 꼭 열 달 만에 아이를 낳았다. 누구의 자식인지도 모를 사내아이였다. 이수게이는 이 아이의 출생과 관련하여 고민도 많이 했다. 핏줄을 어떻게 인정할 것인가라는 근본적인 문제였다. 하지만 그는 태어난 아이를 자식으로 받아들였다.

그리고는 이름을 테무친으로 붙였다. 자기가 출정하여 목을 벤 타타르족의 테무친 우게를 잡아왔을 때 태어났다고 해서 아이의 이름을 테무친으로 지었다. 적장의 이름을 아들에게 그대로 붙여준 것이다. 우리의 상식대로라면 도저히 불가능한 일이지만 이수게이는 칭기즈칸의 아명을 그렇게 지었다.

테무친은 혈통을 놓고 늘 고민하게 되었다. 급기야는 갈등이 깊어져 이복동생인 벡테르를 죽여버렸다. 벡테르는 테무친의 형제가 자신과 동생을 죽이려 하는 것을 눈치채고 대는 끊지 말라며 아우인 벨구테이를 살려달라고 부탁했다.

이런 일은 칭기즈칸 대에서 끝나지 않았다. 칭기즈칸도 여자를 약탈해와 아이를 낳게 했다. 그녀도 잡혀온 지 꼭 열 달 만에 아이를 낳았기 때문에 핏줄에 대한 의문을 남겼다. 이것은 형제간의 갈등과 반목질시를 낳기도 했지만 종족을 늘려야 한다는 면에서 용납되었다.

몽골인은 자기 여자가 낳았거나 자기 집에 들어온 업둥이는 모두 자식으로 받아들이는 관용을 베풀었다. 출산을 통하지 않고는 종족의 숫자를 늘릴 수 없기 때문에 '남의 씨도 기르면 내 씨가 된다'는 지론이 작용한 것이다. 기른 정도 낳은 정과 동등한 것으로 가치를 부여했다.

그래서 필요한 것이 아이를 낳을 수 있는 여성의 확보였다. 우리 역사에서도 공녀를 몽골에 바친 기록이 있다. 공녀는 몽골의 인구 증가를 위한 출산 수단이었다. 남자는 아무리 많아도 인구증가에 별 도움이 되지 못한다. 여성의 출산에는 한계가 있기 때문이다. 가임 여성의 숫자가 많아야 출산이 증가한다. 그런 연유로 당시 몽골은 나이 어린 여자를 공녀로 바치라고 요구했던 것이다.

사실 몽골족이 호색했다는 기록은 찾기 어렵다. 몽골 남성들에게 자손의 번영 즉 종족의 계승은 신성한 의무였다. 약탈혼의 역사도 이렇게 해서 시작된 것이다.

몽골인의 조혼 풍습도 우리에게 너무나 잘 알려져 있다. 칭기즈칸도 아홉 살 때 옹기라드족의 데이 세첸의 딸과 결혼했다. 당시 데이 세첸의 딸 부르테는 열 살이었다.

현재도 몽골의 혼재 나이는 우리보다 훨씬 어리다. 우리 여성의 평균 결혼연령이 25.9세(남 28.7세, 1997년말 현재)인 데 반해 몽골인은 15~16세에도 많이 결혼한다. 물론 법적으로는 18세로 제한하고 있으나 실제로는 어린 나이도 많다. 여자 나이 20세면 벌써 아이를 두세 명씩 낳은 경우가 허다하다.

역사책에는 옛날 고려 때 몽골에서 이러한 조혼풍습이 전해졌다고 기록돼 있는데, 몽골에는 이 풍습이 아직도 그대로 유지되고 있는 것이다. 당시보다야 나이가 올라갔지만 조혼에 속하는 것은 분명하다. 그야말로 머리에 피도 마르지 않은 애들이 아이를 두세 명씩 낳았다면 기절초풍할 일이다. 이런 실정이고 보니 생활에 대한 감각은 우리나라 여성들보다 더 현실적이다. '아이 자라 어른 된다'고 아이를 일찍 낳아 기르면 그만큼 일찍 철이 드는가 보다.

지참금은 지금도 신랑신부들이 고민하는 부분이다. 동남아 국가들처럼 심하지는 않아도 지참금을 마련 못해 헤어지는 사랑하는 연인의 이야기가 심심찮게 들린다.

칭기즈칸의 아버지 이수게이는 사돈인 데이 세첸에게 줄 예물이 준비되지 않자 몰고갔던 여비마를 예물로 주고 테무친을 사위로 맡졌다.

　법령집에도 지참금·예물 등의 조항이 있다. 오이라트 법전에는 일부다처와 의무결혼을 규정하고 있다. 여자의 결혼연령은 15세로 못 박고 씨족의 유지를 위해 의무로 자식을 결혼시키도록 명문화했다. 열 가족이 결혼하는 한 명을 돕도록 했다. 상부상조로 종족유지를 의무화시킨 것이 눈길을 끈다.

　결혼을 시킬 때 양친이나 보호자는 결납[身代金]을 받고 딸에게는 지참물을 주었다. 귀족은 약혼하며 신부집에 결납으로 귀중품 30, 소 150마리, 양 400마리를 보냈다. 평민은 낙타 2마리, 소 10마리, 양 15마리로 족했다.

　혼인지참물은 결납에 따라 상응하는 물건을 보냈다. 귀족은 수 놓은 옷 10벌, 수 놓지 않은 옷 20벌, 안장과 말굴레 각 1개, 소매 없는 짧은 옷 1벌, 말 2마리로 정하는 등 계급도 결납의 정도를 정하는 기준이 되었다.

　이처럼 혼인에는 늘 물건이 따라 이동했던 것을 알 수 있다. 여기서 말하는 물건은 재산이라는 편이 훨씬 이해하기 쉽다. 몽골인의 재산은 가축이 대표적이다. 소·말·양·염소·낙타가 거래의 대상이다.

　마르코 폴로는 이를 보고 남자가 여자의 집에 상당한 대가를 지불하는 것은 결혼이 거래의 개념으로도 인정되기 때문이라고 기록했다. 여자를 데려와도 부양 비용이 많이 들지 않고 오히려 여자의 지식과 노동으로 얻는 이익이 더 크기 때문이라고 말했다. 남자는 늘 분주하여 가사를 돌보지 않아도 여자 스스로 가계를 꾸려간다는 점도 부인을 많이 얻는 이유로 들었다.

　몽골에는 그래서 딸의 신대금을 많이 받으려는 부모의 욕심 때문에 나이가 많이 든 여성들이 있었다고 기록돼 있다.

유의할 것은 몽골인과 중국인의 결혼은 누구도 반기지 않았다는 점이다. 과거에는 법으로 아예 금지시킨 적도 있었다. 1815년의 법은 몽골에서 거주하는 중국인은 몽골인 처녀나 과부와 결혼해서는 안 되며 이를 위반하면 결혼은 해소되고 처는 부모 곁으로 돌아가도록 규정했다. 결혼한 당사자는 큰 칼을 쓰고 채찍으로 100대를 맞은 후 중국인은 고향으로 추방됐다. 연좌된 당국자는 감독을 태만히 했다는 죄로 처벌받았다.

몽골인은 동족 간의 결혼도 할 수 없었다. 같은 아이막에서 태어난 동족은 결혼을 금지시켜 근친혼의 피해를 줄였다.

1246년 몽골을 방문한 프란체스코 수도회 소속 존 드 플라노 카르피니는 13세기의 몽골 결혼풍습을 상세히 기록했다. 몽골인은 누구나 부양할 수 있는 한 많은 처를 소유하는데, 많으면 100명을 거느린 사람도 있다. 생모, 딸, 생모의 자매를 제외하고는 친족 중 어떤 여자와도 결혼할 수 있다. 형제가 죽고 난 후에는 그의 처와 결혼할 의무가 있다. 이들을 제외한 여자라면 몽골인은 아무 구별 없이 결혼하며 또 비싼 대금을 지불하고 여자를 장인장모로부터 매수한다. 남편이 죽고 나서 재혼은 쉽지 않으며 보통 그의 아들이 계모와 결혼한다.

출산

몽골은 인구증가책이 정책 수행의 제1조건이다. 인구가 많은 주변 국가들로부터 늘 위협을 받아온 몽골인은 아이를 많이 낳아 인구를 증가시켜야 한다고 배워 왔다. 칭기즈칸 시절로 거슬러 올라가지 않더라도 인구가 적어서 받은 설움은 몽골인의 가슴에 사무친다. 러시아와 중국 사이에서 언제나 두눈을 부릅뜨고 긴장해 살지 않으면 언제 나라가 송두리째 없어질런지 모르는 상황에서 지금까지 국가를 보존해 왔다. 그러니 인구증가를 위한 정책이 최우선 과제였다.

몽골은 인구를 2백만 명으로 증가시키기 위해 네 자녀를 출산할 때까지 낙태를 금지시켰다. 다섯 이상을 낳은 여인에게는 훈장을 주는 등 다산정책을 권장해 왔다. 아이를 낳은 산모와 함께 남편까지도 출산휴가를 받았다. 아기의 탁아비와 양육비를 정부에서 보조해 주며 의료보험을 적용해 무료로 치료까지 해주었다.

몽골인구 중 65%가 30세 미만이며 45.2%가 16세 이하의 어린이들로 구성돼 있다. 의료시설과 기술이 발달하여 자연사망률이 매년 감소한 결과이다. 특히 유아사망률이 줄어든 것이 가장 큰 요인이다. 자연인구증가율은 1990년까지 천명당 26.8~32.7명으로 높은 편이었지만 점차 낮아져 최근에는 10명대에 이르고 있다.

사람을 귀하게 여기는 상황인지라 몽골에서는 태아숭배사상이라고 해야 할 정도로 뱃속에 든 아이까지 위한다. 덩달아 임산부도 그에 버금가는 대우를 받는다. 사회적인 신분의 귀천을 막론하고 임산부를 만나게 되면 모든 사람은 그 임부의 앞을 지나가지 않는다. 반드시 임부의 뒤로 발길을 돌려 지나간다. 임산부는 일반인일지라도 그가 임신중인 아이가 어떤 인물로 자라날지 모르기 때문이다. 사람을 귀하게 여기는 전통이 태아조차도 소중히 여기게 되었다.

그래서인지 인구가 늘어나는 일에 대해서는 예나 지금이나 관용을 베푼다. 유부녀나 처녀 또는 하녀와 간통하는 것에 대해서도 다른 범죄보다 관용을 베풀었다. 특히 여자가 임신했을 경우에는 더욱 관대하게 처리했다. 아이를 잘 키우라고만 유도하는 정도였다.

출산은 더욱 신비스럽게 다루어졌다. 산모는 반드시 남편의 겔에서만 해산을 해야 한다. 남의 겔에서 태어나면 겔의 주인이 자기의 자식이라고 우길 경우가 있어 꼭 남편의 겔에서만 출산하는 것을 법으로 정했다. 겔에서 태어난 아이는 그 겔의 주인 자식으로 보는 경향 때문이다. 서구국가에서 채택하는 국적법 중 속지주의 즉 태어난 나라의 국적을 갖는다는 것보다 훨씬 더 좁은 범위의 속지주의이다.

태어난 아이들의 엉덩짝에는 푸른 반점이 있다. '흐흐 민지' 즉 몽골반점이다. 이 점은 서너 살이 되면 자연스레 없어진다. 몽골족만이 갖는 특징이다. 몽골인은 이 점을 가진 민족을 동계혈족으로 믿는다. 그런 연유로 몽골인은 우리 나라 사람에게는 형제같은 느낌을 갖는다고 말한다. 우호적이며 모든 면에서 편의를 베풀려고 노력한다.

출산하는 동안 남편이 겔 안에 들어오는 것은 금기로 되어 있다. 출산의 고통을 보면 남자의 마음이 약해져 다음에 아이를 갖는 데 지장을 준다고 믿기 때문이라고 노인들은 말한다.

아이가 태어나면 겔 입구에 금줄을 쳐 잡인의 접근을 막았다. 산모는 산후조리 동안 양고기 삶은 국물과 연한 양고기만을 골라 먹는다. 따라서 아내가 임신하면 양을 골라 산후조리용으로 따로 기른다.

겔의 천장에 연결된 끈에 달린 하닥은 아이의 출산과도 밀접한 관계를 갖는다. 임산부가 난산일 때는 이 끈이 유용하게 쓰인다. 이 끈을 겔 안으로 끌어들여 임산부가 두 손으로 움켜잡고 힘을 쓰게 한다. 겔 즉 그 집안에서 명암을 가르는 역할을 하는 이 끈을 임산부에게 맡겨 아이에게 곧바로 세상의 밝은 빛을 보게 하라는 것이다. 해산 때 남자의 상투를 잡게 하던 우리 조상들의 풍습과 유사함을 엿볼 수 있다.

지금도 몽골에서는 아버지가 누구인가를 중요시하지 않는다. 출생 자체를 귀하게 여길 뿐이다. 태어난 모든 생명은 몽골국민으로 살아갈 권리를 갖는다. 몽골인은 이런 뜻에서 사람을 사람으로 중요하게 대우한다.

그 사람의 출생과 직업이 어떠하든간에 사람을 사람으로 존경한다. 출생의 근본을 모르는 사람일지라도 자식이나 형제자매로 받아들여 더불어 살아간다. 역사책『노츠 토브초』에도 칭기즈칸의 어머니가 입양하여 기르는 자식을 박대하는 형제들에 대해 '모두가 한 아들'이라고 경고한다.

몽골인은 이런 의미에서 '업둥이=복둥이'로 여긴다. 입양조차 꺼리는 우리와 비교하면 부끄럽지만 몽골인에게 업둥이는 특별한 의미를 가지고 있다. 업둥이는 아무 집에나 얻어 걸리는 것이 아니다. 집안이 화목하고 부인이 덕이 있는 집이라야 가능하다는 것이다. 또 집안 내

하라호름의 음기를 중화시키기 위해 만든 남근석. 민간신앙의 숭배물이다.

력도 무시할 수 없는 조건 중의 하나이다. 몽골인은 그래서 업둥이가 생기면 집안의 경사로 생각한다. 집안이 융성하고 번창해 나갈 좋은 징조로 받아들이고 있다.

업둥이를 받아들이는 절차도 흥미롭다. 업둥이를 보내고 받아들이는 행위를 의식으로 거행한다.

도시에서는 아파트 문 앞에 업둥이가 놓여 있으면 가장이 나와 하늘에 절하고 잔에 술을 따라 사방으로 뿌리면서 가문에 한 아이가 새로 태어났음을 조상과 이웃들에게 고한다. 그리고 출생신고를 마치고 정식으로 한가족으로 맞아들인다. 이 과정에서 관리들도 어떻게 얻게 된 아이인가를 엄격하게 따지지 않는다.

시골에서는 업둥이를 얻기가 무척 힘이 든다. 인구수가 워낙 적어 누구네 집 아이인가를 쉽게 알 수 있기 때문이다. 하지만 시골에서의 업둥이는 더 극적이다. 말 안장 양쪽에 바구니를 달아매고 오른쪽 바구니 안에다 아이를 넣어 떠나보낸다. 왼쪽 바구니에는 아이의 복을 비는 양털로 꼰 줄과 옷가지를 넣어 보낸다.

아이를 갖길 원하는 손이 귀한 집에서는 남근을 숭배하기도 한다. 남근석에다 옷을 해다 입히고 아이를 잉태하게 해달라고 빈다는 것이다. 아들을 갖길 원하는 부인네들의 발길이 떨어질 줄을 모른다고 한다.

성황당에다 매일 가서 소원을 이루게 해달라고 비는 것도 잊지 않는다. 아들을 많이 낳은 집의 부인 그릇을 훔쳐 우유를 담아 동쪽 하늘을 향해 세 번 뿌리고 성황당을 돌며 "신이여 이 복을 받으시고 내게도 복을 내려주십시오"라고 기도한다.

몽골인의 이름 짓기

　몽골인은 아이가 태어난 한 달 이내에 아이의 이름을 지어주는 것이 관례로 되어 있다. 이름은 가문의 최고 어른이 짓는다. 이름을 지어주는 것은 그 아이를 자식으로 인정한다는 표시이기도 하다. 실제로 태어난 아이에게 이름을 지어주어야 할 것인가를 놓고 고민하는 사람들을 종종 만날 수 있다. 이름을 지어주면 그 아이를 자식으로 인정하는 것이 되기 때문이다.
　몽골인에게는 그만큼 이름이 중요하다. 지금도 이름이 그 사람의 운명을 좌우한다고 믿고 있다. 그래서 이름의 뜻에 거는 기대도 크다. 그런 면에서 우리와 유사한 풍습을 손쉽게 찾을 수 있다.
　아들을 원하는 집에서 딸 이름을 말자나 말숙이로 짓는다거나 아예 여자아이에게 남자이름을 지어주는 것 등이 좋은 예이다. 남아선호사상이 강한 몽골인도 같은 생각을 가지고 있다. 또 손이 귀한 집에서는 아예 사내아이의 본명을 엉뚱하게 지어준다. 오래 살라는 뜻이 담겨 있다.

'개자식'이라는 이름이 있다면 긴가민가할 것이다. '너회자브'라는 이름은 '개가 구한(사람)'이라는 의미를 가지고 있다. 몽골인은 개를 지저분한 가축으로 여긴다. 개고기는 먹지도 않는다. 그런 사람들이 자식의 이름을 개로 지었다는 것은 간과할 수 없는 일이다. '돼지자식'은 물론이고 '사람아님', '무명씨' 등도 있다.

귀한 자식일수록 험한 이름자를 많이 사용한다. 그들이 오래 살게 한다는 것은 결국 귀신을 속여보겠다는 것이다. 몽골인은 사람이 죽는 것은 귀신이 잡아가기 때문이라고 믿는다. 그런데 귀신은 쓸데있는 사람만 잡아간다고 생각한다. 그래서 귀신이 싫어하는 일을 하면 귀신이 거들떠보지도 않는다는 것이다. 귀신의 관심 밖에 두기 위해 아이 이름을 아무렇게나 짓는다. 유아사망률이 높은 데서 기인한 몽골인의 자식사랑법이다.

아름다운 이름도 많다. 주로 여성들의 이름이지만 체책(꽃), 알탄(금), 토야(빛), 솔롱고(무지개), 통갈락(맑은) 등이 이름으로 쓰인다.

요일을 이름으로 사용한 사람들을 의외로 많이 만날 수 있다. 이들은 대개 이름에 해당하는 요일에 태어난 사람들이다. 예를 들어 월요일에 태어난 사람이 수요일이라는 이름을 갖고 있지는 않다. 또 요일을 사용했어도 달랑 요일만을 이름으로 사용하지는 않는다. 요일 뒤에 다른 뜻을 더하여 이름으로 사용한다.

냠(일요일), 다와(월요일), 먀마르(화요일), 햐과(수요일), 푸레브(목요일), 소가르(금요일 : 산스크리트어), 바아상(금요일 : 티벳어), 뱜바(토요일) 등이다. 다와자브라면 월요일에 태어난 아이인데 어렵게 얻은 자식이란 뜻이 담겨 있다.

몽골사람의 성명과 관련된 웃지 못할 일도 많다. 사람을 만나면 우선 그를 어떻게 부를까로 고민하게 된다. 우리는 영어를 배운 뒤 미스터 누구라고 부르는 데 익숙해져 있는데 몽골인에게는 성(姓)이 없기 때문이다. 즉 그들에게는 가문을 나타내는 김, 이, 박 식의 성씨가 없이 이름만 있는 것이다. 아버지가 박씨면 당연히 할아버지도 박, 손자도 박이라는 우리 식 전통이 몽골인에게는 없다. 성명을 표기할 때 이름 앞에 알파벳 한 글자가 있어 그걸 성처럼 여기지만, 그것은 성이 아니라 단지 아버지의 이름자 첫 알파벳이다. 그러니 '미스터 ○○'이라고 부를 수도 없고 그렇다고 그 사람의 이름을 대뜸 불러대는 것도 뭔가 어색하다.

아무렴 어떠랴 하고 막무가내로 불러댈 수도 있지만 우선은 부르는 내가 불편하다. 또 금방 소개받은 생소한 몽골인의 이름을 기억하는 것도 어려워 어쨌든 만나자마자 당황할 수밖에 없다.

원래부터 몽골인에게 성(姓)이 없었던 것은 아니다. 공산혁명 이후 구(舊) 소련의 배후 조종을 받던 당시의 몽골 정부가 1925년부터 성(姓)제도를 폐지했다. 몽골인의 성을 없앤 것은 구 소련이 이 세상에서 가장 용감한 민족인 몽골족의 기상을 꺾어 놓기 위해 취한 여러 가지 수단 중 하나였다.

구 소련은 몽골 경토의 일부인 브리야트 지방을 자국령에 귀속시키고 내몽골이 중국에 넘어가는 것을 바라보고만 있었다. 그리고 몽골족의 근거를 가급적 나쁜 땅으로 한정시키고 몽골족의 가족적인 단합을 분쇄하기 위해 성(姓)을 없애버렸다.

몽골족의 가족적인 단합은 세계 역사상 가장 넓은 땅을 지배했던 역사가 증명해 준다. 몽골족은 말을 이용한 기마전술로 유라시아 대륙을 제패한 민족이다. 유럽으로 전진하면서 반항하는 민족은 모조리 참수하는 잔혹함을 보여주었다.

이 과정에서 몽골 병사를 한 명이라도 잃게 되면 몽골족에 대항했던 상대편 병사들은 모두가 죽음을 면치 못했다. 몽골족에 대한 공격을 사전에 봉쇄하기 위한 '공포 작전'이었다. 몽골족의 용맹성과 진취도는 유럽인들에게도 공포의 대상이었다.

유럽인은 지금도 몽골족 하면 잔인함을 떠올린다. 헝가리를 포함한 독일 남부지방에서는 아이들이 울면 부모가 '훈'이 온다고 겁을 준다. 우리 나라에서 호랑이가 온다고 하는 말이나 같다. 훈이란 흉노족이라는 일부 주장이 있지만 몽골 말로 사람이란 뜻이며 유럽인들은 몽골족을 이렇게 부른다. 유럽인들에게는 정말로 호랑이보다 더 무서웠던 몽골족이었다.

몽골 병사들은 상하의 구별과 지역 차별 없는 모두가 한가족이었다. 따라서 몽골의 전쟁은 가족을 위한 전쟁이었다.

이런 가족적 분위기를 깨뜨리는 데 가장 효과적인 것이 성(姓)을 모르게 하는 것이었다.

구 소련인은 몽골인의 성을 없애면서 아버지의 이름을 성(姓) 대신 쓰도록 하는 편법을 가르쳤다.

예를 들어 박철이 아들을 낳아 장남은 영수, 차남은 광수라 지으면 박영수, 박광수가 아니라 '철의 영수' '철의 광수'라고 부르게 했다. 영수의 아들 경수는 '영수의 경수'이며 광수의 아들 경철이는 '광수의 경철'이라 불린다. 이렇게 되면 사촌인 경수와 경철이는 같은 집안임을 나타내는 개념이 하나도 없다. 부연하면 남남이나 다름 없다. 우리는 6촌 8촌도 촌수를 따져가며 형과 아우를 구별하는데 몽골인은 성을 없앰으로써 사촌도 남으로 만들어 버린 것이다.

1990년 몽골이 개방되고 나서 서양 사람들이 하나둘 찾아오기 시작했다.

한 번은 서양 사람이 몽골인 가정에 초대받아 갔다. 이 가족은 3대가 같은 천막집 겔에 살고 있었다. 이 외국인은 몽골인이 성(姓)이라고 가르쳐준 것에 그대로 미스터를 붙여서 부르곤 했다. 그 때마다 그 친구의 아버지가 왜 부르느냐고 나서는 통에 당황했었다고 한다. 몽골인이 성이라고 가르쳐준 것은 실은 아버지의 이름이었기 때문이다.

첫 나들이

　몽골인이 태어나 세상구경을 하는 첫 나들이는 귀신과의 지식 경쟁이다. 몽골인은 귀신의 시샘을 차단하여 귀여운 아이의 생명을 지키기 위해서는 귀신의 눈을 속여야만 한다고 믿고 있다. 귀신이 심술을 부리면 목숨을 보존하기 어렵다고 생각하기 때문이다.
　몽골인은 귀신이 인간이 귀하게 여기는 것만을 탐낸다고 믿어 왔다. 예쁘고 사랑스러운 것을 탐하며 얻기 어려운 것일수록 가지려고 노력한다는 것이다. 특히 생명이 있는 것을 선호한다고 생각했다.
　그래서 아이나 새신부 새신랑이 첫 나들이를 나갈 때는 늘 조심한다. 새로운 세상을 보는 것도 중요하지만 귀신의 눈에 들어서는 곤란하기 때문이다. 처음 나들이를 두려워하는 이유다. 여러 사람들이 부러워하는 사람들을 첫번째 거리에 내놓을 때는 더더욱 두려움에 떤다.
　새로 태어난 아이가 그렇고 새 신랑신부가 여러 사람 앞에 모습을 드러내는 것은 일종의 모험이다.

　이들이 두려움을 갖는 것은 새로운 환경에 적응하기가 쉽지 않은 탓이다. 몽골의 환경은 어느 나라보다도 거칠고 척박하다. 갓 태어난 아이가 적응하기에는 너무 험난하다. 아이가 외출할 수 있는 봄이나 여름의 날씨는 건조하고 변화가 무쌍해 어른도 견디기 힘들다. 그러니 처음 밖으로 나온 아이는 심각한 건강상의 피해를 입을 수도 있다.

　몽골은 전 국토의 81.2%가 해발 1,000m를 넘는 고원지대이다. 울란바토르도 1,500m 이상의 고원지대에 자리잡고 있다. 평균고도가 1,580m로 매우 높은 편이다. 그런데다 대륙의 중앙에 자리잡고 있어 바다의 영향을 거의 받지 못하는 형편이니 기후가 좋을 리 없다.

　어른도 집안에 오래 있다 밖에 나오면 곧바로 적응이 힘든 판에 아이들의 경우는 더 말할 것도 없다. 하물며 신생아의 경우에는 치명적인 타격을 받을 수도 있다. 이런 까닭으로 신생아의 첫 외출을 두려워한다.

　이런 상황을 극복하고 아이를 적응시킬 때까지 일정 기간을 조심할 필요가 있다. 아이를 난 부모에게 경고하는 의미는 물론 타인에게도 신생아이니 조심하라는 메시지를 전달하는 방법이 예로부터 있어 왔다.

　어린아이가 첫 나들이를 할 때는 아이의 양 미간을 검댕으로 검게 칠한다. 미간에 위에서 아래로 3~4cm 길이로 내려긋는다.

　이렇게 하면 귀신이 아이를 사람으로 보지 않아 아이는 귀신의 부름에서 제외될 수 있다는 것이다. 부연해 설명하면 귀신이 아이를 토끼로 오인한다는 것이다. 귀신을 속이는 행동이라고 한다. 모든 귀신들은 참 단순한가 보다.

　그러나 사실 이렇게 아이에게 검댕을 칠하는 것은 귀신을 속이기 위한 것이 아니라 주변 사람들에게 경고를 하는 의미가 더 크다. 한 눈에 신생아임을 알아보게 하는 표식인 것이다. 얼굴에 검댕이 있는 아이는 첫 나들이라는 것을 모두 알기 때문에 모든 사람들이 조심한다. 아무리 술이 취한 사람이라도 신생아 곁에서는 신경을 곤두세운다.

아이 옆에서 큰 소리를 내서도 안 되고 담배를 피우거나 연기를 나게 해서도 곤란하다. 그리고 아이가 흔들려서 놀랄 정도로 몸을 움직이면 어른들이 꾸중한다. 산모에게 충격을 줄 말도 해서는 안 되며 아이를 비난하는 말은 절대 금물이다.

아이가 잘 자라기를 기원하는 말을 해주는 것이 예의다. 그러나 귀엽다, 예쁘다, 잘 생겼다 등 칭찬하는 말은 삼가는 것이 좋다. 부모들의 기분을 자극하게 된다. 잠깐 언급했듯이 아이를 칭찬하면 샘내는 것들이 아이를 해친다고 우려한다.

예쁘다거나 귀엽다고 못하니까 미래에 대한 희망과 장래를 기원하는 말로 대신하는 것이 현명한 방법이다. "날카로운 눈을 보니 화살 하나로 독수리 두 마리를 꿰맞추겠다", "눈매가 매워 부하를 잘 다스리겠다", "울음소리를 들으니 천하를 호령하겠다", "말없이 노는 모습이 한평생 평화롭게 살 것을 암시한다" 등이 무난하게 사용된다.

자동차 문화가 발달한 현대 국가에서는 어린이를 움직이는 빨간 신호등이라고 말하는데 몽골에서는 움직이는 성황당이다. 성황당처럼 모든 사람들이 두려워하고 그 아이가 잘 자라기를 바라며 빌기 때문이다.

몽골인은 신생아를 굉장히 위한다. 새 생명으로 태어났으면 무병장수하며 잘 자라라는 것이 그들의 바람이다. 이 아이가 자라 국가와 민족을 위해 훌륭한 일을 할 수 있기를 비는 것이다.

여성축제일

매년 3월 8일은 몽골의 여성축제일이다. 몽골에서는 세계 여성의 날인 이 날을 국경일로 지정, 기념행사를 거창하게 펼친다. 국가에선 여성을 위한 파티와 유공자 표창 등 다양한 행사를 마련한다. 직장에서는 푸짐한 음식을 준비, 여성 근로자들은 한바탕 신나게 논다.

이 날은 몽골 독립 이후 정부가 최대의 관심을 갖고 장려해온 다산을 독려하는 행사를 직장 단위로 갖는다. 하지만 젊은이들은 정부의 출산장려정책을 어이없는 구시대적 발상이라고 비웃는다. 그들은 자유로운 사랑을 원하지만 아이는 원치 않는다는 것을 확인시켜 주는 날이라고 비아냥거린다.

어느 나라나 젊은이들은 기성세대에게 반감을 갖고 있게 마련이지만 몽골의 젊은 여성들은 특히 더하다. 도시에 거주하는 고등교육을 받은 여성들은 정부의 정책을 아예 무시하려는 경향까지 보인다. 개방 이전까지 받았던 감시와 간섭이면 충분하다는 주장이다. 지식층 여성들은 "우리는 아이 낳는 기계가 아니다"라면서 "여성도 인간답게 살 권리가 있다"고 항변한다.

많은 아이가 그들의 노후와 미래를 보장해 주지 않는다는 걸 깨닫기 시작했다. 더군다나 "아이들의 미래도 보장받지 못하는데 왜 사서 고생이냐"고 말한다. 아이들이 자라날수록 어려움이 가중된다는 것. 해마다 물가는 천정부지로 치솟는데 국가에서 무엇을 해주었느냐고 반발한다. 아이가 늘어날수록 여성들의 삶은 비참해진다는 것이다.

시골에서야 가축을 더 기르면 생계가 해결돼 문제없지만 수입원이 제한된 도시에서는 양고기 한 근이라도 더 사려면 그만큼 노동을 많이 해야만 하는데 일자리가 없다고 아우성이다. 생계 유지에는 도시 생활이 더 힘들다는 설명이다. 이를 피해 일부러 낙향하는 가족도 있지만 대부분의 가정은 가난해도 도시에 살기를 원한다. 시골생활이 어렵기 때문이다. 시골에서는 문화생활을 도저히 영위할 수 없는 것이 유목생활의 특징이다. 지식층 여성들이 굶어죽어도 도시에서 살겠다고 말하는 이유이다. 이들은 형식에 불과한 축제보다는 실질적인 도움을 달라고 당국에 요청한다.

지식층의 여성들이 이렇게 반대를 해도 몽골 정부는 아직까지도 이 날을 중요하게 생각한다. 겉으로는 남성들의 축제인 동시에 이 나라 최대 명절 중 하나인 나담과 필적할 만한 날이라고 생색을 낸다. 여성들을 치켜세우기 위한 방편이다. 여성들은 그러나 아직도 남성위주로 모든 정책이 입안되고 시행된다고 불만을 털어놓는다. 자유화 이후 정부가 운영하던 탁아소는 물론 직장 단위의 보육시설도 모두 없어졌다고 투덜댄다.

나담은 남성경기 세 가지를 겨루는 몽골 전통의 축제였다. 정확한 기록은 없지만 칭기즈칸 시절보다 더 오래 된 것으로 전해진다. 그러나 전형적인 남성위주의 사회였던 몽골에 여성을 위한 축제는 없었다. 공산당은 혁명 이후 남녀평등이라는 주장을 내세우자니 여성축제를 마련할 수밖에 없었다. 여성들의 집단반발을 의식해서다.

그런 연유에서 여성축제가 시작됐다. 이 날은 여성을 위한 공휴일로 모든 관공서와 직장이 휴무한다. 각 직장장들은 하루 전 여러 가지 선물을 준비, 여성 근로자들에게 나눠준다. 주로 사탕, 초콜릿, 설탕 등 작은 것이지간 여성 근로자들은 마냥 즐거워했다. 모든 직장에서는 회식 자리도 마련, 한바탕 먹고 마시며 잔치를 한다.

이 날의 하이라이트는 그 해 입사한 새내기와 직장장의 댄스이다. 평소에는 가까이에서 이야기하기조차 어려웠던 직장장들이 새내기들과 한 패거리가 되어서 신나게 논다. 직장장들은 신참들을 격려하고 국가가 원하는 사업에 적극 동참할 것을 권한다.

이어 지난해 아이를 출산한 여자 직원에게 아이의 숫자에 따라 정부가 정한 훈장, 연금 등 각종 혜택을 부여한다. 직장장들은 이 날 여성들에게 "많은 아이를 출산, 자랑스러운 몽골인의 정신을 이어가자"고 당부한다.

몽골 정부는 아이를 4명 출산한 주부에게는 상금을, 5명을 출산한 여성에게는 2등훈장, 7명을 출산한 부인에게는 1등훈장과 조기은퇴의 특혜를 주면서 출산을 장려해 왔다. 8명을 낳은 어머니에게는 '국가의 어머니'란 칭호를 내리고 각종 혜택을 부여했다. 그 결과 1921년 독립 당시 40만이 채 안 되었던 몽골 인구가 곧 300만 명에 이를 전망이다.

필자가 참석했던 여성축제일 행사를 소개한다. 울란바토르에서 140km 떨어진 아타르 솜(우리 나라의 郡에 해당)에서도 성대한 축제가 열렸다. 이 날 기온은 한낮인데도 최고가 영하 17도였다. 한겨울보다 많이 누그러졌다고는 해도 영하의 날씨는 매섭기만 했다. 우리 나라에서는 이 정도 기온이면 집안에만 박혀 있을 날씨이다. 그런데도

몽골 최고의 상차림. 오츠, 보브, 차강 이데, 아이락 등이 준비돼 있다.

마을에서 나이가 가장 많은 호를러자브 집에는 인근 주민 백여 명이 모두 모였다. 72세의 그는 동네 주민들이 모여들자 어서 들라며 좁은 겔로 사람들을 불러들였다. 겔 안에는 양을 잡아 만든 음식과 과자와 사탕을 쌓아 성대하게 차려 놓았다. 호를러자브는 중앙의 음식상 주변으로 아녀자들을 모이게 했다.

그는 한바탕 연설을 늘어 놓았다. 국가의 정책이 변한다 해도 우리 가문, 나아가 마을을 위해서는 젊고 건강한 여성 여러분들이 튼튼한 아이들을 많이 낳아야 한다고 강조했다. 그는 연설을 마치고 지난해 다섯번째 아이를 낳은 에르드네(여·33세)에게 2등훈장을 수여했다. 국가가 주는 작은 선물도 전했다. 그가 이런 자리에서 연설을 하는 것은 마을에서 최고 연장자로서 정부의 위임을 받은 것이었다. 그는 에르드네가 아이를 많이 출산, 국가정책에 적극 호응한 공로를 인정받아 훈장을 받게 되었다는 설명도 빼지 않았다.

이 날의 주인공은 당연히 에르드네였다. 마을 주민들은 에르드네를 둘러싸고 축하하기에 바빴다. 에르드네는 호를자브와 주민들이 따라주는 술을 3잔 마시고 얼굴이 발그레하게 물들었다. 30대 초반의 나이지만 그녀에게만은 특별히 세월이 빨리 흘러갔는지 40대 후반이 넘어 보였다. 나이보다 늙어 보이는 얼굴이었다. 악수를 하려고 내민 손도 거칠거칠했다. 손등에는 터진 자국이 역력하게 드러났다. 출산의 고통과 육아의 어려움을 피부로 느낄 수 있을 것만 같았다. 많은 아이를 낳아 기르기가 생각보다는 쉽지 않았을 것이란 인상을 깊게 남겨주었다. 3남 2녀. 제일 큰아이가 열세 살, 작은 아이는 세 살이었다. 5명의 아이들이 엄마 주위에서 덩달아 기뻐하는 모습이 너무나 인상적이었다.

아이들은 엄마가 주인공이 된 오늘의 행사가 마냥 즐겁기만 한 표정이었다. 곧바로 나눠준 과자와 사탕들을 손에 들고 다른 아이들에게 어서 가서 받으라고 재촉해 댔다. 이들의 표정에서는 엄마의 어려움은 어디에서도 찾을 수 없었다. 천진난만한 모습이 우리네 자식들과 다를 바 없다.

행사를 마치고 잠깐 에르드네와 단 둘이 만날 수 있었다. 얼굴에 골이 깊게 진 그녀를 보는 순간 우리 조상들의 모습이 떠올랐다. 생활고에 시달리면서도 아이들을 낳아야만 된다고 고집하던 어른들과 같게만 여겨졌다. 그러면서 고생 많이 했을 것 같은 생각이 문득 들었다. 6·25동란 무렵 우리 나라에 온 외국인들도 우리네 부모들을 보면서 같은 심정이었으리라 생각하니 얼굴이 붉어졌다. 자식들을 주렁주렁 매달고 피난길에 올랐던 부모들의 고생도 눈에 보이는 듯했다.

나도 모르게 불쑥 "왜 아이를 다섯 명이나 낳았느냐"는 질문이 나왔다. 에르드네는 별걸 다 묻는다는 듯한 시선으로 쳐다보았다. 한참

3월 8일 여성 축제의 날. 울란바토르에서 140km 떨어진 아타르 솜에서.

망설이던 그녀는 "그럼 안 낳을 수 있는 방법이 있나요"라고 나에게 되물었다. 에르드네는 이 말을 하고서는 내 눈을 빤히 쳐다보았다.

나는 아차 했다. 별다른 산아조절 수단이 없다는 것을 미처 깨닫지 못했기 때문이다. 더군다나 울란바토르에서 멀리 떨어진 솜에서야 더 말할 나위가 없었다. 몽골에는 산아조절용 콘돔이 희귀하다는 사실을 잠시 잊었던 것이다.

나는 에르드네의 질문에 대답할 말을 찾느라 한참 고심했다.

나는 "남녀가 성행위는 하지만 출산하지 않는 방법이 여러 가지 있다"고 설명하고 "만약 울란바토르에 올 기회가 있으면 약국에 가서 고무로 된 것을 사다 쓰라"고 일러주었다. 그녀는 알고 있다면서 그러나 그 돈이면 아이들에게 먹을 것을 더 사 먹이고 싶다고 솔직하게 심정을 털어놓았다.

몽골 시골 여성들은 지금도 콘돔을 모르는 경우가 많다. 순진하기도 하지만 아직도 많은 아이 출산이 가문과 국가의 번성이라고 믿기 때문이다.

또 나이든 여성들은 아직도 손녀나 이웃집 젊은 다낙네에게 아이를 많이 낳으라고 권장한다. 며느리나 자식들이 콘돔을 사용하는 것을 알면 둘을 불러 앉히고 눈물이 나도록 혼낸다. "새 아이가 태어나면 신이 새 말에게 뜯길 목초를 마련해 준다"고 말한다. 먹고사는 것은 하늘이 알아서 처리해 준다는 지극히 낙천적인 생각이다. '자식들은 다 제 먹을 것을 지니고 태어난다'던 우리의 옛 어른들 말씀을 생각나게 한다. 아이는 낳아 놓으면 저절로 자란다는 말이다. 지금도 공부를 다 마치지 못했거나 능력이 없어 장가갈 수 없다는 젊은이들을 상대로 어른들이 설득할 때는 이 말로 달래기도 한다.

몽골에는 개방 이전에 콘돔이 없었다. 인구증가를 국가정책으로 택한 정부 당국이 콘돔의 국내 반입과 판매를 극히 제한했던 것. 그래서 개방 이전에 몽골에 들어가는 외국인들은 필수적으로 콘돔을 상자로 구입, 몰래 길반입했다. 몽골 세관원들은 이런 사실을 알면서도 외국인들은 눈감아 주었다. 당시엔 콘돔 한 갑이면 하룻밤을 허락하는 여성들도 있었다고들 말한다. 콘돔을 얻기 위해 콘돔을 사용하게 했던 것이다. 최근 외국인들은 울란바토르 일류호텔과 암시장에서 콘돔을 쉽게 구입할 수 있지만 여전히 일반인들은 구하기가 어려운 편이다. 귀한 달러를 사용하야 하며 개당 가격도 한화 250원 정도로 비싸기 때문이다. 버스 한 번 타는 데 1백 원 정도 하는 것과 비교하면……

하지만 도시에 거주하는 젊은이들은 한 끼를 굶더라도 콘돔은 사야 한다고 농담으로 이야기한다.

자주 성행위를 하고는 있지만 출산은 원치 않아 임신된 아이를 놓고 남녀가 말다툼하는 걸 종종 볼 수 있다.

몽골 정부는 인구증가책으로 자유로운 성행위를 권장하듯 묵인했

영하 20도를 밑도는 추위가 이어지는 3월 8일. 여성축제일을 맞아 달리기에 참가할 말들이 출발전 오야줄에 매어 있다.

었다. 그러나 이제는 더 이상의 반강제적인 인구증가를 기대하기 곤란하다. '가난은 나라도 구제하지 못한다'는 말처럼 가난을 싫어하기 때문이다. 이 결과 몽골 도시 가정에서는 평균 한두 명의 자녀를 갖고 있다. 10여 년 전부터 핵가족화로 치닫고 있다.

이 날 집 밖에선 말달리기 경주가 벌어졌다. 20~30km를 달리는 극한(克寒)경기다. 대여섯 살 난 어린 기수들이 영하 20도 이하의 매서운 바람을 가르고 달려와 목적지에 다다르면 말도 기수도 모두 얼어붙는다.

골인 지점에 다다른 기수들은 온 몸이 얼어붙어 입조차 벌릴 수 없다. 사지를 움직일 수 없어 말에서 내려오지도 못한다. 어른들이 달려와 기수들을 내려서 언 몸을 녹여주기 시작한다. 이 때 가장 주의할 것이 언 몸을 불가로 데려가서는 안 된다는 것. 몸이 녹지 않은 상태에서 불기를 쏘이면 전신에 동상을 입어 생명이 위태로워진다는 것이다. 몸이 심하게 굳었으면 아이를 발가벗겨 눈밭에다 내던진다. 그리고는 여러 사람들이 달려들어 눈으로 비벼준다. 아이의 혈색이 제대로 돌아올 때까지 두세 시간 계속 주무른다. 이한치한(以寒治寒)인 셈이다.

말들도 달리면서 내뿜은 숨 속에 포함된 수증기로 온 몸이 얼음으로 뒤덮인다. 붉은 갈기의 말이 얼음으로 만든 말처럼 하얗게 보인다. 주둥이에서는 뜨거운 김이 뿜어져 나오지만 온 몸은 얼어붙어 있다. 결승선에 도착한 말들은 한두 명의 어른이 고삐를 모아 잡고 얼음이 다 녹아 마를 때까지 천막집인 겔이나 작은 언덕 주위를 서너 시간 계속해서 걷게 만든다. 몸에 얼음이 달려 있는 채로 놓아두면 말이 동사(凍死)한다.

실외 행사가 모두 끝나면 가녀자들만 따로 모여 뒤풀이를 한다. 여자들이 모두 둘러앉아 술을 마시며 합창하는 시간이 두세 시간 계속된다. 봄이 되면 여자들은 할 일이 늘어나 눈 코 뜰 새 없이 바빠진다. 봄을 맞이할 각오를 다지는 것이다.

한식

몽골의 한식은 음력절기에 따라 매년 4월 5일에서 19일 사이에 들어 있다. 일반적으로 우리의 4월 5, 6일경보다 약간 늦다. 기후의 변화가 우리보다 늦은 것이 원인일 것이다. 몽골인들은 이 날을 만물이 소생하는 기점으로 여긴다. 우리 나라의 우수 경칩 쯤으로 생각하면 이해가 쉽다. 얼었던 북쪽의 바이칼 호와 서쪽 고산지대의 바양을기 지방 눈들이 녹아 대지에 생기를 준다고 말한다. 겨우내 사람들과 함께 천막집 '겔' 속에서 지낸 어린 가축들이 밖으로 내보내져 본격적으로 야외생활을 시작한다. 날씨가 풀리면서 시작되는 유목과 함께 새해 농사를 시작하는 것이다. 하지만 현재까지도 농사보다는 유목이 성해 많은 사람들이 가축들이 잘 자라기를 기원한다.

이 날은 몽골인이 조상에게 차례를 지내는 유일한 날이다. 지금까지 몽골인도 구정과 기일(忌日) 등을 지켜오고 있다. 하지만 옛날의 풍습이 아니다. 조상의 덕을 기리는 날로서의 의미가 예전보다 많이 퇴색되었다고 말한다. 이 풍습은 1921년 공산혁명 이후 크게 달라졌다. 혁명 이후 한식을 제외한 다른 명절에는 차례나 제사를 지내지 못하게 했다. 몽골 정책을 이끌어 왔던 구 소련은 혁명 이후 몽골족의 강한 가족공동체를 파괴하기 위해 차례나 제사 같은 조상숭배 행위를 일체 금지시켰다. 조상의 기일에 온 가족이 모이면 혁명 이전의 생활을 거론, 공산혁명을 비판한다고 믿었기 때문이다. 뒤집어보면 반공산음모를 근본적으로 차단하기 위해서였다.

소련이 몽골을 통치하면서 가장 두렵게 여긴 것이 몽골족의 조상숭배였던 것. 소련은 몽골족이 목숨을 걸고 지키려는 의리와 명예가 끈끈한 가족애에서 비롯된다는 것을 잘 알고 있었다. 몽골족은 가족 중 하나라도 다른 부족이나 군으로부터 창피를 당하면 대를 이어 가면서 복수하기 일쑤였다. 칭기즈칸을 따라 전장에 나섰던 병사들은 외국군에게 죽임을 당해도 두려워하지 않았다. 후손과 동료들이 그들을 대신하여 원수를 갚아 주었기 때문이다. 그리고 남은 자식이나 아내가 생활에 불편이 없도록 철저한 보호정책을 펼쳤던 칭기즈칸의 미래를 내다보는 혜안을 뺄 수 없다.

몽골인은 가족간의 강력한 유대를 통해 열악한 환경을 극복하고 살아남았다. 넓은 초원에는 한두 가족만이 살고 있다. 이들은 유목을 하면서 그야말로 생사고락을 함께한다. 야생짐승의 습격이나 외적의 침입도 가족끼리 막아내야만 한다. 누구의 도움도 받을 수 없다. 가족끼리 뭉치지 않으면 생존 자체가 불가능하다. 이런 상황이라 몽골인 개개인은 무척 강하다. 육체적인 힘은 물론 환경적응력도 뛰어나다. 사회구성의 근본이 가족애라고 말하는 사회학자들도 있다.

현재도 몽골인은 남에게서 받는 가문의 저주를 가장 두려워한다. 만약 몽골인에게 "3대나 빌어먹어라", "대대로 이 짓이나 해라" 등의 말을 한다면 살아남지 못할 걸 각오해야 한다. 최대의 협박이 "이번

일은 절대로 잊지 못할 것"이라는 말이다. 대부분의 사람들은 이런 말이 상대방에게서 나오기 전에 화해하거나 잘못을 빈다. 용서를 구하는 방법도 간단하다. 상대방의 손을 잡고 미안하다고 말하면 너그럽게 받아들인다. 초원에서는 서로가 서로를 원하기 때문에 생겨난 관용인 것 같다.

이런 상황을 파악한 소련의 종용으로 설날 차례와 기일 제사가 없어졌다. 대신 '한시 네흐 으드르'(한식)에만 차례를 지내게 허용했다. 영하의 날씨가 계속되지만 남풍에선 봄냄새가 실려 오는 시기이다. 이 날 각 가정에서는 양고기로 보츠를 만들고 술과 안주를 장만하여 조상의 묘를 찾아간다. 묘지에서는 음식을 차려 놓고 술을 3잔 올린다. 절은 하지 않고 묵념으로 대신한다. 그리고 울란바토르 시내 한 모퉁이에 자리한 간당 사원을 찾아가 조상의 명복을 비는 불공을 드린다.

각 가정에서는 집안에 모신 불상 앞에 향을 피우고 가족들이 모여 약식 불공을 드린다. 라마불교를 국교로 숭상했던 몽골인은 가정마다 규모는 서로 다르지만 소규모 법당을 가지고 있다. 법당이라니까 거창하게 들릴지 모르나 실은 부처를 모신 공간일 뿐이다. 도시지역에서는 거실 공간에 마련해 놓았으며 겔에는 정문의 북쪽에 있다. 집안에서 이 곳이 가장 신성한 장소로 여겨진다.

불상은 가정형편이 부유한 집에서만 장만한다. 불상을 가지면 특권의식을 가질 만큼 소중하게 여긴다. 불상을 갖추지 못하면 삼불출(三不出)에 낀다고 농담한다. 아파트에 살지 않는 것이 1불(不)이고, 젊은 아내와 살지 않는 것이 2불이며, 불상 없는 것이 3불이다.

불상이 없는 집에서는 부처가 그려진 그림 앞에 모여 합장한다. 집에서는 음식을 따로 준비하지 않는다. 향불이 피어오르면 합장하고 난 뒤 두 손으로 향 연기를 몸 쪽으로 불러들인다. 향연기로 잡귀를

쫓고 부처의 힘으로 조상의 음덕을 받아들이겠다는 것이다.

최근 추도예배를 올리는 경우도 있다. 개방 이전에는 어림도 없던 일이었다. 개방 이후 변화를 실감하는 부분이다. 몽골에는 세계 각국에서 파견된 기독교 선교사들이 활발하게 선교활동을 펼치고 있다. 그 결과 기독교의 복음이 전해져 변화의 조짐이 나타나기 시작했다. 그 중에서도 한식날 묘지에서 추도예배를 보는 것이 그나마도 자유로운 행사에 속한다. 아직도 기독교세가 아주 미미해 터놓고 기독교인이라고 말하는 경우는 흔치 않다. 정부에서도 변화의 물결은 감지하면서도 공개적으로 지지하거나 배척하지는 않는다.

1990년 개방 이후 시작된 선교사업이라서 신에 대한 명확한 구분조차 어려운 실정이다. 특히 한국에서 파견된 선교사들의 역랄이 크다. 이들은 몽골에 기독교 신앙을 전파하는 데 앞장서고 있다.

하지만 각 종파의 선교사들이 파견돼 신에 대한 서로 다른 정의를 내리고 있어 몽골인이 혼란스러워하는 경우가 있다. 심한 경우 예배방법도 달라 몽골인이 신기하게 생각한다. 선교사들은 조상숭배조차도 우상숭배로 설정하고 있어 몽골인이 의아하게 여긴다.

혁명 이전까지 몽골인에게도 조상에게 제사지내는 풍속이 있었음이 기록으로 남아 있다. 역사서 『노츠 토브초』는 조상들의 묘역으로 제사를 지내러 갔는데 테두친 즉 뒷날 왕이 된 칭기즈칸의 어머니 후엘룬 우진이 늦게 도착하여 제삿밥도 얻어먹지 못했다는 기록이 있다. 또 음복을 했다는 대목도 있다. 후엘룬 우진이 제사 지내러 가면서도 깨우지 않은 사람들을 원망하는 구절도 보인다. 이로 미루어 볼 때 몽골인도 밤에 조상에게 제사를 지냈고 음복을 하는 등 음식을 장만했음을 알 수 있다. 나중에 칭기즈칸이 제사에 끼워주지 않은 종족을 말살, 복수하는 것을 보면 몽골족의 조상숭배는 한층 유별났던 것으로 보인다.

노동절

　몽골인 사이에서 최근 제일 인기 없는 기념일이다. 한때는 최고의 기념일이었던 날이 이제는 퇴색한 사진처럼 노동자들의 뇌리에만 남아 있는 날로 변하고 있다. 농 속에 처박혀 있는 공산당 시절의 깃발만큼이나 초라하고 볼품없는 기념일이 돼 버렸다. 세월에 따라 세시풍습이 덩달아 변한다는 것을 가장 극명하게 보여주는 날이다.
　이 날이 이렇게 형편없는 날로 몰락한 것은 개방과 밀접한 관계가 있다. 몽골은 1990년 자유화 이후 메이데이 즉 5월 1일 노동자의 날을 없애버렸다.
　공산주의 시절에는 노동자가 몽골의 주인이라고 강조하며 성대하게 지내던 노동절을 사회주의의 잘못된 잔재라며 폐지한 것이다. 몽골 정부는 노동자의 혁명이란 이념과 구호에 불과하며 실제로 남는 것은 빈곤과 무지라고 폐지 이유를 밝혔다. 공산혁명 이후 세계를 제패했던 몽골족의 영광과 패기는 사라지고 비굴함과 불신이 팽배하고

노동절날 아카데미 언어연구소에서 연구원들이 모여 축하파티를 열고 있다. 故 연등 박사(중앙), 호를러 박사(앉아 있는 사람) 등이 모임을 주도하고 있다.

있다고 덧붙였다. 몽골인은 또 몽골의 우수함을 지키는 데 외세(공산세력)의 간섭이 너무 많아 몽골인이 자주성을 상실했다고 반발했다.

하지만 일부에서는 비판적인 의견을 제시하기도 한다. 공산주의가 좋다고는 말하지 않는다. 역설적이긴 한데 공산주의가 몽골의 고유전통을 제도적으로 보존했다는 것이다. 공산당이 내세우던 경제이론이 칭기즈칸이 확립한 『대야사』와 다르지 않아 지내기가 수월했다는 내용이다.

그러면서 당시를 떠올리는 측은 대부분 노인들이다. 보수적이라서가 아니라 조상들이 지켜온 전통을 자신들의 대에서 지켜 나가기가 어렵다는 것을 알기 때문이다.

개방 이전에는 문화궁전에서 연극, 음악 공연 등 각종 행사가 벌어졌었다. 대규모 행진도 있었고 직장마다 각기 다른 행사도 벌였다. 작지만 선물도 나눠주고 훈장도 주었다.

현재의 노동절은 젊은이들의 특성인 '오늘에 만족하는 삶'을 추구하는 경향을 뚜렷하게 감지하는 날이다.

1990년 자유화 이후에는 노동자와 국민을 위해서는 더 열심히 일하는 것뿐이라고들 말한다. 개방 이후 달라진 모습이다. 수동적이고 비능률적이던 몽골인이 적극적인 사고와 생활자세를 배우기에 여념이 없다.

젊은이들은 능력껏 일해 돈을 모을 수 있다는 희망에 부풀어 있다. 과거가 말살되고 장래야 어찌되든지 괘념하지 않는다.

이제는 달라졌다는 것을 가장 빨리 터득, 이익을 챙기는 것도 젊은이들이다. 경영개념을 도입, 각 기관에서는 이익을 생각하는 자세가 역력하다. 이익을 내는 직장에서는 더 많은 월급을 받을 수 있다는 것도 터득했다.

그 결과 해외 정보에 빠른 젊은이들은 돈을 찾아 나섰다. 외국어를 구사하는 젊은이는 모두가 월급이 좀더 나은 외국회사로 몰리고 있다. 그렇다고 그들이 받는 돈 모두가 그들의 소유가 되는 것은 아니다. 이중구조로 되어 있어 월급을 국가가 수령하고 근로자에게는 일정 부분을 재지급하는 형식을 취하고 있다.

이런 방법도 점차 개선되는 추세이기는 하나 아직도 많은 외국기관에 근무하는 사람들이 이런 제도로 월급을 받는다. 그래서인지 외국기관에 근무하는 근로자들은 월급 이외에 수당으로 지급되는 것을 훨씬 반긴다. 수당은 계약서에 기재되지 않아 자기의 소유가 되기 때문이다. 기관에서 작은 선물을 주면 매우 좋아한다. 이런 것 때문에 외국기관을 선호하는 경향이 짙다.

외국인 기업에 근무하는 근로자는 두 가지 경우가 있다. 하나는 외국기관에 근무하는 근로자처럼 이중구조의 급여체계를 가진 경우와 다른 하나는 외국기업과 비공식으로 계약한 경우가 있다. 비공식으로 계약한 근로자는 임금이 싸며 발각될 경우 불리한 조치를 받는다.

　근로자들의 임금은 우리 나라와 비교하면 턱없이 싸다. 그러나 일반적으로 생산성은 몹시 낮다. 책임감이 희박해 재료를 아무렇게나 다루고 의무가 무엇인지를 모르는 근로자가 많다. 심하면 권리만을 주장하는 경우도 종종 있다.

　품질관리에 대한 개념도 거의 없다. 수량에만 신경쓰는 근로자가 의외로 많아 외국인 자영업자들이 곤욕을 치르는 경우가 비일비재하다. 원료로 만들어낸 제품의 숫자만 맞으면 근로자의 책임을 다한 것으로 여긴다.

　이런 실정을 잘 모르고 진출했다가 실패한 한국인 중소기업가들이 많다. 싼 임금 때문에 진출했지만 생산성이 너무 낮아 실패한 것이다.

첫번째 말 젖 짜기

몽골인이 말에서 첫 젖을 짤 때의 풍습이 흥미롭다. 망아지의 입장에서 보면 약탈당하는 것이겠지만 인간의 측면에서 보면 식량확보라는 절대절명의 행사이다. 이를 두고 '인간과 가축이 공존하기 위한 타협'이라고 한다면 너무 인간적인 측면만 강조하는 것일까. 인간은 야생동물의 습격과 기생충, 자연재해로부터 말을 보호하고 그 대가로 젖을 얻는다.

말젖을 짜는 의식이 예상외로 엄숙하다. 망아지의 배고픔과 어미 말의 안타까움을 보상해 주지는 못하겠지만 힘센 자의 논리로 밀어붙이지만은 않는다는 점이다. 하늘과 땅 그리고 가축들에게도 인간이 가진 최소한의 박애와 동정심을 표한다. 약탈이 아니라 공동생활을 해야만 한다는 의식이다. 행사에는 온 가족이 동원된다. 주인은 말을 대상으로 의식을 집행하고 안주인은 말젖을 짠다. 아이들은 망아지를 몰아오며 연로한 부모들은 하늘과 조상에게 첫번 젖을 짰다고 고하는 신성한 임무를 수행한다.

처음으로 말젖을 짜는 것과 그 해의 첫번째로 젖을 짜는 의식이 약간 다르다.

태어나 처음으로 젖을 짜게 되는 어미말은 중요한 인사처럼 정중하게 모셔진다. 그 해 새끼를 난 말이기 때문이기도 하지만 오랜 기간 인간을 위해 복사시킬 준비가 거창하다. 가능하면 더 많이 젖을 짜기 위해서다. 젖을 짜기 전 몸에 붙은 모든 진드기와 잡티를 뜯어내 말을 청결하게 한다. 말머리를 동쪽으로 향하게 하고는 주인이 "새해(태양)가 떠오르듯 늘 새로운 힘이 솟구쳐라"그 하면서 말의 엉덩이를 쓰다듬는다. 그리고 세 번 절한다.

그 다음 망아지를 멀리서부터 어미말의 눈에 띄는 곳으로 천천히 몰고 온다. 어미에게 새끼가 온다는 것을 보여줘서 모성애를 느끼게 한다. 어미가 새끼를 보고 젖이 돌게 한다는 것이다. 그래야만 젖의 양이 늘어난다고 한다. 방법치고는 악랄하다. 전쟁통에 젖먹이를 잃었던 어머니들이 아이가 보고 싶어 땅을 치며 울던 모습들을 상상하게 해 가슴이 뭉클해진다. 젖이 돌 때마다 아이 생각에 눈물을 흘리지 않을 수 없었다는 말이 머리 속을 혼란스럽게 달들었다. 젖이 돌며 가슴에서 찡한 느낌이 오면 눈에서는 눈물이 핑 돌았다고 한다. 망아지를 보는 말도 어미일진데 다를 바 없으리라. 눈앞에서 새끼를 그리워하는 짐승의 본능을 이용하는 인간이 가증스럽게만 여겨졌다. 젖이 말라 고기로 변할 때까지 인간을 위해서 희생을 강요당하기 시작하는 순간이다.

어미 곁에 끌려온 새끼는 어미젖을 빨려고 발버둥을 친다. 사람들은 그러나 시간을 끌면서 행사를 진행한다. 몽골인이 의식에 자주 사용하는 '하닥' 즉 푸른 비단을 말의 목에 걸고 "젖이 더 많이 나오게 하고 새끼를 자주 낳을 수 있도록 신이 보살펴 달라"고 기원한다. 하

몽골 겔에도 개방 이후 변화의 물결이 빠른 속도로 밀려 오고 있다. 말 대신 오토바이를 탄 유목민이 말떼를 몰러가기 위해 출발을 준비하고 있다. 뒷편의 푸른 하늘이 인상적이다.

닥을 말 머리에 비비면서 "푸른 하늘은 땅을 보살피고 땅과 신들은 말을 보호하여 영원한 풍요가 지속되게 해 달라"고 거창하게 소원을 빈다. 그 다음에는 망아지 목에 하닥을 걸고 "하늘과 땅에서 솟아나는 정기가 너의 앞날을 화평케 하리라"고 성경구절 같은 말을 늘어놓는다.

그리고는 망아지를 어미 주위에서 세 바퀴 돌린다. 망아지가 애가 달아 '히힝'거리면서 어미를 찾는 순간 어미의 눈빛이 달라진다. 이때쯤 망아지에게 어미의 젖을 물린다. 1~2분이 지나면 망아지를 살짝 옆으로 밀어낸 채 옆에 서 있던 주인 여자가 밑에 그릇을 놓고 손으로 젖을 눌러 짠다. 젖소처럼 젖이 쫙쫙 나오지는 않는다. 아직 단련이 덜 돼 흉내만 낼 정도로 나올 뿐이다. 어미가 반발할 정도로 꼭꼭 눌러 짠다는 것이다. 아직 덜 완성된 젖샘을 자극하기 위한 것이란다. 첫 젖을 잘못 짜면 말이 고생을 하게 되고 젖도 많이 얻을 수 없다고 설명한다. 아무리 말 못하는 짐승이라지만 너무하다는 생각에 가슴이 뭉클하다.

첫 젖이 나오면 주걱 같은 것으로 동쪽을 향해 허공에 뿌리면서 하늘의 신에게 소원을 빈다. "흰색의 정기가 넘쳐 흰 젖이 많이 나오게 하라"는 것이다. 그리고는 망아지의 정수리에 발라준다. 흰색의 정령들이 새끼를 보호해 달라는 뜻이란다.

망아지는 젖 냄새에 울며 어미말은 새끼의 머리에 발린 젖이 안타까워 혀로 핥아 준다. 목을 맞대고 비벼주면서 망아지를 위로하는 것만 같다. 짐승이지만 제 새끼의 배고픔을 어찌 보고만 넘길 수 있을까. 쳐다보고만 있다면 어미가 아니리라.

첫 젖은 절대 마시지 않는다. 하늘과 땅과 조상에게 바친다. 못 먹게 하는 말이 재미있다. 첫 젖을 먹으면 말의 정기가 옮겨 붙어 내세에 말로 환생한다고 겁을 준다. 그 말은 그러나 현실적인 경고에 불

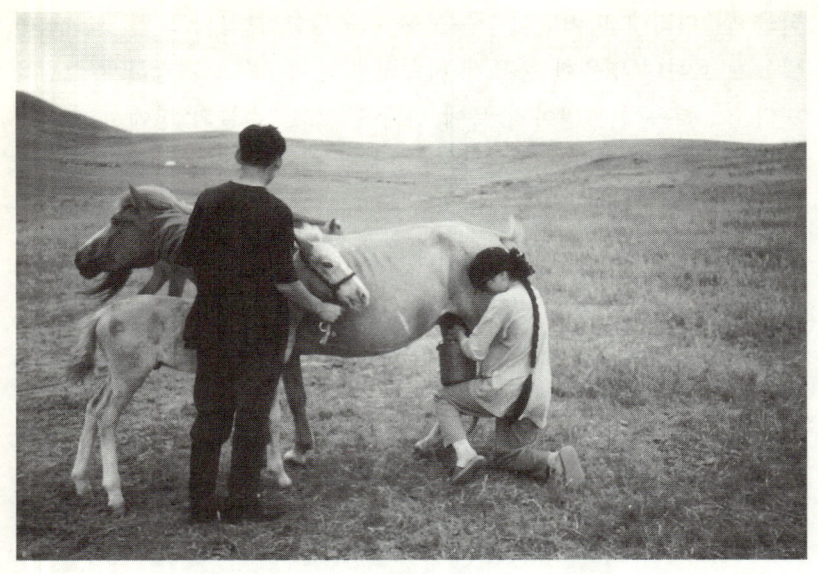

망아지를 밀어내고 젖을 짜는 몽골 남매. 착취당하는 말이 불쌍할 만큼 말라 있다.

과하다. 검증되지 않은 젖을 마셔서 일어날지도 모르는 어떤 사고나 재앙을 막아보자는 것이다. 우리 어머니들이 아이를 낳고 나서 첫 젖을 물리지 않는 것과 같은 맥락일 것이다. 첫 젖에는 양분이 없다는 것을 이렇게 가르쳤는지도 모른다.

그 해 첫번째 젖을 짜는 행사는 다르다. 첫 젖을 함지박에 받아놓고 가장이 나와 세 번 절한다. 우리 나라의 추석과 같은 의미로 보면 된다. 그 해의 햇곡식으로 조상에게 차례를 지내듯 첫번째 짠 젖으로 조상들의 은혜에 감사드린다. 그 여름 내내 오늘보다 더 풍요로운 은총이 베풀어지기를 바라는 마음이 깔려 있는 행사이다. 이 젖도 마시지 않는다. 사방을 향해 뿌린다. 우리의 고수레와 유사한 행동이다.

이처럼 몽골의 초여름은 어찌 보면 우리의 가을과 같은 수확이 시작되는 계절이다. 이 때가 되면 유목민들은 모든 것이 풍요롭고 한가롭다고들 말한다. 농업국가에서는 가을에 추수를 하나 유목민들은 봄이 되어 새 풀이 자라면 그 때부터 우리의 가을처럼 풍성함을 느낀다. 가축들이 풀을 뜯어먹고 젖을 만들어 여분의 젖을 내놓기 시작하면 유목민의 얼굴에서는 웃음이 떠나지 않는다. 유목민들은 가축에서 젖을 짜 유제품을 만들고 겨우내 굶다시피 견뎌온 고픈 배를 가음껏 채운다. 이 때가 되면 하루에도 대여섯 차례 실컷 유제품을 먹는다.

몽골인들은 이 초여름에 함포고복(含哺鼓腹)한다. 어른들은 하루에도 10여 차례씩 젖을 짜기 바쁘다. 젖 짜는 일은 여성이 도맡아한다. 아침부터 해가 질 때까지 시간에 맞춰 젖을 짜 모아 겨울용 식량을 비축하기 시작한다. 겨울에는 먹을 것이 없어 늘 걸근거리던 아이들도 얼굴에 살이 오르고 매사에 활기가 넘친다. 가축들이 풍부한 젖을 내고 어미들이 새끼를 낳아 재산을 불려주니 무슨 걱정거리가 있겠느냐는 표정들이다.

몽골인이 초여름을 이렇게 풍성한 계절로 생각하는 것은 그야말로 먹을 것이 풍부해지는 계절 덕택이다. 유목민들에게는 '손은 갈수록 좋고 비는 올수록 좋다'라는 말이 한치도 어긋나지 않는다. 하나 '광에서 인심 난다'고 이 때가 되면 모든 몽골인이 넉넉하게 인심을 쓸 줄도 안다. 지나가는 길손이 들면 박대는 안 해도 마음이 편치 않았던 겨울과는 달리 길손을 반긴다. 음식을 먹을 때 지나는 손이 있으면 그를 불러 함께 식사할 것을 권한다. 아는 사람이거나 모르는 사람이거나 소리쳐 불러서는 유제품과 고기를 나눠먹는 걸 당연한 인사로 여긴다. 특히 대도시나 외국에서 온 사람들은 대환영이다. 겨우내 외부와 단절한 채 살아오면서 소식을 접할 기회가 없던 이들은 외지인에게서 새로운 뉴스를 듣길 좋아한다.

유목민들을 풍요롭고 느긋하게 만드는 그 젖을 짜는 모습이 우리에게는 생소하다. 논밭에서 때가 되면 벼나 보리를 베어내 타작하는 것과는 영 딴판이다. 새끼가 달린 어미에게서 새끼를 떼어놓고 대신 사람이 젖을 짠다. 그래놓고는 새끼에게는 가능하면 빨리 풀을 뜯긴다. 새끼가 빨아먹어야 할 젖을 인간이 가져갔으니 보충을 하는 것이다.

젖을 짤 때는 여성 혼자서도 가능하다. 그러나 지능이 조금 더 발달한 말에게서 젖을 짤 때는 남성의 도움을 받는다. 남자가 새끼 말을 잡고 여자가 젖을 짠다. 어미가 날뛸 것을 방지하기 위해서다.

겨울을 넉넉하게 지내기 위해서 몽골인은 긴긴 여름날의 시간 대부분을 가축의 젖을 짜는 데 할애한다.

더 많은 젖을 짜기 위한 몽골인의 노력은 여기서 그치지 않는다. 초원의 풀을 가축에게 효과적으로 뜯기는 방법을 잘 알고 있다. 초원의 풀을 가능하면 짧게 뜯어먹도록 가축을 순서있게 몰고 다닌다. 소와 양을 같이 몰고 다니는 목동은 소가 앞서 가게 몬다. 소가 먼저 뜯어먹고 난 뒤 양이 뜯도록 하기 위해서다. 소가 뜯어먹어도 풀은 어느 정도 초원에 남아 있다. 다시 말하면 소는 풀뿌리 근처까지 뜯어먹지 못한다. 양은 풀을 뿌리 근처까지 뜯어먹어 양이 지나가고 난 초원에는 풀뿌리만 남아 있다. 양이 소보다 먼저 지나가고 나면 소는 먹을 풀이 없어 굶게 된다. 마찬가지로 낙타와 양을 동시에 유목하는 고비 지방에서는 양을 먼저 뜯긴다. 양은 가시가 있는 거친 풀을 먹지 않기 때문에 거친 풀을 잘 먹는 낙타를 양 뒤에 세운다.

몽골인에게 풀은 생명과 직결된다. 초원의 풀을 이용하기에 따라 생산성이 달라진다. 가장 유효적절하게 이용하는 법을 조상대대로 물려가며 전수한다. 오늘도 몽골 초원에는 바람과 구름을 따라 가축을 몰고가는 몽골인을 만날 수 있다.

가축 거세

몽골 세시풍속 중에서 가장 이색적인 것이 가축의 거세다. 유목민들이 가축의 생산성을 높이기 위해 봄마다 하는 연례행사인데, 유목민에게서만 볼 수 있는 독특한 봄의 풍습이라 찾아와 관람하는 관광객들도 더러 있다.

거세 대상은 지난해 태어난 수놈들이다. 이러한 거세는 농업에 의존해온 우리에게는 생소하기만 하다. 목장을 경영하거나 일부 연구원들만이 접할 수 있는 특별한 일임이 틀림없다. 그러나 유목으로 살아가는 몽골에서는 대년 되풀이되는 일이다. 거세를 하면 빨리 자라고 먹이를 적게 먹으며 온순해지기 때문이다. 그러니 거세는 그들에게 한 해 살림살이의 풍요로움을 좌우하는 일일 수밖에 없다.

거세를 하는 날은 이웃이 함께 모여 서로서로 일손을 더한다. 농업지역에서 흔히 발달한 두레같은 마을협동체 의식을 유목지역에서도 찾을 수 있는 날이다. 날은 딱 하루로 정해진 것이 아니다. 집집마다 다르다. 모내기를 할 때 집집이 날짜가 서로 다른 것과 같은 이치다. 넓은 들을 혼자서 모내기할 수 없어 이웃과 힘을 합하듯 거세 때도 이웃의 힘을 빌어야만 가능하다.

때를 놓치면 일년농사를 망치듯 거세도 때가 지나면 생산성이 떨어진다. 그래서 시기를 맞추려 노력한다. 가정당 400~500마리의 가축 중에서 수놈만을 골라내 거세하는 일이 한 가족 힘만으로는 불가능하기 때문에 이웃이 함께 나선다. 품앗이 제도가 살아나는 것이다. 이웃집과 힘을 합치지만 그래도 바빠 우리네 농번기처럼 온 마을이 바삐 움직인다.

부지런한 몽골인을 접할 수 있는 몇 안 되는 순간이다. 느릿느릿 움직이던 몽골인도 이 날만은 손놀림이 빨라진다. 가능하면 빠른 시간에 일을 끝내야 가축들이 긴장하는 시간이 줄어든다는 것. 가축이 오래 긴장해 있으면 먹이도 잘 안 먹고 소화도 안 돼 살이 찌지 않는다고 한다. 젖의 생산량도 크게 줄어든다는 말에 수긍이 간다. 식물도 조용하고 안정적인 느낌을 주는 음악을 들려주면 잘 자란다는데 가축이야 더 말할 필요가 없을 것 같다. 그래서인지 몽골인은 가능하면 거세작업 시간을 단축하려고 여러 사람이 모여 순식간에 해치운다.

몽골에서의 거세는 3월 말부터 4월 말까지가 가장 이상적이라고 한다. 에너지 소모를 가장 적게 하는 등 효율이 뛰어난 시점이 이 때이기 때문이다. 너무 추우면 거세한 어린놈들의 상처가 아물기 전 동상을 입을 수 있고 이보다 늦을 경우 사나워질 뿐 아니라 이미 왕성한 활동을 해 에너지 소모가 많다는 것이다. 부연하면 생산성을 높일 수 있는 최적기를 선택한 것. 이 때가 지나면 모든 가축들이 살이 오르고 몸집이 커진다.

거세작업이 진행되는 봄 내내 몽골 전 고원이 들뜬 것처럼 보인다. 어른들은 밤새 준비한 모든 장비를 내놓고 아이들을 부추긴다. 누가

유목민이 말을 잡을 때 쓰는 올가미를 들고 초원으로 나간다. 우리말의 올가미는 몽골어에서 유래한 것이다.

더 잘하나 보자는 것이다. 이렇게 추어 주면 어수선한 어른들의 준비와 함께 아이들은 신이 나 부산하게 움직인다. 사람들이 많이 모이기만 해도 재미있어하는 아이들의 마음은 동서양이 같은가 보다.

동네 어른들이 한 집에 모여 와자지껄하게 떠들어대는 동안 아이들도 한 쪽 곁에 모두 모여 한바탕 법석을 떨어야만 성이 풀린다. 아이들이 곧 벌어질 거세에 대해 조잘조잘 이야기하기 시작한다. 너도 나도 지난해의 거세를 떠올리며 떠벌린다. 다와의 집에서는 조랑말 10마리를 거세했는데 한 마리가 병이 나서 죽었다. 푸레브 집에서는 양 50마리가 대상이었는데 잘못 파악하여 수놈을 모두 거세, 다른 집에서 입양해야만 했다 등등 부모나 어른들에게서 들은 이야기를 자랑삼아 늘어놓는다.

올해의 거세 이야기도 빼지 않는다. 제일 숫자가 많은 집은 민트기네의 70마리라는 것. 지난해보다 많아서 시간이 오래 걸릴 것이라는 등 나름대로의 판단도 더한다. 또 모여든 아이들과 가축 수를 비교하면서 자기들이 해야 할 일의 양과 또 부수적으로 얻게 될 것이 얼마나 될까 궁금해한다.

그리고는 어른들의 지시에 따라 흩어진 가축들을 몰러 우- 달려 나간다. 주로 양과 염소가 대상이다. 이 때 누가 먼저 가축을 빨리 몰아오는지가 관건이다. 대여섯 살 난 아이들이 말을 타고 달려가 가축 무리를 집 쪽으로 몰고 오는 솜씨가 제법이다.

지난해 태어난 놈들만을 골라 몰아와야 한다. 그것이 기술이다. 아무 놈이나 몰아왔다가는 어른들에게 핀잔만 맞는다. 그리고 놀림을 당한다. 양의 나이도 모르는 놈이 어떻게 사람 구실을 할 수 있겠느냐는 놀림이다. 아직도 어른이 되려면 멀었다면서 엄마에게나 가라고 무안을 준다.

아이들은 이 소리를 듣지 않으려고 한 살 짜리 수놈만 찾아내려 노

거세할 가축을 잡는 일에 몰두하고 있는 몽골 유목민들.

력한다. 특히 사내들이 기를 쓰고 달려든다. 말 등에 올라타 소리지르며 달려가는 모습이 마치 전쟁터로 나가는 병사들 같다.

몽골인의 가축 구별은 신기에 가깝다. 다섯 가지 동물의 암수는 물론 새로 태어난 새끼, 암수의 나이에 따른 이름 등을 정확하게 알아맞춘다. 가축의 외모를 보고는 암수와 나이를 알아 나이에 따른 이름을 말한다.

우선 가축의 어미와 새끼를 말해보자. 나이에 따른 분류가 아니라 일반적인 명칭이다. 구(암말)와 아자르갈(숫말) 사이에서 태어난 새끼는 오나가(망아지)이다. 말의 나이에 따른 이름은 다음과 같다. 한 살짜리 말은 암수 구별 없이 오나가이다. 두 살짜리 숫놈은 다가, 세 살짜리는 슈드렝, 네 살짜리는 햐자랑, 다섯 살짜리는 서여렁, 여섯 살 이상은 아자르갈이다. 암놈의 이름은 이와 또 다르다. 두 살짜리는 사르바, 세 살부터 다섯 살까지는 바이다스, 여섯 살 이상은 구이다.

이것을 표로 간단히 나타내 보자.

가축		1살	2살	3살	4살	5살	6살 이상
말 (모리)	숫말	오나가	다가	슈드렝	햐자랑	서여렁	아자르갈 (모리)
	암말	오나가	사르바	바이다스	바이다스	바이다스	구
소 (우헤르)	황소	토갈	뱌로	슈드렝	고나	드느	샤르 (보호)
	암소	토갈	오힝 뱌로	오힝 슈드렝	곤지	든지	우네
낙타 (테메)	숫낙타	보트고	터럼	고나	드느	아트	보르
	암낙타	보트고	터럼	곤지	든지	타이락	잉게
양 (혼늬)	숫양	호르가	트륵	슈드렝	햐자랑	이렉 (호츠)	
	암양	호르가	오힝 트륵	오힝 슈드렝	엠햐자랑	엠혼늬	
염소 (야마)	숫염소	이식	조삭	슈드렝	햐자랑	세르흐 (오호나)	
	암염소	이식	보르렁	오힝 슈드렝	엠햐자랑	엠야마	

여기서 암수를 통칭하는 이름도 알아보자. 소는 보호(황소)·우네(암소)이며, 양은 호츠(숫양)·엠혼늬(암양)이다. 염소는 오호나(숫염소)·엠야마(암염소), 낙타는 보르(숫낙타)·잉게(암낙타)이다.

가축의 털가죽도 이름이 각각 다르다. 말가죽은 햘가스, 낙타와 양가죽은 노스, 염소 가죽은 노로르이며, 소가죽은 흐브르이다.

이런 이름을 어른에게서 들어 모두 알게 되어야 비로소 아이들에게 유목민의 자격이 있다고 말한다. 어른이 되었다고 칭찬해준다.

수놈인 호르가나 트륵을 몰러 아이들이 몰려들면 양떼가 놀라 무리를 지어 도망한다. 먼 산 위에서 보면 양이 놀라 도망가는 모습이 하얀 구더기가 오물거리는 것처럼 보인다. 그 와중에 말을 탄 소년이 호르가만을 골라 밀어붙이면 어미 양에게서 떨어지지 않으려고 안간힘을 쓴다.

새끼는 어미의 가랑이 사이로 파고들려고 하지만 어미도 모르는 척 밀어붙인다. 힘이 부친 것인지 아니면 성년으로 만들려는 어미의 바람이 인간의 뜻과 통하는 것인지 자못 궁금할 뿐이다.

아이들에 의해 어미로부터 분리된 양은 외로운 신세가 되어 어른이 되는 순간을 맞으러 간다. 어른이란 언제나 외롭다. 양도 어미 쪽을 돌아보며 떠밀려 사람들이 모여 있는 곳으로 나온다. 그 때가 되면 아이들은 의기양양해진다. 할 일을 완수했다는 자신감에 차 있다. 거세가 다 끝날 때까지 아이들의 양몰이는 계속된다. 양의 숫자가 많은 집에서는 전날 수놈들만 가두었다가 일사불란하게 끝내기도 한다.

거세는 의외로 간단하다. 아이들이 몰아온 양의 뒷다리를 잡아 눕히고 두 가랑이를 벌려 불알을 제거한다. 작은 칼로 2~3cm 가량 음낭을 찢을 때 잠깐 버둥거릴 뿐 곧 조용해진다. 거세를 위한 특별한 도구가 있는 것은 아니다. 잘 드는 주머니 칼 몇 개만 있으면 된다. 어떤 집에서는 넓적한 철판을 날카롭게 갈아 거세도구로 만들어 대대로 물려가며 사용한다.

사용한 도구는 곧 소독을 한다. 우리 부모들이 바늘로 아이들 종기를 딸 때 불에 달구듯 칼을 숯불 가운데 넣어 달군다. 혹시 있을지도 모르는 병원균이 다른 양에게 전염되는 것을 막기 위함이다. 최근에는 소독약을 사용하는 경우도 있지만 구하기가 어려워 대부분 원시 방법을 고수한다.

아이들이 남에게 뒤지지 않고 양을 몰아오는 것에는 또 다른 목적도 숨어 있다. 거세한 부산물이다. 어른들은 사내들만 따로 모아 거세한 부산물을 나눠준다. 가끔 날 것으로 먹는 경우도 있지만, 대부분 구워 먹게 만든다. 이걸 먹어야 어른이 될 수 있다고 말한다. 남성의 호르몬이 들어 있어 일찍 사내 구실을 할 수 있다고 믿는 것이다.

거세의 하이라이트는 이 때다. 입담 좋은 사내가 술 한 잔을 걸치고는 진한 농담을 하기 시작한다. "남의 불알 까서 새끼들 사내로 만들려니 힘들다"는 말엔 너도나도 허리를 잡고 웃어댄다. 특별한 일이 없어 보이던 남성들이 제 몫을 다한다는 것에 여자들도 만족한 듯 일손을 거든다. 하지만 별로 도울 일이 없다. 손에 피 묻히는 일을 여성들에게 맡기지 않으려는 남성들의 배려이다. 일손이 많이 부족할 경우 가끔 가축의 뒷다리를 잡게는 하지만 매우 드문 일이다.

여하튼 가축의 거세는 남성들의 몫이다. 거칠게 몰아붙이면서 희열을 느끼는 표정이다. 20~30마리를 거세하고 나면 이마에 땀방울이 맺힌다. 그래도 쉬지 않고 일을 계속한다. 같은 남성에게서 느끼는 콤플렉스를 가축에게서나마 극복해 보려는 심사가 작용하는 것은 아닌지 의심이 들기도 했다. 부자지간에 느끼는 오이디프스 콤플렉스의 보상심리라면 지나친 비약일까.

사내들에게는 거세한 불알을 주고는 "이걸 많이 먹어야 얼른 장가갈 수 있다"고 말하면서 "얼른 양을 몰아 오라"고 독촉한다. 어쩌다 여자아이들이 끼여들려고 하면 "시집 못 간다"고 호통쳐 집안으로 들여보낸다. 오래 된 몽골족의 남녀유별을 체득할 수 있는 순간이다.

은종축제

　매년 5월이면 몽골에서 가장 화려한 젊은이들의 '은종축제'가 시내 한복판에서 열린다. 이 축제는 대학 졸업생의 사회진출을 축하하기 위하여 정부가 마련한다. 종소리가 새벽을 알려 잠자는 사람들을 깨우듯이 대학 졸업생들이 우매한 민중의 무지를 꺼우치는 데 앞장서라며 격려하는 축제다.
　이와 유사한 몽골 노래 "종소리 우리를 깨우네……"가 젊은이들 사이에 유행하기도 했다. 이 노래는 개방이 진행되던 1990년대 초반 민주세력들이 부르던 운동가였다. '몽매한 민중들아 민주의 참뜻을 알고 분연히 일어서라'고 촉구하던 가사 내용이 아직도 많은 사람들에게 자극을 주고 있다.
　이 축제는 해마다 장소가 바뀌지만 주로 공산당사 앞 광장에서 개최된다. 울란바토르 시내 한가운데에서 이 축제가 열리는 날이면 졸업을 앞둔 대학생들이 모여들어 지나간 대학생활을 뒤돌아보며 이야

울란바토르의 공산당사 앞에서 열린 대학 졸업생을 위한 은종축제. 졸업생들은 사회로 나가 지식과 지혜를 전파하는 선구자가 되어야 한다는 것을 강조한다.

기꽃을 피운다. 이들은 마지막 대학생활을 아쉬워한다. 무대와 배우들의 의상은 신식이 아니고 조명은 강렬하지 못해도 참가자들의 열기는 최고조에 달한다. 보내는 이들의 송사와 떠나는 이들의 답사가 계속되는 동안 참가자들은 끼리끼리 모여 인사하기에 바쁘다.

바로 옆의 울란바토르 호텔에 투숙해 있던 외국인들은 국가가 대학졸업생들을 위해 범국가적인 축제를 열어주는 것에 의아심을 나타낸다.

행사의 내력은 이렇다. 이 풍습에는 유럽에서 받아들인 졸업전통의식과 몽골 전래의 의식이 혼합돼 있다. 유럽의 대학졸업생들은 학위를 받고 자신들이 자라고 공부한 도시민들에게 감사하는 행진과 어려웠던 과거를 돌아보는 의식을 행한다. 동유럽 학생들은 과거의 전통에 따라 거리를 누비며 소리 질러 졸업을 알려왔다. 그리고 지식을 사회에 환원하기 위해 직장으로 나갔다. 이 전통이 동구에서 유학

했던 학생들에 의해 몽골로 수입되었다는 것이다.

여기에다 학자를 존경하는 몽골의 전통적인 숭문사상이 겹쳐졌다. 몽골인의 가장 큰 소망은 학식이 풍부한 사람이 되는 것이었다. 돈과 명예는 순간적인 것이지만 인간적인 덕망과 지혜는 영원하다는 것을 믿어 왔다. 그래서 몽골이 가장 강성해 중국을 지배하던 때부터 몽골인은 학문에 힘을 쏟기 시작했다. 당시 한 집에서 한 명 이상의 학자를 배출하는 것이 관례처럼 되었다.

당시의 학자는 승려였다. 그러다 보니 당연한 결과로 모든 가정에서 출가하는 사람이 늘어만 갔다. 승려들이 정치, 학문, 의술 그리고 예술까지도 이끌어 갔다. 이들은 전쟁보다 평화를 주장했고 약탈보다는 자급자족을 강조했다.

이런 상황이고 보니 인구가 적었던 몽골인은 병사를 많이 길러낼 수 없었다. 그 결과 군사력이 급속하게 약화되었다. 10만도 안 되던 군사력으로 유지하온 연합 몽골군이 추풍낙엽처럼 무너져 내리기 시작했다.

그러고 보면 오늘의 몽골이 힘없는 것처럼 보이는 것도 은종축제와 무관하지 않다. 서구의 많은 사람들은 몽골이 망했다고 생각한다. 우리 나라의 지식인들조차도 대부분 몽골이 망한 나라라고 여긴다. 원나라의 강성했던 힘은 사라지고 이제는 가난하고 힘없어 볼품없이 됐다고 생각한다. 그러나 그렇지 않다. 몽골은 약해진 것이 아니라 본래의 자리로 돌아왔을 뿐이다. 힘이 강했을 때 강점했던 중국을 한민족에게 돌려주었고 약탈했던 러시아 땅은 러시아인들에게 반환했을 뿐이다.

강성했던 당시의 힘과 영토를 그대로 유지하고 있다면 오늘날 한국을 비롯한 중국, 러시아, 카자흐스탄, 터키 등 대다수의 유라시아 국가가 몽골국으로 흔적도 없이 녹아들었을 것이다. 생각만 해도 아찔하다. 우리의 독립을 이야기하면서 몽골이 망했다고 표현한다면 앞뒤가 맞지 않는다. 그들이 본래의 위치로 돌아갔기에 지금과 같은 유라시아 대륙의 국가들이 존재하고 있는 것이다.

몽골인은 지금도 강하다. 수억 명이 넘는 인구를 가진 강대국이 주변에서 그들의 영토를 끊임없이 약탈하려 했는데도 오늘까지 국토를 지켜오고 있다. 조상들의 땅을 그대로 유지하는 강인함을 보여주고 있다.

옛날 강성했던 터키, 로마, 그리스, 스페인, 포르투갈 등도 몽골처럼 본래의 위치로 돌아와 오늘과 같은 국가를 유지하고 있다. 그 나라들을 대상으로 망했다고는 표현하지 않는다. 그런데 왜 몽골에 대해서만 유독 망했다는 표현을 사용하고 있을까. 현재 경제적으로 빈곤하기 때문일 것이다. 통상 부의 개념으로 말하는 달러가 적은 까닭일 것이다. 그런데 잘 생각해 보면 몽골이 가난한 것만은 아니다. 그들은 원나라가 무너지고 공산혁명이 일어났어도 행복한 삶을 누려왔다. 굶는 사람이 없었다. 지금도 굶는 사람은 없다. 마음도 풍요롭다.

'의식이 족해야 예절을 찾는다'고들 말한다. 몽골인은 어느 나라 어느 민족보다도 더 예절을 찾고 남을 위하며 관용을 베풀 줄 안다. 가난하고 여유없는 사람들이 이런 태도를 보여줄 수 있을까. 몽골에서 공부할 때부터 지금까지 생각해온 것들이다. 몽골인은 틀림없이 지식인의 덕목으로 꼽히는 관용과 포용, 상대방에 대한 배려를 어느 민족보다도 중시 여긴다.

이런 모든 것들이 몽골의 은종축제 의미 속에 스며 있다. 남에게 은혜를 쉽게 베풀고 약한 자를 도우며 가난한 이웃에게 아무런 대가를 바라지 않고 봉사를 한다. 가진 것을 나눌 줄도 안다. 옛날부터의 관습이긴 하지만 몽골족은 춥고 배고픈 이웃이 있으면 자기 것을 나누어주길 좋아하는 민족이다. 지금도 길을 가다 어느 집이든 들어가 하루를 머물게 해달라면 선뜻 손님같은 대우를 해준다. 이렇게 훌륭한 박애정신을 동포에게 베푸는 나라가 지구상에 몇이나 될까 생각해보면 부정적인 결과가 우선한다.

은종축제가 진행될수록 이 같은 진한 인간애를 느낄 수 있다. 시골로 돌아가려는 젊은이들은 친구와의 작별을 아쉬워한다. 귀향을 자랑스럽게 생각한다. 고향을 일으켜 세워야 하는 의무가 주어져 있다고 생각하는 젊은이들이 아름답게만 보인다.

배워야 한다는 열기가 몽골처럼 높은 국가도 찾기 힘들다. 유엔 통계에 의하면 몽골인 모두가 읽고 쓸 수 있는 능력을 가지고 있다. 문맹률이 제로인 것이다. 이 말을 들으면 모든 사람들이 의아해한다. 그 넓은 땅에 흩어져 사는 사람들이 어떻게 글을 배워 읽고 쓸 수 있을까 궁금해하는 것이 당연하다. 몽골은 아는 것이 힘이라는 표어 아래 전 국민을 가르치는 것을 국가정책의 최우선으로 생각했다. 초등학생이 되면 합숙을 하면서 문맹을 깨우쳐 나갔다.

대학생들만이 아니다. 모든 학교에서는 졸업식을 앞두고 은종축제를 연다. 학교별로 떠나는 졸업생들에게 한바탕 잔치를 베풀어주는 것이다. 시골에서는 더 이상 만나기가 힘든 먼 곳에서 온 학생들과의 이별을 아쉬워한다. 상급학교로 진학하는 학생들은 더 넓은 학문의 세계로 나가는 기대감에 부풀어 있다. 하지만 학업을 마쳐야 하는 사람들은 학업을 끝낸다는 아쉬움을 가슴에 안은 채 작별을 고한다.

이 날은 사은회도 겸한다. 가르쳐 주신 선생님들에게 감사의 뜻을 표한다. 선생님들께 선물도 드리고 학예회를 비롯한 마지막 공부를 하는 날이다. 학생들이 마련한 음식을 가져와 같이 먹으면서 지나간 시간들에 대한 반성과 앞으로의 각오를 이야기하기도 한다. 여하튼 몽골에서의 은종축제는 배운 자들이 그들의 지식을 과시하기보다는 배워야 하는 사람들을 위해 봉사해야 한다는 것을 강조하는 날이다.

머리깎기

 몽골에서는 봄이면 아이가 있는 집집마다 아이들의 첫 번째 머리를 깎는 행사(다흐 우르게흐)가 벌어진다. 머리를 깎는 것이 집안의 잔치로 치러진다. 시골에서는 네 살(여), 다섯 살(남), 의료시설이 상대적으로 좋은 도시에서는 두 살(여), 세 살(남)에 성별에 따라 머리를 빡빡 민다. 배냇머리를 길렀다가 이 나이가 되어서야 처음으로 깎아준다.
 머리를 자르고 나선 온 가족이 모여 큰 잔치를 벌인다. 이 때부터 한 인간으로 자랄 수 있다고 보고 인간으로서의 존엄성을 부여하는 것이다. 다시 말해 몽골에서는 이 때까지도 아이가 완전하게 성장할 것이라는 판단을 보류했다가 이 날에서야 안심하기 시작한다.
 우리 나라에서는 백일을 성대하게 치르지만 몽골에서는 이 머리 깎는 날 행사를 크게 치른다. 백일과 돌의 의미는 우리처럼 중요하게 여기지 않는다. 몽골은 한 인간으로 제대로 자랄 수 있는 기초가 되

몽골 아이들은 양육된다기보다는 스스로 자란다. 부모가 돌보기 어려울 때는 초원에서 가축과 함께 자라는 것처럼 방치된다.

는 시기를 우리보다 2~5년이나 늦게 잡고 있는 셈이다. 유아사망률이 높았기 때문이다.

우리 나라에까지 전해졌던 이 머리깎기는 몽골의 변발 풍습에서 유래했다. 머리를 빡빡 밀어내 평생 햇빛이 닿지 않는 머리에 햇빛을 쪼여 단단하게 한다는 것이다.

실제로는 아이의 머리에 난 부스럼이나 각종 기생충을 없애는 데 목적이 있었던 것으로 보인다. 어린아이들 머리는 잘 감지 않아 헐어 온통 진물 투성이기 십상이다. 도장병이나 기계총 등의 병원균이 자라 머리가 부스럼으로 도배를 한 것 같기도 했다. 이런 것을 막거나 예방할 수단이나 약도 별로 없었던 시절에는 어려움이 많았다. 이런 질병을 예방하는 방법으로 머리를 깎아 병원균이 기생하지 못하도록 원인 요소를 제거한 것이다.

머리에는 이나 벼룩 등의 해충도 자라고 있다. 어린 양이나 가축을 들여놓고 겨울을 보내는 경우가 허다하다 보니 가축에 기생하는 해충이 사람 특히 어린아이에게 옮겨오는 일도 비일비재하다.

여하튼 머리를 깎아주는 날은 집안 어른 모두가 참여하고 축하하는 뜻 깊은 행사가 치러진다. 이 때는 이웃 사람들이나 친지 등도 초대해 자리를 함께 한다. 아이가 어엿한 한 개인으로 인정받는 의미 있는 날이기 때문이다.

머리를 자르고 나면 모여든 가족들이 아이에게 각자 마련한 선물을 쥐어준다. 소, 말, 양, 낙타 등 가축이 선호되는 선물이다. 가축 선물은 가능하면 암놈으로 택한다. 주의할 것은 염소를 선물로 주지 않는다는 것이다. 염소는 주둥이가 차기 때문이란다. 여기에서는 선물로 주둥이가 따뜻한 동물을 주는 것이 관습이다. 주둥이가 찬 동물을 주면 아이가 잘 자라지 않고 주접을 탄다고 해 금기로 여긴다. 날씨가 추워서 추운 느낌이 드는 선물이 환영받지 못하던 풍습을 반영한 것으로 보인다.

이 날 가장 환영받는 선물로는 조랑말을 꼽는다. 말과 함께 평생을 살아가는 몽골인은 이 날 두세 살짜리 말을 어린이에게 선물, 말타는 법을 자연스럽게 익히게 한다. 어린이는 이 말이 다 자랄 때까지 3, 4년간을 함께 뒹굴며 지낸다. 나들이를 갈 때도 말을 타고 가고 학교와 이웃집에 놀러 가면서도 말을 몰고 간다. 어린이가 6, 7세가 되면 말도 다 자라난다. 이 때쯤이면 말과 주인이 잘 어울리는 한 팀이 된다. 어린이들은 안장 없어도 손쉽게 말에 올라타서 쏜살같이 달려갈 수 있다. 말과 호흡이 맞으면 달리는 말 위에서 물잔을 돌려가면서 마실 수 있을 만큼 한 몸처럼 움직인다. 말을 타고 가면서 어린이들이 목소리를 모아 합창하는 모습을 보면 한 폭의 풍경화같은 느낌이 든다. 말에서 젖을 짜는 방법도 어릴 때부터 배운다.

이렇게 말과 호흡을 맞춘 어린이들은 해마다 몇 차례씩 열리는 말경주에 출전한다. 말경주에 출전 경험이 없는 아이들은 마을 어린이들로부터 따돌림을 당할 정도로 고립된다. 그만큼 말경주가 몽골인들에게 생활화되어 있음을 보여준다.

친척이 많고 생활이 넉넉한 집안에서는 5, 6마리의 말과 10여 마리의 양이 선물로 들어온다. 그러면 아이는 그 때부터 부자가 된다. 아이가 선물로 받은 가축이 낳은 새끼는 그 아이의 소유가 된다. 20여 세가 되면 가축의 숫자가 1백여 마리로 되어 독립해서 혼자 충분히 살 재산이 된다. 평생을 살아갈 수 있을 만큼 많은 가축이다.

도시지역에서는 가축 대신 각종 선물로 대체하나 시골 어린이가 갖는 것만큼 재산 가치는 적다. 개방 이후 도시민의 생활이 상대적으로 빈곤해졌음을 입증이라도 하듯 아이들에게 돌아오는 재산도 적어졌다.

잘 길들여진 말은 몽골인의 전 재산이다. 고대 몽골법전은 소유를 나타낼 때는 가축 즉 재산이라고 표현하고 있다. 가축이 유일한 재산이었던 것. 이처럼 말 선물은 한편으로는 어린이에게 공식적으로 재산취득을 허용하는 행사이다. 일찍부터 일부 상속을 허용한다고 봐도 무방하다.

몽골에서는 토지의 개인소유를 인정하지 않았다. 가축도 사유를 엄격하게 제한했다. 가축도 국유와 사유로 나누어 사육하게 했다. 일정 부분은 반드시 국가소유였던 것이다. 하지만 개방 이후부터는 사유가 공식적으로 인정되고 있다. 이 때부터 아이에게 주어지는 선물의 의미가 더 큰 것으로 받아들여지고 있다. 정식으로 재산을 소유하는 한 인간이 되는 기념할 만한 날이다.

어버제

몽골 지역 어디를 가더라도 쉽게 '어버' 즉 성황당을 만날 수 있다. 성황당에 대해서는 여러 가지 설명이 있으나 몽골인은 최근까지도 병과 재난을 막아주고 가축의 번성을 돕는 수호신으로 여기며 중시한다.

성황당을 섬기는 어버제는 학계가 큰 관심을 갖고 지켜보는 민간신앙의 하나다. 최근에는 몽골 정부가 문화재 보호정책을 펴면서 어버를 복원하거나 어버제를 권장하는 느낌이다. 심지어는 관광용 어버를 만든 곳도 있다. 나담 때는 어버 앞에 양고기를 차려 놓고 마을의 안녕과 평화를 비는 어버제를 지낸다. 우리의 동제(洞祭)와 같은 것이다. 이 때는 마을사람 모두가 몰려나와 어른부터 차례로 어버에 삼고구배(三叩九拜) 즉 이마를 세 번 가볍게 땅에 닿게 하고 아홉 번 절하는 의식을 거행한다. 복을 구하고 무병장수를 비는 것이다.

성황당은 몽골이 개방되기 이전인 공산주의 시절에도 폐기되지 않고 전해올 만큼 몽골인에게는 커다란 정신적 지주 역할을 해왔다. 공산정부가 종교와 미신 말살정책을 펴왔는데도 그 명맥을 유지할 정도로 몽골인의 일상 생활에 큰 영향을 미쳤던 것이다.

성황당이 몽골인에게 이처럼 큰 의미를 갖고 있다는 것이 알려짐에 따라 외국관광객은 성황당을 뺄 수 없는 관광명소로 생각한다.

울란바토르 시내에도 성황당이 5개 이상 된다. 작은 것까지 합하면 20개는 족히 넘는다. 울란바토르에서 유명한 시장으로 가는 길목에도 있고 내가 머물렀던 15구역(우리 나라의 행정구역 구에 해당) 수돗물 정수장 위에도 2개나 있다. 이 곳에는 주변에 돌이 닿지 않아 성황당 만들기가 쉽지 않았을 텐데 어림잡아도 높이가 2.5m는 넘는다.

돌 이야기가 나왔으니 달인데 넓은 초원에서는 커다란 돌을 보기가 참 어렵다. 돌을 구하려면 10~20km는 족히 가야 할 초원에도 큰 호박보다 더 큰 돌이 성황당에 놓여 있다. 길이 갈리거나 마을 입구 어귀 약간 높은 구릉 위에는 성황당이 꼭 있다. 큰 것은 높이가 3~4m, 작은 것도 족히 1~2m는 된다.

성황당 아랫부분은 축대를 쌓듯 10~20cm 가량 정성스럽게 돌을 쌓아 올려 기단을 마련하고 그 위에 돌을 주워다 쌓아 놓았다. 맨꼭대기에는 천마도 깃발이 꽂혀 있다. 그러나 깃발이 없는 맨깃대가 꽂혀 있는 경우가 더 많다. 이 깃대에 따라 성황당의 특색이 달라진다. 깃대가 금색으로 되어 있으면 알탄(금), 굵고 큰 깃대를 세운 것에는 초크트(장대한), 아무 것도 없이 맨나무가 꽂혀 있으면 차강(흰) 어버 등의 이름이 부여돼 있다.

성황당에 대한 민담은 수없이 많지만 어느 것도 성황당의 유래를 밝히는 데는 도움이 되지 않는다. 그 중에서도 들판에서 이정표 대신 생기기 시작했다는 말이 가장 그럴싸하다.

한 목동이 말을 끌고 풀을 먹이러 나갔다가 길을 잃었다. 3일 밤낮

몽골인에게 성황당은 종교 역할을 하며 길 잃은 사람들에게는 방향을 지시하는 등대역을 한다.

을 헤매다 집에 돌아온 뒤 다음부터는 집에서 나가면서 언덕 위에 돌을 모아 놓고 방향을 정해 나갔다. 이 때부터 중요한 지점에는 성황당이 생겼다고 한다.

제법 그럴듯하다. 어버는 끝없이 넓은 평원에서 바다의 등대같은 역할을 해 왔다. 숭배의 대상으로 절대 훼손되지 않아 방향을 식별할 아무 것도 없는 곳에서 성황당이 방향 표지가 될 수 있었다.

몽골인은 성황당에 절대 손대지 않는다. 만인을 위한 것이라는 생각보다는 종교에 가까운 경외로움에서다. 40~50km를 가도 인가를 만나기가 어려운 실정에서 방향을 잃는 것은 망망대해에서 표류하는 선박의 항해사와 같은 막막한 심정일 것이다. 이 때 도움을 주는 것이 성황당이다.

그래서 몽골인은 방황하다가도 성황당을 만나면 반가움에 저절로 고개를 숙인다. 가까운 곳에 인가가 있다는 것을 암시하기 때문이다. 이제는 살았다고 안심한다. 그래서 아무리 멀고 고달픈 여행길이라도 성황당을 보면 반려자를 만난 듯 반기며 성황당의 정령들이 자기를 지켜준다고 믿는다.

이처럼 고마운 성황당이기에 몽골인은 평소에도 성황당을 만나면 꼭 예의를 표하고 지나간다. 말에서 내려 시계방향으로 세 바퀴 돌고 떠난다. 좀더 간절한 바람을 갖고 여행길에 나선 여행자는 멀리서부터 돌을 가져와 성황당에 쌓아놓고 장도를 빈다. 그리고 흩어진 돌이 있으면 모아서 다시 쌓아올린다.

신기한 것은 성황당에도 나이가 있다. 조성된 지 일천한 것은 당연히 돌의 숫자도 적고 높이도 낮을 수밖에 없다. 오래 된 것일수록 높이가 높고 아랫부분의 넓이가 넓다. 오랜 기간 여러 사람들이 보살피고 다독거려 높이가 매년 높아졌기 때문이다. 역으로 큰 성황당이 있다는 것은 이 곳을 지나는 사람들도 많았다는 것을 증명한다. 그래서

인지 큰 성황당을 만난 여행자들은 반색한다. 사람이 많이 지나다니는 길목이거나 가까운 곳에 사람이 많이 살고 있다는 것을 미루어 짐작할 수 있어서다. 그만큼 여행길이 안전하다고 믿는다.

성황당은 몽골인의 생활에서 정신적으로는 물론 현실 생활에서도 커다란 의미를 지니고 있음이 분명하다. 우리 나라의 군청에 해당하는 솜의 이름에 어버라는 단어를 사용한 곳이 일곱 군데나 된다. 솜의 청사 소재지 명칭에도 어버를 차용한 곳이 다섯 곳이나 된다. 지형적인 특색이 없는 곳에서는 인위적인 지형의 특색으로 볼 수 있는 어버를 지명으로 삼을 수밖에 없었다.

우리 나라에도 성황당을 지명으로 한 곳이 참 많다. 수유리에서 의정부 방향으로 가다 보면 도봉산 못 미쳐 성황당이란 지명이 있다. 특정 지표가 없었을 당시 이 곳에는 성황당이 있었음을 미루어 짐작할 수 있다. 인위적으로 조성된 성황당을 지명으로 택했던 것은 몽골과 같은 이치다.

전장에 나가는 장수는 말머리를 베어 성황당에 바치고 승전을 기원했었다. 오래 된 성황당에는 말머리가 지금도 종종 놓여 있다. 국가나 지방자치단체 또는 개인이 말을 잡아 바치며 소원을 빌고 남긴 것이 비바람에 노출된 것이다.

사람들은 또 먼길을 떠나기 전 성황당에 들러 비는 풍습도 있다. 여름 이른 새벽 성황당에는 한두 명의 참배자가 꼭 있다. 어둠이 가시기 전 성황당에 와 세 바퀴 돌고 흰 우유를 뿌리며 장도에 무사하기를 빈다.

그러나 이제 성황당도 세태가 변하면서 의미가 서서히 변하고 있다. 기원하는 것이 달라지고 있음을 성황당에 놓인 것으로 미루어 짐작할 수 있다. 성황당에 말머리는 물론 돈, 목발, 장난감 인형 등이 놓여 있다.

돈은 예전에 정성을 들이던 사람들이 바쁘다 보니 시간 대신으로 놓는 경우가 많다. 가치 기준이 돈으로 변하고 있다는 것을 뜻하기도 한다. 돈을 많이 붙게 해달라고 빈 후 남겨둔 돈이기도 하다.

신통한 것은 성황당에 돈이 놓여 있어도 집어가는 사람이 없었다는 점이다. 비바람에 젖어 바래고 떨어질 때까지 놓여 있곤 했다. 최근에는 돈이 놓이기 무섭게 집어가는 무리가 있어 노인들이 혀를 찬다.

술을 가져와 빌고는 술병 채 놓아두기도 한다. 우리가 산소에 가서 술을 올리고 참배하는 것과 같은 뜻이 담겨 있다.

현대판으로 변한 것 중 하나가 목발이다. 교통사고가 빈번하게 발생하면서 부상을 입은 사람들이 다시는 교통사고를 당하는 일이 없게 해달라고 빌고 난 뒤 바친 것이다. 아이들은 소중히 여기던 장난감이 부서지면 성황당에 갖다 바치고 더 좋은 장난감이 생겨나게 도와달라고 기도한다.

종교

　몽골의 대표적인 종교는 라마불교이다. 국민의 90% 이상이 라마불교를 믿는다. 한때는 국교였지만 최근에는 종교의 자유를 법적으로 보장하고 있다. 그럼에도 불구하고 많은 사람들이 아직도 불교를 믿는다.

　몽골인은 부처를 노란 신(샤린 샤싱)이라고 부르고 모든 것은 부처를 통해야만 이루어질 수 있다고 믿는다. 이 곳에서는 실제로 모든 일을 승려가 관장했다. 왕에서부터 말단까지 지배계급은 모두 승려였다. 몽골 문예부흥기의 위대한 정치가이자 화가 겸 조각가였던 자나바자르도 승려였다. 그의 업적에 대한 평가에서는 서로 다른 두 가지 이론이 있지만 여하튼 승려가 국가의 운명을 좌우하는 존재였음은 분명하다.

　불교는 몽골인에게 종교라기보다 생활의 일부가 되었다. 많은 집이 집안에 불상을 모셔놓고 지낼 정도로 적극적인 신도들이다.

울란바토르의 불교사원인 간당사에서 스님이 경전연구를 하고 있다. 간당사에는 승려대학이 있다.

몽골인이 라마교를 최초로 받아들인 것은 원나라 태종 오고타이 때다. 그 후 세조 쿠빌라이가 중국 전국을 점령하고 티벳을 손에 넣었을 때 당시 라마교의 최고 지도자였던 파스파를 초청하였다. 파스파는 몽골 불교의 수장으로 추대되었고 그 후 문자 창제에 참가, 티벳어를 기준으로 하여 몽골문자인 파스파 문자를 제정하였다.

그 뒤 청나라는 몽골족의 사납고 씩씩한 기상을 완화하기 위하여 라마교를 정책적으로 권장했다. 청나라는 맏이를 제외한 나머지 아들은 모두 라마승으로 만들도록 법으로 정했다. 당연히 라마승은 급증하고 인구는 격감하였다. 몽골은 1921년 혁명 후 라마교를 혁파하기 시작했고 그 결과 라마승은 줄고 당과 정부가 종교를 장악하게 되었다.

수도인 울란바토르에는 현재 3개의 라마 사원이 있다. 간당사에는 100여 명의 승려가 활동하고 있으며 부설 불교대학이 운영되고 있다.

초이진 라마사원과 복트 게겐 사원은 현재 박물관으로 운영되고 있다. 관광객에게 개방, 달러 수입원이 되고 있다.

바양을기 등 서부지역에 사는 카자흐 족은 수니파 회교를 믿고 있다. 이로 인한 인종과 종교 갈등이 두 민족 간에 내재돼 있어 양국 정부가 신경을 곤두세우고 있다.

무당도 몽골인의 생활에 많은 영향을 미쳤다. 무당은 신통력을 앞세워 세상살이와 인간의 미래를 점쳐주는 예언자 겸 인간의 약점을 보완해주는 역을 했다. 몽골인은 무당을 말할 때 곧잘 칭기즈칸의 신통력을 예로 든다. 칭기즈칸은 자신의 운명과 역사를 알고 있었다는 것이다. 그는 죽기 전 "하늘이 나를 부른다"며 백마 위에서 운명한 것으로 전해진다. 그에게도 무당이 갖는 신적인 능력이 있었다고 본 것이다.

그의 이런 능력은 기록에도 많이 언급되고 있다. 몽골의 한 겨울

울란바토르의 3대 사원 중 하나인 초이진 라마사원의 불상.

추위에 옷을 벗고 얼음 위에 앉았는데 그의 몸에서 열기가 뿜어져 나와 얼음이 녹고 머리에서 증기가 피어올랐다고 되어 있다. 정상적인 사람에게는 불가능한 일이지만 칭기즈칸은 견뎌내는 다른 힘 즉 자아를 벗어난 힘이 있었기에 가능했던 것으로 사람들은 본다.

20세기 초반까지도 울란바토르에는 무당이 26명이나 있었다. 그러다 공산시절에 국가가 울란바토르의 무당을 모두 없앴으나 자유화 이후 스스로 생겨나는 무당은 어쩔 수 없이 방치하고 있다.

시골에는 아직도 무당의 영향력이 크게 미치고 있다. 샤머니즘의 보고로 알려지고 있는 바이칼 호수와 홉스골 호수로 연결되는 몽골 북부지방에는 진짜 무당이 남아 있고, 세계의 학자들이 무당을 연구하러 이 곳으로 온다. 학계에서는 무당이 이 바이칼 호수를 중심으로 한 아시아에서 발흥했다는 설이 계속 제기되고 있다.

이 곳은 세계에서 가장 추운 곳으로 몽골족의 발흥지이다. 연교차가 극심한 지역으로 육체가 견디기 어려운 추위를 극복하는 과정에서 자아가 파괴되고 다른 능력을 가진 사람이 생기는데 그들이 곧 무당이라는 것이다. 무당들의 종교적인 능력은 거부하지만 초자아적인 행위를 인정하고 그 실체를 과학적으로 밝혀보려는 것이다.

하지만 몽골인은 조상대대로 무당을 받들며 그 힘이 몽골족의 영화를 불러일으켰으며 지금까지 자신들을 지켜왔다고 믿고 있다. 동서양의 서로 다른 견해가 충돌되는 곳이다. 비과학적이라고, 비종교적이라고 치부하기에 앞서 더 연구가 필요하다. 몽골인은 무당을 오히려 종교보다 더 심오한 사상과 능력이 있는 것으로 받아들인다. 하나의 종교로 보는 견해다.

몽골 무당은 '버'라고 하는데 이 말은 터키어의 '버기'에서 유래되었다고 한다. 영국인 존 앤드루 보일은 기독교도와 회교도가 몽골 무당을 그렇게 부르기 시작했다고 주장했다. 몽골 무당은 자신의 영혼을 몸 밖으로 내보내 신적인 힘을 발휘한다. 즉 무당이 혼수 상태와 같은 탈자아 상태에서 그의 영혼이 몸에서 빠져나와 하늘이나 땅 속, 물 속이라도 자유자재로 다니며 능력을 발휘한다고 믿는 것이다. 우리 나라의 무당들이 외부에서 신을 불러들이는 것과는 대조적이다.

몽골인이 무당을 믿는 것은 그들이 자연의 법칙에 따라 움직이는 위대한 존재로 생각하기에 가능하다. 신과 의사가 통해 신의 힘이나 뜻을 행사할 수 있는 사람이 무당이 된다고 생각한다.

개방 이후 세계 각국의 기독교 선교사들이 몽골 선교를 위해 몽골로 몰려들고 있다. 그들은 선교를 위해 열악한 조건에서 활동한다. 초기에는 신분을 위장하고 입국하는 등 어려움도 많았지만 최근에는 자리를 잡아가고 있다. 부처가 곧 신이라고 말하는 그들에게 다른 신이 있다는 것을 설명하려면 그에 합당한 새로운 단어를 만들어야 할 판이다. 슬기롭게 극복하리라 믿는다.

어린이날

　몽골은 6월 1일이 어린이날이다. 우리보다 한 달 가량 늦은 날이지만 몽골의 기후를 생각하면 왜 늦은지를 쉽게 이해할 수 있다. 이 때쯤이 되어야 나뭇잎도 제대로 피고 날씨도 좋아진다. 못 살게 불어대던 바람도 멎고 갈피를 잡을 수 없던 날씨도 따뜻해진다. 어린이들이 밖에서 놀기가 좋아지는 계절이 이 때부터라고 보면 무리가 없다. 우리 서울에서도 여의도나 고천 같은 곳에 벚꽃이 만발하면 가족들이 나들이 나오는데, 기후로 봐서는 몽골과 같은 의미를 갖는다. 활동하기 좋고 아이들과 함께 즐기기에 불편이 없는 시기가 이 때다.

　몽골 정부는 이 날을 공후일로 지정, 모든 관공서와 기업이 휴무한다. 몽골인은 이 날을 설날(음력 정월 1·2·3일), 여성축제일(3월 8일), 나담(7월 11·12·13일) 등과 함께 4대축제로 즐긴다. 4대축제 중 특히 어린이날을 가족과 같이하는 성대한 행사로 치른다. 아이들은 물론이고 삶에 찌든 어른들도 이 날만은 신나는 날이다. 겨우내

어린이날은 특기 있는 모든 어린이들이 다른 사람들에게 장기를 뽐내는 날이기도 하다. 아이들에게 자신감과 용기를 심어주기 위한 어른들의 배려다.

움츠렸던 가슴을 활짝 펴고 밖으로 나가 마음껏 햇볕을 즐길 수 있기 때문이다. 볼거리가 별로 많지 않은 몽골에서 풍성하게 눈요기할 일들이 벌어지는 것도 흥을 돋구는 요인이 된다.

이 날은 일반 서민들에게는 반갑기도 하고 한편으로는 개방 이후 비롯된 빈부의 차이 때문에 서러움을 느끼게도 하는 고약한 상황이 벌어지기도 한다. 개방의 물결을 재빨리 수용한 가정은 그런대로 수입이 많아 아이들의 요구를 들어줄 만한 경제력을 유지하고 있다. 반면 국가의 통제를 충실하게 받아들인 대부분의 사람들은 생계를 유지하기도 급급한 실정이다.

이 날 거리에서는 이 같은 가정의 경제 차이를 눈으로 확연하게 확인할 수 있는 일이 벌어진다. 많은 아이들이 과자나 사탕 두세 개로 만족해야 하지만 조금 넉넉한 젊은 아버지들은 아이들에게 기분좋게 돈을 쓴다. 우리 나라의 1960년대와 꼭 닮은 모습을 본다.

이런 것이 꼴보기 싫은 가정에선 아이들의 손을 잡고 시외버스를 타고 교외로 나가기도 한다. 양고기를 삶아 보자기에 싸고 울란바토르에서 20~30km 떨어진 휴양지로 가 하루를 보낸다. 울란바토르 국립대학 교수 푸레브잔찬 선생은 정부가 하라는 대로 열심히 살았는데도 가난하다면서 아이들에게 주름진 얼굴을 보여주지 않으려고 시내에서 벗어났다고 말한다. 나의 몽골어 선생님 중 한 분이었던 그는 나보다 15세나 아래지만 아이를 셋이나 거느린 대가족의 가장이었다.

　어린이날 하루 전 모든 직장과 관공서는 직원 자녀들을 초청, 선물을 주고 조그만 잔치를 마련한다. 서구 국가에서 성탄절 날 주머니에 선물을 담아주듯 몽골에서는 이 날 선물주머니를 부모의 직장에서 나눠준다. 몽골에서 생산된 희석식 주스(온다), 과자, 러시아제 사탕, 가끔 한국산 초코파이 등이 든 선물주머니를 받아든 아이들은 입이 함박만해진다. 원래 단 것을 좋아하는 아이들은 어린이날이 되기만을 손꼽아 기다린다. 어린이날이 되면 틀림없이 사탕이나 과자 등이 선물로 주어지는 것을 기다리는 것이다.

　각 가정에서도 아이들에게 따로 선물을 마련해 준다. 사이다 한 병, 삶은 달걀 한 개, 스니커즈(초콜릿), 햄 등 그야말로 작은 것들이다. 하지만 이런 것들은 잘 사는 집에서나 가능하다. 사이다, 콜라, 스니커즈 등은 모두가 수입품으로 몽골 일반 가정의 수입으로는 구입하기가 만만찮은 것들이다. 달러를 요구하거나 아니면 비싼 값을 부르는 상인들이 얄디워 보이기도 한다.

　이런 것을 받아들고 감사하는 어린이들을 보면서 어릴 때 원족(소풍)을 떠나던 내 모습과 너무 비슷한 것 같아 콧등이 시큰하곤 했다. 원족을 간다고 어머니께서 싸주신 가방에는 점심도시락, 병에 든 오렌지 주스 한 병, 오징어 한 마리, 삶은 달걀 두 개, 과자나 사탕 한 봉지가 들어 있었다. 그리고 선생님께 드릴 김밥 도시락. 그것이 전부였다. 그나마도 조금은 여유가 있던 편이어서 어머니께서 나눠 먹으라고 준비해주신 것이었다. 하지만 형편이 어려웠던 옆자리 아이는 도시락을 가져오면 다행이었고 아니면 빈손이었다. 그래도 이 날은 온통 세상이 다 우리의 것인 양 웃고 떠들며 뛰어놀기 바빴다.

몽골 정부 청사 앞 수흐바타르 광장에서 벌어지는 각종 행사가 이 날의 하이라이트이다. 총리가 나와 행사 개시를 선언하면 군악대의 팡파레가 울리고 군의장대의 시범이 이어진다. 시범이 이어질 때마다 시민들이 박수를 치며 환호성을 올린다. 볼거리가 많지 않은 시민들은 군의장대의 시범을 보면서 공산당 시절을 떠올린다고 한다. 너무 권위적이고 위압적이었던 군이 이제는 국민을 위해서 자신들의 위치를 알리는 데 힘을 쓰고 있다.

이 날은 울란바토르 시민 전부가 광장에 모여든 듯한 착각이 들 정도다. 여의도 광장보다 조금 좁은 넓이에 시민들이 모여 와자지껄하게 하루를 보낸다. 한 쪽에선 색분필로 아스팔트 위에 그림을 그린다. 또 한 쪽에선 자전거 천천히 가기를 겨루고 즉석 농구게임도 벌어진다. 울란바토르 시립합창단, 어린이 무용단, 방송합주단 등 모든 단체들이 어린이를 위한 무료공연을 베푼다. 하나뿐인 텔레비전 방송국 카메라가 모두 동원돼 하루 종일 생방송한다.

한편에서는 어린이들의 태권도 시범도 펼쳐진다. 우리 말로 하나 둘 셋 구령 소리가 울려퍼진다. 한국인 태권도 사범이 가르친 아이들이 도복을 입고 줄을 맞춰 열심히 연속 동작을 하면서 구령 소리를 높인다. 구경하는 아이들은 하얀 도복을 입은 아이들을 부러워 쳐다보고 시범을 보이는 아이들은 구경꾼들이 많아 어깨를 으쓱해 보인다. 연속 16개 동작이 끝나면 구경꾼들이 박수를 보내고 아이들은 "태권!" 소리를 요란하게 복창한 뒤 주변을 정리한다.

또 한편에선 미니 탁구대회가 열리기도 한다. 한국인 선교사에게

어린이날 수호바타르 광장에서 태권도 시범을 보이는 몽골 어린이들.

배운 선수들이 시범경기를 벌인다. 열악할 수밖에 없는 조건 아래서도 최선을 다하는 어린 선수들의 모습이 정말 아름답게 보인다.

이 날 가장 신나는 사람은 어린이가 아니라 거리의 사진사와 아이스크림 장사치다. 온 가족을 데리고 나온 가장들은 어린이날을 기념하기 위해 가족사진을 찍는다. 20여 명의 사진사들은 이리저리 불려 다니느라 즐거운 비명을 지른다. 가족사진 한 번 찍는 데 1,500~2,000트그르그(한화 약 2,500~3,500원)다. 몽골인의 평균 월급 6만여 트그르그에 비하면 비싼 편이다.

아이스크림 장사꾼들은 집에서 만든 조악한 것을 들고 나와 좌판을 벌이지만 없어서 못 파는 실정이다. 13~14세의 어린아이들이 나무상자에 200트그르그짜리 50~60개씩 들고 나오지만 10여 분이 지나면 동난다.

여기서도 빠지지 않는 것은 냉차 장사치다. 과일을 둥둥 띄운 냉차를 들고 나와 한 컵씩 판다. 과일이 흔하지 않은지라 아이들이 부모에게 사달라고 떼를 쓰는 모습을 자주 목격할 수 있다. 부모들은 주머니 사정을 생각하면서 조르는 아이들을 달래느라 애를 먹는다. 옆의 좌판에선 삼각형의 비닐주머니에다 분말을 녹여 만든 오렌지나 파인애플 음료를 놓고 소리 높여 호객한다. 가장 잘 팔리는 것이 오렌지 음료다. 원래 노란색을 즐겨 찾는 몽골인은 오렌지 음료의 밝은 노란색에 반한다. 몽골인은 노란색을 불교 색이라며 좋아한다.

어린이회관 앞에서는 오전 10시부터 어린이 합창단 공연이 열린다. 30여 명의 합창단이 고운 단복을 입고 노래를 부르기 시작하면 길 가던 시민들이 모두 모여 박수 갈채를 보낸다. 길 건너 바양골 호텔에 투숙했던 외국인들이 놀라 달려왔다가 웃고 돌아가기도 한다.

하나뿐인 어린이 공원에서는 회전목마, 회전그네 등 탈것들이 모두 가동된다. 겨우내 야외생활을 할 기회가 별로 없었던 몽골인은 이 날 하루 종일 야외에서 즐긴다. 그 중에서도 어린이 공원이 최고의 인기를 누린다. 청룡열차 같은 스릴 넘치는 것은 없어도 회전그네가 돌기 시작하면 환호성이 터져나온다. 아이들보다 어른들이 더 즐기는 듯한 인상을 받았다. 연인들은 이 날을 손꼽아 기다리기도 한다. 남의 눈치보지 않고 실컷 즐길 놀이시설이 가동되기 때문이다.

몽골 최고의 문학자 나착 도르치의 동상이 있는 곳에서도 사진 찍기에 바쁘다. 몽골 어린이들에게 꿈과 희망을 준 인물로, 우리 나라의 소파 방정환처럼 아이들을 위한 일을 앞장서서 행하였다. 몽골인도 미래의 희망은 아이들에게 달려 있다는 것을 잘 알고 있지만 어려운 가정 형편 때문에 그들만을 위한 시간을 내기가 어렵다. 그래서인지 어린이날만은 아이들에게 최고의 선물을 해주고 싶어한다. 모든 행사에는 부모로서의 최소한의 의무를 하려는 그들의 의도가 배어 있다.

나담

몽골에서는 매년 7월 11·12·13일에 걸쳐 국가적인 축제인 '나담'이 벌어진다.

나담은 '에른 고른 나담(남성 3종경기 즉 씨름, 활쏘기, 말달리기)의 준말로 남성축제라는 뜻이다. 나담은 원래 '놀다'라는 뜻의 몽골어 '나다흐'에서 유래했다. 이 말에서 보듯이 몽골인은 경기의 의미보다는 마을놀이라는 생각으로 나담을 즐겼었다.

이 날은 칭기즈칸 이전부터 전해진 몽골의 전통적인 여름 축제일이며 동시에 몽골인민혁명 기념일이기도 하다.

원래 나담은 공산혁명 이전 7명의 봉건제후가 주최하던 전통 나담 행사와 몽골족의 정신적 지주로 여기던 보그드산과 헨티산의 어버를 섬기던 2개의 나담을 합쳐 만든 것이다. 날짜를 7월 11일로 잡은 것은 1921년 공산혁명이 완료된 날에 맞춘 것이다. 관제 축제일이지만 정신은 조상들의 것을 그대로 이어받았다고 한다.

이 나담의 역사는 참 오래 됐다. 몽골 지도자들은 영웅의 탄신, 개전, 승전, 결혼식 등이 있으면 잔치를 열었다. 이런 잔치가 열릴 때면 늘 군사무력 시범이 동시에 개최됐다. 몽골인은 자력으로 스스로를 지키지 못하면 종족이 전멸한다고 믿어왔다. 강대국에게 국방을 의존하면 수적으로 열세인 종족이 소멸된다고 조상들로부터 가르침을 받아왔다. 다시 말해 힘이 평화와 안정의 상징이라는 것을 몸으로 체득했다. 종족의 안녕을 지켜나가겠다는 각오를 다지는 전사들의 무력시범이 개최되는 동안 한쪽 옆에선 일반인들의 씨름, 활쏘기, 말경주 등 스포츠 경기가 벌어졌다. 전 국민들에게 국방의 소중함을 일깨우는 경기였다.

이 경기에서 나담이 유래되었다는 것이다. 칭기즈칸은 몽골 병사들의 강건한 육체와 건전한 정신 함양을 위해 오늘날과 같은 나담을 정착시켰다고 한다. 칭기즈칸은 씨름경기에서 정정당당하게 겨루지 못한 병사의 허리를 꺾어 버리는 등 명예와 승부의 공정성을 가르쳤다.

나담 때 치러지는 경기와 축제는 변함이 없었지만 시대에 따라 의미가 변했다. 제정일치시대에는 나담 기간 동안 종교적인 의식이 행해졌다. 몽골에서 유명한 헨티산과 보그드산에서 산신제를 올렸다. 1921년 공산혁명 이후 나담은 군사적인 축제로 변했다. 1948년부터는 국경일로 제정, 전 국민의 축제가 되었다. 그와 함께 혁명의 의미를 더하게 되었다.

축제가 시작되는 11일 아침 축제가 시작되기 전 군과 학생, 직장 대표 등이 참가한 대대적인 시가행진이 벌어진다. 울란바토르 시내 중심의 수흐바타르 광장 앞에서 시작해 교육부 앞광장까지 긴 행렬이 이어진다. 행진을 하는 동안 시민들은 구경을 하거나 대열에 합류해도 좋다. 공산주의 시절에는 화려한 군대행진이 펼쳐졌지만 자유화 이후에는 군의 무력시위는 사라졌다.

이 날 도시에선 전 시민이 스타디움으로, 시골에선 마을 공설운동장으로 모여든다. 이 곳에서 3종경기가 벌어진다.

일반인들이 울란바토르 국립경기장의 입장권 사기는 하늘의 별따기만큼이나 어렵다. 달러를 벌어들이기 위해 외국인 우선이고 일반인들에게 할당된 표는 반도 안 된다. 그나마도 여행사들이 대량으로 구매, 꼭 필요한 사람들은 웃돈을 주고 표를 구입하는 실정이다. 정부 관계자들은 요로에 있는 사람들에게 표를 부탁, 선심을 쓰기도 한다.

경기가 계속되는 동안 스타디움 앞에는 '반짝시장'이 들어선다. 울란바토르 시내 기존 시장에는 물건들이 별로 없지만 이 날 시장은 화려하기조차 하다. 2, 3천 평이 족히 되는 스타디움 앞 광장에 3, 4백 명의 상인들이 모여들어 성시를 이룬다.

뺄 수 없는 것이 야바위꾼들. 순진한 몽골인의 주머니를 노리는 야바위꾼들이 주사위, 구슬, 접시 등을 가지고 손님들을 끌어모은다. 한편에선 싸구려 중국제 과자나 가죽신, 머플러, 장갑 등을 가지고 "골라 골라"를 외치는 상인도 분위기를 돋군다. 축제에 필요한 물건보다는 모인 사람들을 상대로 아무 물건이나 팔아 보겠다는 심산이다.

나담 개막식에는 몽골대통령이 참가, 개회를 선언한다. 개막식전 행사는 몽골 낙하산 부대의 강하시범으로 시작된다. 몽골 스카이 스포츠 팀이 헬리콥터에서 뛰어내려 스타디움 중간에 마련된 착지점에 내리면 관객들이 우레같은 박수갈채를 보낸다.

기수단에 이어 선수 입장이 있고 선수선서 등 일반 경기와 같은 순서로 진행된다. 나담의 친수는 씨름이다. 몽골에서는 씨름이 최고의 인기종목이다.

몽골에서의 씨름 인기는 캐나다의 하키, 미국의 야구, 독일의 축구, 스페인의 투우 인기보다 훨씬 높다. 남자라면 노스(老少)를 불문하고

입추의 여지없이 스탠드를 꽉메운 관람객들. 외국인 관광객이 많이 보인다.

씨름의 유래, 기술 등에 달통해 있다. 몽골에서 실시되는 여론조사에서 최대 관심사는 나담 전일의 '금년 나담 우승자는?'이다. 도박은 아니지만 직장마다 우승자 알아맞추기가 성행한다. 신문과 방송 등도 최고의 관심을 갖는다.

전국에서 예선을 거친 512명의 선수가 참가, 울란바토르 스타디움에서 토너먼트 방식으로 경기가 치러진다. 씨름경기는 나담 축제 첫째·둘째 날에 벌어진다. 참가자들은 두 그룹으로 나뉘어 예선을 치른다.

이들 중 9회를 계속 승리한 선수가 우승자가 된다. 재미있는 것은 최고 타이틀 보유자나 최다승으로 지목받은 선수는 3회전부터 매회마다 스스로 경기 상대를 고를 수 있다. 토너먼트 형식이지만 상대를 고를 수 있으므로 쉽게 경기를 치를 수 있다. 신인들은 그러나 결승에 오를 때까지 상대자를 고를 권리가 없다. 이에도 충분한 이유가 있다. 기득권자를 브호하고 결승에서 더 재미있고 활기찬 경기를 펼치라는 배려에서다.

모든 참가자들은 권투시합과 마찬가지로 각각의 서컨드 즉 후견인을 갖게 된다. 이들은 선수들을 격려하고 문제가 발생하면 선수 대신 항의하거나 선수의 이익을 대변하는 역할을 떠맡는다.

선수들은 옛 병사들이 걸쳤던 것과 같은 짧은 윗옷, 체육복 팬티, 목이 긴 장화를 필수적으로 갖춰야 한다. 윗옷과 팬티는 보통 여러 겹으로 겹친 붉은색이나 엷은 하늘색 비단에 수를 놓아 만든다.

후견인들은 3, 4회전에서 "굽어 살피소서! 다른 팀의 선수를 부르나이다……"라는 노래를 부른다. 노래로 첫번째 경기자의 등급과 타이틀을 불러낸다. 도전을 권한다는 내용이 담긴 메시지 전달이다.

선수들에게 주어지는 품계별 칭호는 거인, 사자, 코끼리, 매 네 가지다. 다섯 번을 이긴 선수에게는 매의 칭호가 주어지고 일곱 번을 이기면 코끼리, 으승하면 사자로 불린다. 거인은 지난해에 이어 이번에도 완벽하게 이긴 연승자에게 주어지는 최고의 찬사이다.

거인의 칭호에는 늘 화려한 수식어가 따라다닌다. 무적의 거인, 위대한 무패의 거인 등이다. 최고의 찬사를 듣고 있는 거인은 오브스 아이막에서 태어난 바얀뭉크이다. 그에게 따라붙는 수식어는 '현란하게 전국적으로 명성을 떨친 위대한 무패의 거인'이다.

선수들은 시합이 개시되기 전이나 승리하고 나서 '가루다'라고 불리는 전설 속의 동쪽 새의 비상을 형상화한 모형 주위를 돌며 팔을 벌리고 춤을 춘다. 선수들은 손으로 물건을 움켜쥐고 낚아채는 모습을 흉내낸다. 과거에는 매의 칭호를 가진 선수는 개의 흉내를, 코끼리와 사자 칭호를 가진 선수는 독수리의 흉내를 냈다.

오로지 거인간이 가투다의 날갯짓을 흉내낼 수 있었다. 가루다가 놓인 무대는 운동장 한 가운데에 자리잡아 경기를 관람하는 모든 관객들이 한눈에 내려다볼 수 있다. 관객들 마음 속에는 '나도 저 곳에서 한 번 날개를 펼쳐 보았으면' 하는 꿈이 자리잡고 있다.

몽골 씨름에는 체급구분과 경기시간 제한이 없다. 선수들은 최선의 방법으로 상대선수를 물리치면 그만이다.

우리 나라 씨름처럼 샅바를 잡는 식이 아니라 서서 경기를 시작한다. 경기가 시작되고 나서 상대방의 무릎, 팔꿈치 등을 땅에 먼저 닿게 하는 사람이 승리자가 된다.

승자는 오른쪽 어깨 아래로 패자를 통과하게 하면서 승리의 기쁨을 만끽한다. 그리고는 국기가 게양된 좌대 주위를 돌면서 가루다 새의 날개짓을 한다. 결승전이 시작되기 전에는 두 그룹의 모든 후견인들이 선수 뒤에 서서 상대방 선수를 향해 발을 구르며 자기편 선수의 승리를 기원한다.

경기 후 우승자와 준우승자는 이틀 간 계속된 시합을 지켜본 대통령으로부터 푸짐한 선물을 받는다.

여자가 출전할 수 있는 나담.

씨름선수들이 1차전 경기를 거행하는 동안 관중들은 활쏘기 시합을 보기 위해 몰려든다. 활쏘기는 나담에서 두번째로 인기가 있는 종목이다. 잘 알려져 있듯이 활쏘기는 매우 오래 된 운동이다. 예부터 모든 국가들이 활과 화살을 이용한 궁술시합을 열어왔다. 몽골 궁술에서는 다른 나라와 달리 목표물이 하나가 아니라 여럿이다. 과녁은 흔히 보는 동심원을 그린 판이 아니라 가죽끈으로 펠트를 꽁꽁 묶어 만든 공모양의 것을 수백 개씩 쌓아 놓은 것이다. 즉 공을 어른 팔길이의 세 배쯤 높이가 되게 벽처럼 가로로 12줄을 쌓아놓고 중심부에 놓인 빨간 공을 맞히는 것이다. 승부는 빨간 공과 일정 범위 내의 과녁을 맞춘 숫자로 가른다.

몽골 활은 사슴뿔이나 특수한 나무 종류로 만들어졌다. 활은 목표물의 종류에 따라 다른 것을 사용한다. 멀리 있고 표면이 단단한 목표일수록 강궁이 요구된다.

몽골 궁술시합에는 남녀노소 모두 참가할 수 있다. 몽골 활에는 양궁의 조준구멍, 안정기 등 어떤 부착물도 없다. 사격은 전적으로 사수의 예리한 눈과 팔의 힘 그리고 경험에 의존한다. 활줄을 엄지로 힘껏 움켜쥐고 어깨 힘으로 가능한 한 길게 잡아당긴다. 그리고는 기합과 함께 화살줄을 놓으면 화살이 날아간다. 힘이 너무 세도 안 되고 약하면 과녁에도 미치지 못한다. 몽골인은 이 때 과녁에 미치지 못한 것보다 멀리 날아간 화살 쪽을 선호한다. 과녁에 미치지 못할 화살은 아예 날리지도 말라고 충고한다. 물론 명중해야 하지만 과녁에 도달할 수 없는 화살은 궁수의 힘 없음을 폭로하는 행위라는 것이다. 나담은 선수들의 힘과 기량을 겨루는 경기이기 때문이다.

몽골 화살은 가늘고 길다. 몸대는 나무로 만들었고 화살촉은 화살에 비해 크다. 끝을 매와 독수리의 깃털로 장식, 날렵한 한 마리 새를 보는 것 같다.

궁술겨루기는 나담 초기부터 있어왔다고 전해진다. 최근에는 30대 중반의 남녀가 주로 참가한다. 공식·비공식 경기 모두 토요일과 일요일 울란바토르를 가로질러 흐르는 톨 강 제방에서 열린다. 자료에 의하면 우승자에게는 600트그르그의 상금이 주어졌다는 것(당시 우유 1ℓ가 15뭉그였다. 1트그르그는 100뭉그). 나담에서의 궁술시합은 개인전·단체전 등으로 치러진다. 모든 궁수에게는 4개의 화살이 주어진다.

단체전의 예를 들어보자. 10명이 한 팀을 이루는 각 경기조는 33개 이상의 과녁을 명중시켜야 다음 라운드로 진출할 수 있다. 라운드가 계속될수록 과녁으로 동이 쌓인 벽의 길이가 점점 짧아진다. 과녁이 작아질수록 명중이 어려워지면서 탈락자가 속출한다. 과녁은 공 모양이 12개가 될 때까지 줄어든다. 사거리는 남자 70m, 여자 60m이다.

심판은 과녁이 있는 사선의 반대편에 서서 판정한다. 심판들은 몸짓으로 사수가 쏜 화살이 명중했는지를 표시한다. 심판들은 화살이 과녁에 명중하면 "오훼"하고 소리를 지른다. 우리가 말하는 관중(貫中)인 셈이다.

궁술 우승자들도 씨름 우승자들처럼 상품과 명예칭호가 주어진다. 궁술 우승자에게는 오직 '명사수'라는 하나의 칭호(메르겐)만 부여된다. 몇 차례 계속 우승하면 명사수 앞에는 백발백중, 노력형의 등 수사가 따라붙는다.

사수들이 지켜야 할 예의도 알아둘 만하다. 사수들은 꼭 몽골 전통복인 '델'을 입고 술이 달린 모자를 써야만 한다.

그러나 최근에는 궁술시합이 시들해지고 있어 의식있는 몽골인들이 아쉬워한다. 공산혁명 이후 활보다는 총을 사용하는 빈도가 늘고 있어 활의 효용성이 감소되고 있는 것이 주된 이유이다.

나담의 마지막 경기

나담 마지막날에는 시상식이 거행된다. 이 날의 하이라이트는 말달리기 시합이다. 4~7세의 어린 기수들이 가문의 명예를 걸고 최고 약 30km를 달린다. 이 날 출전한 기수들은 본인의 이름보다는 가문의 이름으로 불린다.

일부 학자들은 나담에서 가장 먼저 시작된 경기가 이 말달리기일 것이라고 말한다. 말달리기 시합은 13세기에 기록된 것으로 알려진 몽골 최초의 역사책인 『노츠 토브초』에서도 찾을 수 있다. 이와 함께 마르코 폴로의 『동방견문록』 등에도 같은 내용이 기록돼 있다.

말들은 꼬마 기수를 태우고 초원지대를 질주한다. 이들이 달리는 거리는 옛 역참들이 달리는 거리이다. 이 경기는 우편제도의 초기 형태인 역참을 권장하기 위해서 시작되었다는 설명이다. 그래서 초기 시합에는 성인들이 기수로 출전했었다.

그러던 것이 지금처럼 꼬마 기수로 바뀐 것은 최근의 일이다. 공산

한여름 뙤약볕에서 말에게 덕석을 입혀 경주 전날 땀을 흘리게 만든다. '말의 몸을 만드는 일'이 잘 되어야 승리할 수 있다.

화 이후에는 여자 아이들도 참가를 허용, 의미가 조금 변했다. 그러나 걷는 것보다 말타는 것을 먼저 배운다는 말이 있듯 몽골에서는 말타는 데 남녀가 구별이 없다.

경기방식은 1922~1927년 사이에 조금씩 변했다. 원래 경기에는 두 살짜리 말이 출전했었다. 그러나 이 때부터 말경기는 6경기로 구분, 실시되었다. 두 살, 세 살, 네 살, 여섯 살 종마(種馬) 그리고 같은 쪽의 앞뒷발을 동시에 내딛는 말 등 6그룹으로 나뉘어졌다.

두 살짜리 다가는 15km, 세 살짜리 슈드렝은 20km, 네 살 햐자랑은 25km, 다섯 살 서여렁은 28km, 그리고 여섯 살 이상의 이흐 나스는 30km를 질주한다. 거세되지 않은 종마 아자르갈은 28km를 각각 달린다.

첫날은 아자르갈, 이흐 나스의 경기가 열리고 둘째날은 슈드렝, 햐자랑, 서여렁, 다가 경주가 열린다. 사나운 말타기와 여섯 살 이상의

승리말을 만드는 것은 전적으로 기수의 부모나 형이 도맡아 한다. 말경주에서 승리하는 것은 기수의 영광이 아니라 가문의 경사다. 조련을 맡은 어른이 경주어 참가할 말의 발굽을 보살피고 있다.

말이 달리는 경기가 이 날의 최고 인기 종목이다.

 나담에 참가하는 말은 가문에서 가지고 있는 가장 좋은 말이다. 나담이 시작되기 2~3개월 전부터 각 가문에서는 나담에 출전할 말을 단련시키기 시작한다. 각각 가문에 전해 내려오는 독특한 비법으로 말이 경주하기에 좋은 돈으로 만들어간다. 대부분 기수의 아버지인 모든 조련사들이 비법을 밝히려 들지 않는다.

 일반적으로 알려진 '말 몸만들기' 방법으로는 경주 전에 습기가 많은 풀이나 축축한 풀을 먹이라고 권장한다. 말이 땀을 많이 흘리게 해 체중을 줄이려는 것이다. 또 한낮 기온이 가장 높은 시간에 말을 달리게 하고 양가죽이나 헌 담뇨로 만든 덕석을 입힌다. 덕석을 입힌 말을 끌고 언덕을 오르내리면서 말의 군살을 제거한다. 말도 군살이 붙어 있으면 둔해서 잘 달리지 않는다는 것이다.

 동시에 말에게 경주 도중 어떤 돌발 사태가 발생해도 멈추지 말고

끝까지 달리도록 가르친다. 이렇게 배운 말들이 기수 없이 결승선까지 달려오는 경우가 종종 있다. 도중에 어린 기수가 낙마, 경주를 계속할 수 없음에도 불구하고 주인으로부터 배운 대로 무조건 결승선까지 달려오는 것이다.

경주가 계속되는 동안에는 헬기가 상공을 날고 텔레비전 방송중계차가 말들을 따라가면서 생중계를 하느라 요란하다. 시골에서 조용하게만 자라 복잡한 경주를 해보지 못한 일부 말들은 혼잡함에 놀라 경주를 보이콧하곤 한다. 이를 방지하기 위해 조련사들이 말을 강하게 가르친다.

경기 시작 전 심판관들이 말의 나이를 체크한다. 말의 이빨을 가지고 나이를 판정, 출전할 경기와 기수의 등번호를 결정한다. 이와 함께 안장, 발걸이 등 마구의 안전성을 검사, 나이 어린 기수들의 안전을 보살핀다.

결승선에는 우승자를 위한 축하 자리가 마련된다. 우승마에게는 '1만 마리 중에서 으뜸 말(馬)'이라는 칭호가 주어진다. 우승한 말의 재갈에 붉은 천을 달아매 우승을 축하한다. 우승한 기수는 우승한 말을 몰고 행사장을 한 바퀴 돌면서 으스댄다.

그런데 정작 이 날의 주인공은 기수가 아니라 말을 조련시킨 부모이다. 부모에게 우승의 영광이 돌아간다. 텔레비전과 신문들도 기수를 인터뷰하는 것이 아니라 조련사에게 초점을 맞춘다. 5등한 기수까지 시상하며 말에게는 엉덩이에 아이락을 뿌린다. 그리고 몽골 전통의상을 곱게 차려 입은 여가수가 나와 축하의 노래를 불러 우승자를 격려한다.

　　승리의 말 단젱 후렝이여
　　너는 무수한 기마의 선두에 서서

질풍과 같이 달린다
　　둥그런 눈동자를 번뜩이며
　　저 멀리로 뛰어오른다
　　털의 휘날림
　　바람에 쓰러지는 아름다운 꼬리
　　울려 퍼지는 말 발굽소리
　　그 모습은 사람들의 마음을 빼앗고
　　영원히 변치 않는 평화의 나라 상징이 되었다
　　표현할 수 없는 그 현명함이여
　　표현할 수 없는 그 아름다움이여
　　평화와 기쁨의 원천
　　만물의 어머니
　　너야말로 승리의 명마 간젱 후렝

　말엉덩이에 아이락을 뿌리는 것은 흰색의 축복과 윤회의 큰 뜻을 담고 있다. 어릴 적 먹던 젖을 기억, 새로운 말로 다시 태어나기를 기원하는 것이다.
　재미있게도 두 살짜리 말경주에서 꼴찌로 들어온 기수와 말을 위한 노래도 있다. 꼴찌 말은 '위가 꽉찬 말'(바얀 호도트)이라고 불린다. 기수나 조련사를 탓하는 것이 아니라 말이 너무 많이 먹어 잘 달릴 수 없었다는 말로 기수를 위로한다. 하지만 그 말에는 말을 단련시킨 조련사를 빗대어서 힐난하는 의미가 담겨 있다. 가수는 경주코스에 돌도 많고 그루터기도 돋아 있어 어렵고 험난했다고 위로하며 다음 해에는 떠오르는 태양에 반짝이는 황금처럼 그 이름이 빛날 것이라고 부추긴다.
　경기 하루 전 날은 울란바토르 시에서 건너다보이는 경기장 주위에서 5천여 마리의 말과 기수, 그의 가족들이 모두 모여 천막을 치고

기수들이 경주를 하러 나가면 경주에 참가하지 못한 말은 도망가지 못하도록 다리가 묶인 채 겔 주위를 배회하며 풀을 뜯어야만 한다.

야영한다. 각양각색의 크고 작은 1만여 개의 천막이 장관이다. 이 날 밤 천막에서 새어나오는 불빛은 마치 새로운 도시 하나가 들어선 듯한 느낌을 준다. 전국에서 몰려온 꼬마 기수들이 연습하며 지르는 소리가 천지를 진동한다.

　가족들은 가문의 명예를 걸머지고 출전하는 기수들을 위해 음식을 만들어 잘 먹인다. 할아버지나 아버지 등 집안에서 가장 나이든 남자가 가문을 대표해 신(神)에게 제사를 지내기도 한다. 기수의 우승과 한 해의 안전을 비는 의식이다. 각 가정에서는 시골에서 마련해온 고기와 아이락 등 푸짐한 음식상을 차려놓고 찾아오는 사람들을 대접한다. 천막 근처에 커다란 가마솥을 걸고 하루 종일 음식을 만들어 오가는 사람들을 대접한다. 손님을 풍부하게 대접해야 내일 있을 경주에서 기수가 복을 받는다는 것이다.

　주인과 객의 구별 없이 모두가 하나되는 몽골의 잔치판이 끝없이 넓은 초원에서 밤새도록 계속된다.

　울란바토르 시민들은 덩달아 신이 난다. 나담 기간 동안 말경기장에 가면 아이락과 고기를 공짜로 실컷 얻어먹을 수 있다. 찾아가는 집집마다 아이락을 서너 대접씩 내놓아 천막을 두세 번만 들르면 얼큰할 정도로 취한다. 이 날 경기장 부근에서 만나는 사람들은 모두가 얼굴이 불콰하고 호인들처럼 연방 얼굴에 웃음을 띠고 있다.

　신나는 잔칫날이지만 유독 이 날의 혜택을 입지 못하고 오히려 자유를 구속받는 존재가 하나 있다. 바로 말경주에 참가하지 못하는 말들이다. 아이들의 경주를 후원하기 위해 몰려든 어른들의 말은 정말 처량해 보인다. 이들은 족쇄가 채워져 뜯어먹을 풀도 별로 없는 벌판에서 소리만 지르고 있다. 주인 가족들은 도두 경기에 출전한 말과 기수들에게 온통 정신이 팔려 다른 말들은 돌볼 여유가 없다. 혹시 말들이 달아날까봐 앞다리 두 개와 뒷다리 하나를 묶어 놓는다. 달아나더라도 주인의 눈 안에 있게 하자는 심산이다.

몽골인의 성풍속

몽골인의 성(性)풍속만큼이나 우리에게 잘못 알려진 것도 없다. 개방적이고 자유방임적이라는 것으로 많은 사람들이 알고 있다. 대부분의 사람들은 그 말이 아무하고나 의미 없는 사랑도 가능한 것으로 받아들인다. 하지만 몽골인에 대한 오해치고 그것보다 더 큰 오해는 없는 것으로 본다. 동시에 자매하고 결혼이 가능하고 돌아가신 아버지의 후처를 막내가 물려 받고 형이 죽으면 형수를 아내로 맞아들이는 등의 풍속에서 자칫 오해하기 쉬운 부분임을 부정하지는 않는다.

몽골인은 알려진 것보다 더 완고하고 합리적이다. 그들은 사랑과 생활도 가문의 유지와 종족의 번영을 위해서라고 말한다. 전쟁과 의미가 크게 다르지 않다.

몽골인의 역사는 종족보존을 위한 투쟁으로 일관했다. 외간 남자와 아내를 하룻밤 동침하게 하는 풍습도 그러한 종족보전의 한 방편이었다.

몽골에서 돌아와 처음 만나는 사람들마다 '몽골 사람들은 아내도 빌려준다는데 진짜냐'는 호기심 반 농담 반의 질문을 해댔다. 최근 들어 혼탁해진 우리의 성(性)문화의 또 다른 유형을 찾으려는 듯한 눈빛을 한 사람들도 더러 있었다. 실제로 몽골을 방문했던 사람들은 그렇다고 자랑삼아(?) 이야기하는 경우도 있다.

이럴 때 내 대답은 언제나 "아내도 빌려준다"였다. 이렇게 대답하면 같이 있던 한국 남자들은 백이면 백 모두가 눈을 반짝이며 "한 번 같이 가자"며 금방이라도 들려갈 듯 조른다. 남이 스스로 그의 아내를 보게 해준다는데 호기심이 없다면 그것도 이상한 일이다. 같이 가자는 말은 통역과 뚜쟁이를 겸할 수 있겠느냐는 말이라는 것을 알면서도 나는 곧잘 시치미를 뚝 뗀다. 하지만 "당신의 인격과 지적 수준을 보고 몽골 남자들이 허락할런지 모른다"고 말하면 피식 웃고 만다.

이 성풍속은 손님 대접의 풍속으로 알려져 있지만 실제는 그렇지 않다. 하룻밤 동침은 경험적으로 열성인자 발현 빈도가 많은 경우의 수를 피하려는 노력의 일환이었다. 당시 유전학적으로 열성이다 우성인자다 하는 것이 알려져 있지는 않았겠지만 몽골인의 오랜 경험에서 우러나온 지혜로운 선택이었다는 것이다. 이는 자기 종족과 피가 섞일 확률이 적은 사람의 씨를 받아 우수한 능력의 아이를 얻으려는 우생학적 발상이다. 종족의 번영과 가문의 영광을 지켜내려는 눈물겨운 이야기인데도 우리는 한갓 우스갯소리로 받아들이고 있다. 아무리 천한 종족이라도 자기의 아내를 남에게 내놓을 남자는 이 세상 어디에도 없다.

이런 사실을 말하면 너무 신기해한다.

몽골인의 이런 성문화는 공식적으로는 지금까지 전해지지 않는 것으로 돼 있다. 몽골인들은 그러나 고비 지방 혹은 북서부 산악지대

등 일부에서 전해질 것이라는 걸 숨기지 않는다.

필자가 3년 가까이 몽골에서 현지인들과 살면서 함께 여러 차례 여행을 하기도 했지만 한 번도 이런 경험을 할 수 없었다면 유감일까.

'아내를 빌려주는 풍습'(일부에서는 문자를 써서 과객혼이라 부르기도 한다)은 우리 나라에서도 상영됐던 앤소니 퀸 주연의 영화「바렌」(원제 : 이노센트 사베지)을 통해 널리 알려졌다. 영화는 에스키모 마을에 기독교를 전파하러 간 선교사에게 에스키모인이 그의 아내와 잠자리를 같이 하도록 준비한 데서 시작한다. 이는 최고의 예우이며 그와의 사이에서 태어난 아이를 자식으로 받아들인다는 결정인데 선교사가 참뜻을 모르고 거절한다.

화난 에스키모인은 종족번영을 위한 풍습을 거절한 선교사를 죽여버린다. 최고의 예우를 거부한 선교사를 종족의 관습에 따라 죽였던 것. 하지만 실정법으로 보면 엄연히 살인이었다. 영화는 이를 두고 법정에서 벌어진 심리와 판결을 그렸다. 그래서 영화 제목도 순진무구한 원주민이다. 이 영화 상영 이후부터 에스키모들의 기행(?)처럼 아내 빌려주기가 우리네 입에 회자(膾炙)되기 시작했다.

영화를 보면서 우리는 커다란 잘못을 그냥 스쳐 지나갔다. 에스키모들이 왜 아내를 낯모르는 외지인에게 잠자리를 같이하게 했을까를 제대로 이해하지 못했던 것이다. 관객들은 영화 제목처럼 그들의 미개한 풍습이라고만 웃어넘겨 왔다.

에스키모와 몽골인은 근친혼에 대한 폐해를 경험으로 배워 잘 알고 있다고 학자들은 주장한다. 근친혼으로 태어난 아이들은 백치에 가깝거나 열성유전인자가 쉽게 발현, 종족의 우성요소를 파괴한다고 알고 있다. 그래서 이들은 늘 혈통이 근접한 사람과의 혼인을 피하는 방법을 찾곤 했다. 그러나 현실은 어렵기만 했다. 결혼 상대자로는 가능하면 멀리 떨어진 곳에 사는 다른 부족을 선택하려 부단히 노력했다.

이런 인위적인 노력도 한두 번이 고작이다. 몽골 고비 지역의 경우 이웃집이 100~150km씩 떨어져 있기 일쑤다. 아버지가 이웃집 규수를 아내로 맞아들이고 나면 아들은 아내감을 구하기 위해 300~500km 떨어진 또 다른 이웃집을 찾을 수밖에 없는 실정이었다. 이렇게 곤란을 겪다 보니 가문의 번성을 위해서는 다른 씨를 받아들일 수도 있다고 결정한 것이다. 멀리서 온 사람일수록 대접을 받는 이유가 그것이다. 모르는 사람일수록 선대(先代)에서 피가 섞였을 확률이 작아진다는 것을 알고 있었다.

아내를 외간 남자와 동침케 하는 데도 법도가 있었다. 먼저 손님을 맞은 씨족장이 회의를 개최, 전체 구성원의 의사를 묻는다. 남자의 지적 수준이 최우선으로 꼽히고 외모와 됨됨이를 보고 결정토록 유도한다. 씨를 받기로 합의가 되면 손님을 극진하게 대접, 손님을 선택된 여인과 동침케 한다.

지적 수준이 선택의 우선권이 되자 웃지 못할 일도 일어났다. 공산혁명 이전 몽골에서는 승려들이 새 신부의 초야권(?)을 가지고 있었다고 한다. 결혼하고서는 신랑보다 승려와 먼저 잠자리를 같이하는 풍습이었다. 당시 글을 읽고 쓸 수 있었던 계급은 승려뿐이었다. 승려들이 정치·사회·문화 등 사회 전반에서 지도자 역할을 했으므로 그들의 우수한 혈통을 이어받기 위한 뜻이었다. 이렇게 해서 얻어진 아이는 아버지가 누구인가를 묻지 않고 여인의 남편 자식으로 키우게 했다.

일부 지방에서는 아직도 남편이 집을 떠나면서 아내에게 출타한다는 것을 알리지 않고 떠나간다. 아내에게 자유시간을 허락하는 묵시적인 방법이다. 사내가 나가면서 스스로 오쟁이를 짊어지는 셈이다.

가문에 좋은 씨가 들어온다면 좋고 아니면 말고 하는 식의 느긋한 관행이다.

그렇다고 아내가 다른 남자와 간통을 해도 너그러운 것은 아니다. 남편을 두고 다른 남자와 쾌락을 위해 간음한 자는 예부터 법으로 엄히 다스려 왔다. 칭기즈칸시대 이후 시행된 법에 따르면, 평민이 왕공의 부인과 간음하면 전 재산을 몰수하고 두 사람 모두 노예로 만들었다. 평민끼리 간통하면 가축 300마리와 귀중품 30개의 재산형에 처했다.

철저한 '원룸' 시스템으로 이루어진 전통가옥 '겔'에서의 성생활도 어린아이들에게 영향을 준다. 심한 경우 3대가 6~7평의 한 공간에서 살다보면 성에 대한 개념도 무뎌질 수밖에 없다. 젊은 여대생들이 남자들과 같이 있는 자리에서 알몸으로 체육복을 갈아입는 것을 쉽게 목격할 수 있다. 남녀 대학생이 함께 여행을 가거나 노력봉사활동에 동원되기도 했다.

이 같은 일련의 결과 몽골은 급격한 인구증가 지역으로 손꼽힌다. 혁명 당시 40만도 채 안 되던 인구가 최근 250만 명에 육박한다.

이런 성풍습이 몽골개방과 발전에 긍정적인 작용을 한 것으로 보는 견해도 있다. 몽골이 여타 공산국가와 달리 쉽게 개방에 성공할 수 있었던 것은 인구의 대부분이 젊은이라는 것도 한 요인으로 보고 있다. 노인들의 완고함보다 젊은 층의 개방적이고 적극적인 사고가 급격한 변화도 수용할 수 있었기 때문이라는 것이다. 물론 몽골인의 성과 관련된 부정적인 견해가 있을 수 있다는 것을 인정하면서도 너무 무지하다는 생각을 하게 한다.

우리는 개방 이후 달러가 궁한 여성들이 손쉽게 돈을 버는 수단으로 육체를 상품화한 것을 그들 한쪽만의 잘못이거나 방탕하기 때문인 것으로 치부해 버린다. 그러면서 몽골에 나간 관광객은 한결같이 그들의 하룻밤 사랑을 돈으로 사려 한다. 실제로 그런 일이 자주 있었다. 그러면서 그들에게는 사랑이 없는 것으로 간주해 버리는 것이다.

　그렇지 않다. 우리의 1960년대를 돌이켜 보면 그런 말을 할 수 없을 것이다. 몽골에서 벌어지는 성개방 풍조는 일반적으로 개방 또는 개발 초기에 나타나는 현상일 뿐이다. 우리 나라 관광객들이 착각을 하는 것이 대부분이라고 보면 틀림없다.

여성의 몸가짐

칭기즈칸은 격언으로 여자의 몸가짐을 가르치고 있다. "처 되는 사람은 남편이 사냥이나 전투에 나갔을 동안에는 집을 아름답고 질서있게 가꾸어야 한다. 이리해야만 사자나 손님이 그 집에 찾아오더라도 모든 것이 정연하다고 볼 수 있을 것이다. 처는 남편을 돋보이게 하고 그 이름을 험준한 산과 같이 우뚝 높여야 할 것이다. 좋은 남편은 좋은 처로 말미암아 알려진다. 불량하고 나태하며 분별력이 없고 어수선하면 남편은 불량해진다. 속담에 이르기를 가정에서 모든 것은 그 주인을 닮는다"고 했다.

현대 몽골 여성과는 많은 거리가 있으나 명문가에서는 아직도 이와 유사한 여성의 태도를 강요받다시피 한다. 여성의 지위를 종속으로 여기면서도 여성의 중요성을 가벼이 하지 않았다. 여성이 강하고 행실이 바라야 그 민족이 부흥한다는 것을 이렇게 가르친 것. 그 결과 몽골족은 언제나 강할 수 있었다.

몽골에서 자기 부인을 부를 때 우리 나라에서처럼 여러 가지 말이 사용된다. 집사람, 안사람, 애어멈 등 각양각색이듯 몽골에서도 에히네르, 아부가이, 부스구이 등으로 부른다. 이 중 격식을 차리는 사람들이 주로 '부스구이'라고 한다. '댁의 부인' 정도로 높여 점잖게 말할 때라고 보면 무난하다.

이 '부스구이'라는 말을 번역하자면 '허리띠가 없는 (사람)'이라는 뜻이다. 허리띠가 없다는 말은 우리 상식으로는 이해하기 곤란하다. 허리띠가 없으면 옷을 어떻게 입고다니느냐고 의문을 제기할런지도 모른다. 맞는 말이다. 허리띠 없이 옷입을 재주는 없다. 하지만 이는 상식적인 문제일 뿐이다. 부스구이라는 말은 여성의 입장에서 보면 참으로 서글픈 역사의 유물이다. 즉 허리띠를 매지 못하고 출산의 도구로서만 여겨졌던 과거의 흔적이라서 아는 사람들의 마음을 뭉클하게 만든다.

진짜 허리띠를 매지 않는 여성들을 몽골 어디에서고 찾아볼 수 없다. 눈을 씻고 찾으려 해도 발견할 수 없다. 만약 그런 여자가 있다면 몽골의 풍습을 전혀 모르는 외국인이거나 정신이상자일 뿐이다. 몽골 여성들은 의무처럼 모두 허리띠를 매고 다닌다.

여성들의 허리띠는 원색의 비단 천을 사용한다 고운 색일수록 여성들이 좋아한다. 그러나 고운 색을 맬 수 있는 것은 최근 들어 가능해졌다. 전에는 주로 노란색 허리띠를 매는 것을 예의처럼 생각했다. 노란색을 매게 된 것은 종교와 무관치 않다. 몽골인들은 노란색을 '신의 색'이라고 생각해 왔다. 불교를 '노란색 종교'라고 부르는 데서 기인한 것이다. 원래 몽골의 불교는 티베트인들이 믿는 라마불교였다. 라마승들은 승복을 황색으로 했고 부처상의 기본 색상도 황색으로 칠했다. 금과 관계된 색이기도 하다. 이렇게 되다 보니 황색 허리띠는 여성을 신비스럽고 성스럽게까지 보이게 하는 역할을 했다.

여성의 몸가짐

이는 노란색 즉 신의 색으로 허리 부근을 보호해 마음대로 범접치 못하게 하는 의미도 가지고 있다. 여성들이 지키려는 신체의 주요 부분을 표시하는 금줄의 내용을 담고 있는 것이다. 범인(凡人)이 범접하기 어려웠던 어사일럼(asylum)의 느낌을 갖게 하는, 일종의 경고인 셈이다.

친구, 친지 등 일행과 함께 몽골을 방문했던 사업가 박금례 씨는 울란바토르 국립극장 앞에서 몽골 여성으로부터 심한 질책을 받았다. 몽골어를 모르는 박씨는 지나가던 몽골 여성이 그녀를 가리키며 얼굴을 붉힌 채 뭐라고 말하자 당황해서 필자에게로 달려왔다. 본인도 덩달아 놀라 몽골 여성에게 "무슨 일이냐"고 물었다. 몽골 여인은 몽골 "전통의상에서 여인은 꼭 허리띠를 매야만 한다"고 말했다. 이유를 묻자 그냥 매라고만 했다.

설명 없이 다짜고짜 허리띠를 매지 않으려면 델(몽골의 전통의상)을 벗으라니 당황하지 않을 수 없었다. 영문도 모른 채 허리띠를 매야 한다고 통역을 했지만 몹시 궁금했다.

당시 박씨는 60여 달러를 주고 옷을 한 벌 샀다. 그런데 허리띠를 10달러 정도 값에 다시 구입해야 한다고 하자 사지 않았던 것. 색상도 볼품없고 천도 조악했기 때문이다. 그녀는 그 옷을 그냥 걸치고 길거리로 나선 것이다. 이를 본 몽골 여성이 생판 얼굴도 모르는 박씨에게 얼굴을 붉히며 시비조로 허리띠를 매라고 말했으니 얼마나 놀랐을지를 상상만 해도 웃음이 절로 나온다.

그 때까지도 필자는 델을 입은 여성이 허리띠를 필수적으로 매야 한다는 사실을 모르고 있었다. 그 날 저녁 몽골 아카데미 여성연구원이며 교수인 통갈락에게 전화했다. "허리띠를 매지 않으면 왜 여성들이 화를 내느냐"는 내 질문에 그 선생은 웃기만 했다. 평소에는 설명을 잘해 주던 선생이 어물거리는 데는 연유가 있을 것만 같아 더 이상 캐묻지 않았다.

어물쩍어물쩍 넘어가던 선생의 목소리로 보아 대강의 의미는 짐작했지만 속시원한 대답이 궁금했다. 다음 날 아카데미에서 삼필렌데브 선생에게 연유를 물어 보았다. 최근 언어연구소장을 하고 있는 그와 함께 있던 연구원들이 소리 내어 웃으면서 역사적인 사실을 예로 들면서 설명을 해 나갔다. 우리에게는 생소하니 설명이 길어질 수밖에 없지만 집고 넘어 가보자.

몽골인은 그들이 이 세상에서 가장 용감한 민족이라는 것을 익히 알고 있었다. 그렇지 않았으면 지구상에서 가장 척박한 땅 중의 하나인 몽골 고원에서 살아남지 못했을 것이라고 말하곤 한다. 인근 국가를 쉼없이 괴롭혀온 중국이 몽골을 지금처럼 그냥 둘 리 없었을 것이라고 설명한다. 그들이 강했기에 현재처럼 궁색하나마 국가를 유지할 수 있었다는 것이다.

그러기 위해서는 강인한 병사와 훌륭한 무기를 갖추는 것만이 그들이 할 수 있는 유일한 방편이었다. 무기야 예나 지금이나 과학적인 기술로 생산하기 시작하면 전장에서 필요한 것보다도 더 많이 만들 수 있다. 하지만 한 명의 병사를 양성하는 데는 적어도 20년은 걸리는 장기적인 것이었다. 그렇다고 무작정 많이 길러낼 수 있는 것도 아니었다.

그러다 보니 국가를 영위하는 데 가장 요긴한 것이 인적 자원이었다. 이런 때 필요한 것이 아이들을 강하게 키우는 여성이었다. 그리고 그 여성은 아이를 많이 낳아야 했다. 병사를 증가시키기 이전에 종족의 보존과 번영 그리고 미래를 위해 아이의 출산이 절대적으로 필요했다.

전장에서 병사가 한 명 죽고 나면 그들은 2~3명의 예비 병사를 확보하지 않으면 종족 자체가 멸망한다고 후손들에게 가르쳤다. 아이를 낳으라는 것을 예비 병사의 확보로 표현한 것이다. 모든 것이 전쟁과 종족보존으로 귀결되는 그들의 생활을 엿볼 수 있는 대목이다.

하지만 출산은 한정적일 수밖에 없다. 이상하게 생각할는지 모르지만 인간의 생산능력은 어떤 면에서는 가장 비생산적이다. 한 번에 한 명씩만 낳고 게다가 인간 구실을 하기 위해서는 20년에 가까운 긴 양육기간이 필요하다. 임신기간도 10개월이나 된다. 전쟁하면서 거주를 늘 이동해야 하는 유목민들에게는 출산이 가장 큰 고민거리였다. 전 주민이 병사처럼 움직이지 않으면 언제 적의 기습에 무너질지 모르기 때문이다.

그러다 보니 몽골 여성들은 아내로서 출산에 모든 것을 걸다시피 했다. 더 심하게 말하자면 성의 대상이었을 뿐이다. 남성들이 요구하면 언제나 응할 수밖에 없는 피동적인 존재였고, 따라서 손쉽게 남성을 받아들이도록 하기 위한 복장이 필요했다는 해석이다. 그 과정에서 허리띠를 풀게 했다는 말이다. 여성의 입장에서 보면 여하튼 서글픈 현상일 수밖에 없다.

그 결과 때와 장소의 구분없이 아이를 낳기 위한 행위가 벌어지곤 했다. 각종 기록에 보면 남녀의 사랑행위가 자유롭게 이루어졌다.

존재와 멸망이 함께 공존하던 몽골 고원. 종족보존을 위한 선조의 가르침에 몽골인들은 충실하게 따른 결과 오늘의 몽골족을 유지할 수 있었다는 설명에 고개가 끄덕여졌다. 전장에서는 적군의 여인을 전리품으로 나눠주고 아이를 낳게 하는 것이 전통처럼 내려왔다.

이처럼 띠를 매지 않는 복장은 몽골 여성을 남성과 구분해 주는 특징이 되었다. 그런데 공산혁명 이후 허리 띠 없는 것에 대한 반발이 본격적으로 일어났다. 정부 고위직은 물론 모든 관리직에 여성들이 진출하면서 그들의 권리를 주장하기 시작했다. 여성들도 허리띠를 매자고 주장했다. 남녀평등을 내세운 것이다. 그 뒤부터 여성들도 허리띠를 매게는 되었지만 일반인들이 부르던 말인 '부스구이'를 막지는 못했다. 아직도 부스구이는 여성을 지칭하는 언어로 사용되고 있다.

개방 이후 몽골 여성들에게는 커다란 성개념의 변화가 있었다. 공산주의 시절에는 드물이 일부 여성들이 극비리에 '밤의 여자'로 나섰었다. 당국의 강한 단속과 외국 관광객의 숫자가 극히 제한적이었기 때문이다. 그러나 개방 이후에는 많은 여성들이 '길거리의 꽃'을 자처하고 나섰다. 달러가 필요하면 허리띠를 풀 각오로 살아가는 여성 숫자가 늘어난 것이다. 그만큼 외국 관광객 숫자도 늘고 정부 당국의 단속도 느긋해졌기 때문이다.

이러한 과정에서 여성이 델을 입을 때 허리띠를 매지 않으면 큰 탈이 나는 것처럼 여기게 되었다. 노인들이 허리띠를 매지 않은 여성들을 상대로 호통을 치기 시작한 것도 이 때문이다.

장례식

　모든 사람은 태어나면 죽는 것이 자연의 섭리다. 그러나 죽음을 맞이하는 자세는 민족과 종족에 따라 각양각색이다. 죽음을 영생으로 보는가 하면 어느 민족은 끝으로 본다. 하지만 많은 종족이 죽음을 영구한 삶으로 연결시키려는 노력을 해왔다.
　몽골인도 예외일 수 없다. 몽골인은 죽음을 단절로 보지 않고 영(靈)이 다른 세계로 이전하는 것으로 생각했다. 그래서 죽은 사람의 시체를 훼손시키지 않았다는 풍습도 있었다. 시체가 있는 동일 공간에다 평소 그가 사용하던 칼과 활 등 무기를 두고 음식과 옷을 넣었다. 죽어서도 어디에선가 평소와 같은 삶을 살게 된다는 것을 믿고 있었다. 그가 거느리던 종과 종자 등은 죽을 때까지 생전의 주인만을 섬겨야 했다. 다른 일은 용납되지 않았다. 이 같은 생각은 몽골에 종교가 전래되기 전부터 내려온 내세관이다. 그래서 몽골인은 죽은 자가 평소에 살던 것과 똑같은 모습으로 장사지냈다. 내세에 대한 믿음을 가지고 있었던 것이다.

　유일신을 섬긴다는 서구 기독교 선교사들이 기록한 사실들이다. 그들은 서구에서 기독교를 전파하며 동진해 오다 몽골족을 만나 이런 풍습을 보고 신기해하고 한편으로는 놀랐다.

　그 때부터 서구인은 몽골에 대한 새로운 시각을 갖게 되었다고 역사학자들이 설명한다. 특히 인류학적인 면에서 몽골은 13세기와 20세기의 생활풍습과 사상을 가장 완벽하게 전승하고 있는 종족 중의 하나로 꼽힌다.

　1246년 몽골을 방문한 프란체스코 수도회 소속의 존 드 플라노 카르피나는 "몽골인은 영생과 파멸을 몰랐다. 그러나 그들은 죽음 이후를 믿고 있었다. 죽은 뒤에는 다른 세계에서 산다고 알고 있었다. 그들에게는 죽어서도 이 세상에서와 똑같이 먹고 마시고 일하고 무리지어 살 수 있다는 신념이 있다"고 보고했다.

　몽골인은 이와 함께 현세의 모든 소유와 권한도 내세로 이어진다는 연속성을 믿었다. 죽은 자의 소, 말, 겔, 갑옷과 무기를 영원히 그의 것으로 인정했다. 이에 앞서 몽골을 구경한 아르메니아인 카라코스는 몽골족은 죽어서도 사납게 싸움만 할 사람들이라고 묘사했다. 무덤을 만들 때 중앙에 죽은 사람을 앉히고 손에다 칼을 쥐어주었기 때문이다. 몽골인들은 무기를 현세와 내세를 잇는 매개물로 택했고, 영생의 의미는 영원한 싸움이었다.

　현재 몽골의 장례는 크게 전통식과 소련식의 둘로 나뉜다. 지금은 공산혁명 이후 들어온 소련식 장례법이 일반적이 되었지만, 지방에서는 아직도 전통장례를 치르는 경우가 많다.

　소련식을 우선 이야기해 보자. 사람이 죽으면 가족과 친지들이 모여 밤을 지새며 그의 유언을 전하고 상속 절차를 밟는다. 업적을 정리하며 명복을 빈다. 죽은 사람에게는 깨끗한 옷을 입히고 살아 있을 때처럼 곱게 화장을 해 관에 눕힌다. 관 뚜껑은 열어 사자의 얼굴이 보이게 한다. 조문객은 가족을 위로하고 사자의 얼굴에 얼굴을 맞대기도 한다.

출상할 때는 젊은이 8명이 관을 어깨에 메고 큰길까지 걸어나간다. 우리처럼 요령잡이가 선창하고 후렴을 반복하는 등의 소리는 없다. 가능하면 천천히 사자의 마지막 길을 인도한다. 관이 흔들리지 않게 조용조용 발맞추어 나간다. 이런 장례행렬이 지나가면 모든 사람들이 경건한 마음으로 예의를 갖춘다. 죽은 사람의 가족들이 뒤를 따른다. 우리는 아이들에게 죽은 사람의 얼굴을 가능하면 보이지 않도록 하는데 몽골인은 평상시처럼 대한다.

큰길에서는 트럭에 실어 장지로 향한다. 관을 메던 젊은이들은 트럭에서 관을 옹위하고 서서 바람을 맞으며 간다. 공동묘지에 매장을 마치면 장례는 끝난다.

부의금은 최근에 조금씩 내기 시작했다.

장례식은 월·수·금요일에만 가능하다. 다른 요일은 장례식을 금하고 있기 때문에 한꺼번에 몰리기도 한다. 보통 2일장이나 금요일에 사망했을 경우 4일장이 되는 경우도 있다.

전통장례식은 시골로 갈수록 많이 볼 수 있다.

먼저 사람이 죽으면 하닥으로 얼굴을 덮고 시체에 손을 대지 못하게 한다. 죽은 사람이 남자이면 겔의 동쪽에다, 여자이면 겔의 서쪽에 모셔둔다. 이틀 동안 겔의 천장을 닫고 기도한 후 그 다음 이틀 동안은 천장을 열어 놓는다. 라마승이 독경을 하며 라마식으로 장례를 치른다.

시체는 흰 천으로 싸서 백마를 탄 사람의 선도로 장지로 향한다. 장지는 라마승이 정한다. 땅에 하닥·차·돈 등을 놓고 사슴뿔로 선을 긋는다. 시체는 금 안의 땅을 파서 묻는다. 그리고 라마식 독경을

몽골인은 죽은 자를 땅에 묻고 시멘트를 이겨 위를 덮는다. 건조한 기후 탓에 시체가 부패하지 않아 노출되는 것을 막기 위해서이다.

하면서 곡식의 이삭을 뿌린다.

장례 후 21일째 되는 날 라마불교식으로 천도제를 지낸다.

몽골인의 묘지를 구경하는 것도 흥미롭다. 몽골에서는 크게 다른 세 종류의 묘지를 구경할 수 있다. 원래 몽골에는 무덤이 없었으며, 매장이 일반화된 것은 그리 오래 되지 않았다.

전통적인 장례법은 풍장 또는 조장이라고 불리는 것이다. 기후가 건조하여 부패가 안 되자 시체를 들판에 버려 새와 들짐승이 뜯어먹게 하는 원시적인 방법이다. 흔히 말에 시체를 실어 멀리 떠나보냈다고들 말한다. 영화에서나 본 장면이 사실로 존재했던 것이다. 주민들 말에 따르면 말안장에 시체를 앉혀 놓고 말을 마을과는 반대 방향으로 달려가게 했다. 시체가 말에서 떨어지면 그 곳에서 바로 짐승들의 먹이가 되는, 인생의 마지막 가는 길이었다. 잔인한 것 같지만 실제로는 자연조건에 순응하는 장례문화였다.

몽골인의 묘지는 시멘트로 발라져 있다. 기후가 건조해 아무리 흙을 다져도 굳어지지 않자 시체를 매장하고는 아예 시멘트로 위를 덮어 버렸다. 봉분이 아니라 시멘트 덩어리가 올려져 있는 셈이다. 마을에서 멀리 떨어진 묘지는 시멘트가 발라지기 시작해 그 넓이가 점점 늘어나고 있다. 양식있는 몽골인은 시멘트로 묘지 안바르기운동을 부르짖고 있다. 지금은 국토면적이 넓어 별문제 없지만 조금만 더 가면 경작이 가능한 좋은 지역이 시멘트로 뒤덮일 것이라는 우려에서다. 실제로 몇 천 평이 되는 공동묘지가 건축 폐자재를 버린 것처럼 시멘트 덩어리로 가득 차 있다.

이민족인 카자흐족의 묘지는 금방 봐도 몽골인과는 판이하게 다르다. 그들은 봉분을 몽골의 기후에 적응할 수 있게 진흙으로 만들었다. 봉분이라고 하기에는 표현이 부적절한 듯하다. 잔디가 심어지고 둥그런 모습을 한 우리의 묘와는 전혀 다르다. 봉분에 해당하는 부분에는

몽골인의 무덤과는 판이하게 다른 카자흐 족의 무덤. 돌을 섞어 흙으로 이겨 성곽처럼 쌓아 올렸다.

진흙을 개서 성벽을 쌓듯 쌓아올렸다. 돌도 넣고 때로는 벽돌도 사용한다. 매끄럽게 손질한 흔적은 찾을 길이 없다. 울퉁불퉁한 모양이 흉측하다. 독특한 매장풍습을 유지하는 그들의 강한 민족정신이 새로워 보이는 부분이다. 몽골에서 이민족으로 살면서 굽히지 않는 기상을 느끼게 한다.

울타리를 두르고 비석을 가지런히 세워 오히려 이색적으로 느껴지는 러시아인 묘지드 있다. 몽골에 거주하는 러시아인들은 그들만의 주거지와 학교를 갖는 등 우월적인 지위를 누려왔다. 심지어는 묘지 조성에서도 그들은 몽골인과 달랐다. 불교를 국교로 믿는 몽골에 살면서도 묘지에 십자가를 세우고 비석을 마련했다. 그런데도 몽골 정부나 개인 누구도 그들과 다른 매장문화에 대해 비판하거나 반대하지 않았던 것으로 알고 있다. 묘지 주변에는 나무를 심고, 그 나무와 풀을 보호한다면서 철책으로 둘렀다. 물론 일반 몽골인의 접근도 쉽게 허용되지 않았다. 아직도 몽골인은 그 곳에 가까이 가기를 꺼린다.

신년 풍습

　몽골에서의 신년은 서양식의 새해가 시작되었다는 우리의 의미와 큰 차이가 없다. 구 소련은 1921년 공산혁명 이후 몽골의 많은 전통 세시풍속을 없애면서 신년을 강요, '억지 춘향'식으로 자리잡게 했다.
　서구식의 신년 풍습도 같이 들여와 시행되도록 반강제적으로 윽박질렀다. 세계의 조류에 발맞추어 몽골도 양력을 사용하자는 것이었다. 이름하여 국제화였다.
　러시아인이 주장하던 국제화는 몽골인의 것과는 다른 의미가 있었다. 칭기즈칸이 부르짖었던 국제화는 몽골인이 중심이 되어 세계를 보다 가깝고 교류가 활발하게 이루어지게 하자는 것이었다. 러시아인은 그러나 국제화라는 이름 아래 몽골의 전통과 의식구조를 개조시키려는 것이었다.
　이처럼 신년의 본래 의도는 다른 곳에 있었다고 개방 이후 많은 지식인들이 지적하고 있다. 지식인들에 따르면, 몽골 전래의 풍습을 하나라도 더 없애 그 민족혼을 말살하고 국민적 단결을 약화시키는 것이 주된 목표였다.

세시풍습에는 당연히 그들의 생활 모습과 전래의 조상 가르침이 담겨 있게 마련이다. 따라서 세시풍습을 바꾸면 민중의 의식과 사고에도 변화가 온다. 그런 이유로 새로운 세시풍습으로 권장된 것 중 하나가 신년이었다.

몽골 공산당은 신년을 또 절로 지내도록 정책을 집행해 왔고 그 관행이 굳어지는 듯했다. 그러나 1990년대 들어 자유화가 진행되면서 몽골의 본래 명절인 음력설이 부활돼 지금은 일반화되어 있다.

계절에 맞추려는 일반 시민들의 생활관습을 억지로 고치기는 어려웠던 것. 몽골 정부도 이런 국민들의 바람을 수용했다. 자유선거로 대통령과 국회의원 등을 선출하면서 국민들의 눈치를 보지 않을 수가 없게 됐다.

이제 몽골에서의 신년은 세계와 교류하는 데 필요한 양풍(洋風)의 하나일 뿐이다. 이 날은 모든 관공서가 휴무한다. 명절로서의 의미보다는 서구식 풍습에 꿰맞추려는 것이라 '갓 쓰고 자전거 타는 식'의 어색함을 지울 수 없다.

이 날을 지키는 집안은 어딘가 어색함을 느끼지 않을 수 없게 돼 있다. 이유는 간단하다. 겨울이 끝나려면 아직 멀었는데 새해를 즐긴다는 것은 무리가 있기 때문이다. 새해라면 희망이 있고 미래에 대한 꿈이 자라야 하는데 그렇지 못하다. 본격적인 겨울이 시작된 지 얼마 되지도 않아 긴 겨울을 넘기려면 아직도 어려움이 많이 남아 새해 기분이 도저히 나지 않는다고들 말한다.

신년에는 외국인이 드나드는 달러 가게들이 많이 붐빈다. 호텔 등 고급가게에는 외국인이 좋아하는 물건이 여느 때보다 풍성하다. 몽골 아이들이 갖기를 소망하는 커다란 초콜릿과 병에 든 사탕이 진열대

러시아와 몽골이 공산혁명에서 승리한 것을 기리기 위해 만든 승전 기념탑.

에 쌓여 있다.

　기독교세가 미미해 의미를 잘 모르는 몽골인을 개화시키려는 듯 지난해 12월 중순부터 울려대던 크리스마스 캐럴은 멎고 겨울을 알리는 노래가 스피커에서 흘러나온다. 몽골에서는 구하기 어려운 신선한 과일이 작은 양이나마 선을 보이기도 한다. 오렌지, 사과, 포도 등이 잠깐 나왔다가는 곧 품절이 된다. 보따리 무역상들이 손에 들고 온 것이 전부여서 곧 동이 난다.

　몽골인들은 12월 말이면 '신질링 모트'(새해 나무)를 만들어 세운다. 새해 나무는 우리 나라에서 성탄절 때 만드는 크리스마스 트리와 똑같다. 몽골에는 아직 기독교가 크게 전파되지 않아 국민 대다수가 크리스마스와 크리스마스 트리를 잘 모른다. 그 대신 새해 나무로 기분을 낸다.

　새해 나무는 가족 단위보다는 마을이나 아파트 단위로 세워진다. 경제적으로 나무를 구입하기 어렵기 때문이기도 하지만 공동체 생활을 해온 공산당 시절의 습관이 그대로 유지되고 있기 때문이다. 또 한편으로는 유목민의 특성인 '우리'라는 개념을 중시하는 경향이 아직도 남아 있다는 주장이다.

　울란바토르시 중심의 몽골 정부청사 앞 수호바타르 광장에는 12월 말이 되면 우리 나라 서울시청 앞에 세워지는 것처럼 트리가 세워진다. 약 5m 높이의 소나무에 오색 전구를 달아 밤새 번쩍번쩍 빛을 낸다. 울란바토르 시내를 동서로 관통하는 중심가르인 '평화의 거리'에도 5색등과 네온사인이 명멸한다. 추위 속에서 반짝이는 전등불이 밤을 밝힌다. 수은등의 불빛이 추위를 더욱 강하게 느끼게 만든다. 창백한 불빛이 외국인의 외로움을 더하게 한다.

　12월 31일 밤이 깊어지면 트리가 세워진 모든 곳은 광란의 현장으로 바뀐다. 젊은이들이 모여 확성기로 음악을 틀어놓고 밤새 디스코,

블루스 등 춤을 춘다. 한쪽에선 젊은이들이 서로 부둥켜안고 입맞추며 짙은 애무도 서슴지 않는다.

러시아인들이 모여 사는 곳에서는 더욱 가관이다. 술에 취한 백발의 미인들이 흐느적거리면서 사랑을 찾는 모습은 불을 향해 모여드는 부나비 같다. 남자를 헌팅하기에 부끄러움도 체면도 잊은 모습이다. 영화 「인터걸」의 주인공들을 몽골 땅에서 보는 것 같아 씁쓸하다. 돈도 사랑도 없이 실버 나이트를 함께할 파트너가 되어주면 족하다. 이들은 영하 30도의 혹한에도 불구하고 반은 벗은 차림새로 커다란 가슴을 흔들면서 새해를 맞이한다. 0시가 가까워지면서 광란은 절정에 다다른다. 생의 마지막도 이보다 더 현란하게 장식할 수 없을 만큼 몸부림치고 소리지른다.

이 날 젊은이들은 정성껏 마련한 선물을 주고받기도 한다. 연인에게 사랑을 고백하려는 일부 젊은이들은 유럽식으로 선물을 포장, 조심스럽게 전한다. 최근 선물로는 외국제 화장품이나 속옷이 인기를 차지하고 있다.

이 날은 젊은이들이 즐기는 날이다. 그러나 유럽의 연말처럼 흥청거리지는 않는다. 경제적으로 풍성하지 못한 것 말고도 몽골 조상 대대로 대물림 되어오는 가족과 함께하는 가정교육이 아직도 그대로 남아 있는 것이 큰 이유이다. 재물을 탐하지 말라는 몽골족의 교훈도 관계가 있다. 하지만 울란바토르 호텔 바, 할리우드 디스코테크 등 술집에는 귀한 달러로 입장료를 지불해야 함에도 불구하고 좌석이 모자란다.

술집마다 귀청이 찢어질 정도로 음악의 볼륨을 높인다. 한국, 일본 등에서 수입해 온 음반곡들이 울려퍼진다. 흘러간 팝송과 신곡이 뒤섞여서 흘러나온다. 흘러간 올드 팝송이 홀 안을 메울 때면 오랫만에 해방감을 느끼는 젊은이들이 몸을 흔들기에 바쁘다. 엘비스 프레슬리의 「러브 미 텐더」, 패트 페이지의 「체인징 파트너」가 스피커에서 흘러나오다 갑자기 휘트니 휴스턴의 「아이 윌 올웨이즈 러브 유」로 바뀐다. 영화 「타이타닉」에서 셀린느 디온이 부른 주제곡 「마이 허트 윌 고우 언」도 빠지지 않는다. 이 무렵이면 여러 남녀가 어울려 난장에 가까운 몸부림을 쳐댄다.

별안간 러시아 음악이 들리면 분위기는 급변한다. 재미없다는 듯 의자에 주저앉는 패거리와 더 기운을 내는 무리로 나뉘어 홀이 2등분된 느낌이 든다. 과거 공산주의 시절의 영광을 못 잊어하는 무리들은 현재의 불편함을 음악으로 잊으려 한다. 최근에 서구자본주의의 혜택을 누린 젊은이들은 러시아의 음률을 고리타분하고 타파해야 할 장르로 치부하고 외면하기 일쑤다.

몽골 음악도 가세한다. 음악이 구미, 러시아, 한국, 일본을 구별없이 넘나든다. 음악이 장르별로 연주되는 곳은 몇 안 된다. 가게에 있는 음반이 모두 동원되지만 우리네 한 가정의 음반 숫자보다도 적은 경우가 대부분이다. 정식으로 음반이 수입되지 않아 1장, 2장 관광객들이 가져온 음반이거나 복사판이 대부분이기 때문이다.

가장 최근에 문을 열어 장식이 화려한 칭기즈칸 호텔 바 한쪽 구석에는 향수에 젖은 고독한 외국인들과 몽골의 소위 5공자쯤 되는 젊은이들이 하룻밤 사랑 파트너를 구하느라 눈빛을 빛낸다. 이 날 울란바토르 시내의 모든 술집은 밤새 손님을 받는다. 역사가 가장 오래된 울란바토르 호텔 종업원들은 해마다 경기가 못해진다고 솔직하게 털어놓는다. 좋은 호텔과 술집들이 매년 서로 문을 열어 그 옛날의 명맥을 유지하기가 힘들다는 것이다.

이 날 인기 있는 술은 몽골에서 최고급인 칭기즈칸 보드카. 이 보드카는 술집에선 가격이 들쭉날쭉이지만 일반 가게에선 병당 12~15달러쯤에 거래된다. 프랑스산, 독일산, 러시아산도 있으나 역시 몽골

보드카가 사랑받는다. 만나는 몽골 사람마다 깨끗한 몽골의 물로 빚어 맛이 일품이라고 입에 침이 마르게 자랑한다. 공항 면세점과 비행기에서 쉽게 구할 수 있는 조니워커나 시바스리걸도 잘 팔린다. 제법 구색을 맞춘 전문 주류 가게도 생겨 문전성시를 이루고 있다. 위스키의 향기에 맛을 들인 부유한 사람들은 집안에서 외국산 술로 분위기를 돋군다.

대통령의 신년사도 재미있다. 정확하게 1월 1일 0시의 시보가 울리면 몽골 전통의상을 입은 대통령이 텔레비전에 나와 신년사를 낭독한다. 이 신년사는 몽골 신문기자나 외국 기자 누구에게도 사전 배포되지 않는다. 외신 기자들은 대다수 서방국가의 예에 따라 몽골 외무부에 미리 배포, 타전할 수 있도록 부탁하지만 매년 거부당했다. 미리 발표하면 '김샌다'는 표정이다. 지금도 사정은 같다. 일정 기간 혹은 보도를 안 한다는 약속인 '엠바고'라는 개념을 인정해주지 않으려는 기색이 역력하다. 이 때문에 몽골 신문기자들은 대통령의 신년사를 새해 3일 혹은 4일자 신문에 게재한다. 그래도 그들은 그 기사를 열심히 읽는다. 가슴 벅찬 감동을 찾아보려는 한 가닥 희망에서다.

신년사가 낭독되고 나면 젊은 남녀가 출연, 무도회를 갖는다. 연미복을 입고 왈츠와 블루스를 멋지게 춘다. 구 소련으로부터 받아들인 풍습이지만 아직도 그대로 남아 있다. 이어 신년을 축하하는 노래가 울려퍼진다. 몽골 전통의 노래와 러시아를 포함한 서구의 노래가 함께 불려진다. 한국노래가 최초로 선정, 방송돼 한국 교민들의 가슴을 뭉클하게 한 적도 있다. 최근 들어서는 몽골 텔레비전에서 우리 가요를 심심찮게 들을 수 있다. 우리 가요를 부르는 젊은이들도 자주 만날 수 있다. 「사랑의 미로」 같은 사랑노래가 불리더니만 이제는 「돌아와요 부산항에」 등 대중가요는 물론 민요나 동요까지도 널리 알려지고 있다.

몽골 설날

몽골의 설날은 참 요란하다. 전 가족이 모여 세배하고 성황당을 참배하는 등 새해맞이를 한다. 덕담도 어느 때보다 많이 주고받고 음식도 풍요롭다. 몽골 최대의 명절이다.

몽골인도 우리와 같이 개년 설날(음력 1월 1일)을 '차강 사르'(하얀 달)라고 부르며 명절로 지내고 있다. 몽골인은 설날부터 3일간 휴무한다. 설날 한 달 전부터 이 날을 준비하느라 온 국민들이 분주해 보인다고 해도 무리가 아니다. 이만큼 차강 사르는 몽골인의 생활에서 뗄 수 없는 축제일이다.

차강 사르는 몽골인이 차강 즉 흰색을 좋은 의미로 사용하는 데서 유래했다. 차강 사나(좋은 마음씨), 차강 이데(좋은 음식) 등 차강은 고급스럽고 귀한 것에 사용한다. 차강 사르도 이름이 보여주듯 '가장 좋은 달'이란 뜻이다. 희망을 갖는 달이기도 하다. 몽골인은 '차강 사르 다음은 봄'이란 말을 즐겨 쓴다. '겨울이면 봄이 멀지 않다'는 말이

설날 아침 해뜨기 직전 몽골인은 성호아다에 가서 주위를 돌며 한해의 안녕과 무병장수를 빈다. 햇빛이 비추면 인파가 늘어나 장터를 방불케 한다.

있듯 2월 말에도 영하 20~30도의 혹한이 계속되지만 몽골인은 이 때부터 봄을 맞이하는 마음의 자세를 갖춘다. 혹독한 추위를 견디기가 힘들었던 사람들은 설과 함께 새봄이 오기를 기원하는 것이다. 그래서 차강 사르라고 불렀다는 것이다.

음력설은 몽골 고유의 전통명절이지만 1921년 혁명 이후 협동의 날로 이름을 바꿔 불렀다. 몽골인들의 음력설 쇠는 것을 제한하기 위해서였다. 그래서 통제가 어려웠던 시골에서만 몰래몰래 음력설을 지내오다 1989년부터 국가공휴일로 지정되었다.

몽골 음력설의 역사는 쿠빌라이칸 시절로 거슬러 올라간다. 칭기즈칸의 손자인 쿠빌라이칸은 중국에서 태어나 그 곳에서 살며 한족으로부터 음력설을 도입, 몽골족에게 전파시켰다. 하지만 몽골 음력설에서 중국으로부터 받아들인 것은 물만두 같은 '반시'뿐이다.

음력설은 중국에서 받아들였지만 누가 뭐래도 몽골인의 가족 명절이다. 멀고 가까운 모든 일가친척이 한데 모여 새해의 복을 비는 것이다.

이 날은 추위에 얼어붙었던 몽골인들의 전통이 되살아나는 의미있는 날이다. 몽골에 머무르는 외국인은 이 집 저 집 초대되어 대접받기에 바쁘다. 가난하고 병들어 어려운 이웃집에도 넉넉한 사랑을 전한다. 풍요롭지는 못해도 가진 것을 나누어주는 훈훈한 인정도 보인다.

섣달 그믐날은 '비퉁'이라고 부르며 밤에 독특한 잔치를 한다. 전에는 매월 말일도 비퉁이라고 불렸지만 이제는 섣달 그믐날만을 뜻한다. 이 말은 끝이라는 뜻으로 새로운 시작을 준비한다는 의미를 담고 있다. 잔치가 시작되면 비퉁이 시작된다는 뜻으로, 잡아서 삶은 양이나 소의 뼈를 부러뜨린다. 고요함을 깨뜨린다는 의미를 갖고 있다.

새해를 맞이하는 사람들의 마음과 각오는 새롭지만 몽골인은 유별

나게 차강 사르의 의미를 강조한다. 새해가 밝아오는 것과 함께 새해의 풍요를 기원한다. 이 날 차례는 지내지 않지만 아침 6시 반쯤 해가 뜨기 직전에 전 가족이 모두 모여 어른께 세배하고 한 해 동안 건강하고 모든 일이 잘 풀려 가도록 하는 등 덕담을 주고받는다.

몽골인은 나이어린 사람이 나이든 사람의 두 손을 아래에서 위로 받쳐들면서 "새해 복 많이 받으십시오", "올해는 양이 새끼를 많이 낳고 살이 쪄서 먹을 것이 풍부해질 것입니다" 등의 말을 하는 것으로 세배를 한다. 이 때 나이든 사람은 손바닥을 아래로 향하고 젊은 이는 손바닥을 위로 해 서로 가까이서 받쳐든다. 나이든 사람은 '하닥'(푸른 비단천으로 세배를 하거나 선물을 줄 때 사용함)을 두 손에 펼쳐든 채 "새해 복 많이 받아라", "건강해라", "아이들이 건강하게 자라고 말이 더욱 많은 젖을 낼 걸세" 등의 덕담을 들려준다.

하닥은 특별한 의미를 갖고 있다. 이 푸른 비단 스카프는 집안에서 나이가 가장 많은 어른이나 존경하는 사람에게 드리는 소중한 것이다. 내년 행복이 넘치길 기원하고 정감어린 존경의 표시로 주는 성스러운 징표인 것이다. 본인이 학위를 받던 날 몽골의 최고학자 호를러 선생과 체른 소드넘 선생은 두 손에 하닥을 들고 은으로 된 술잔에다 술을 가득 따라 건네주며 "학문이 일취월장하여 최고의 학자가 되길 기원한다"는 덕담을 해줬다. 이런 때도 하닥이 쓰인다. 덕담을 주고받을 때는 양 볼을 맞대고 포옹하듯 끌어안는다. 구 소련인들의 인사법을 받아들인 것이긴 하나 이제는 자연스럽게 됐다. 세배를 받을 때는 꼭 하닥을 들고 전통의상 '델'을 입어야 한다. 델을 착용할 때는 모자를 쓰는 것이 전통이지만 최근에는 생략하는 경우도 종종 있다.

몽골인의 진짜 세배는 옷을 갖춰 입고 겔 밖으로 나와 떠오르는 해를 보면서 서로의 건강과 행복을 비는 것이었다. 하지만 도시에서는 집 안에서 가장 넓은 방에서 하는 것이 보통이다. 세배는 가족이 우선이고 다음에 일가 친척, 그리고 이웃과 아는 사람들이 차례대로 한다. 그러나 부부간에는 서로 세배를 하지 않는다. 세배의 의미는 우리와 크게 다르지 않다. 노인은 젊은이들에게 생을 의지하고 있다는 표시이며 젊은이들은 어른을 존경하고 섬긴다는 것이다.

문학박사 체른 소드넘은 "유목의 풍요로움과 가문의 안녕을 비는 기원 등 전통의 차강 사르 세시풍속이 많이 사라졌다"고 말했다. 그러나 외국인들에게는 지금까지 남아 있는 세시풍속도 흥미롭다.

이 때 빼놓을 수 없는 것이 세뱃돈. 당연히 어른들로부터 세뱃돈을 받는 것으로 알고 있는 우리 나라 사람들이 실수를 연발하는 순간이다. 몽골에서는 아랫사람이 웃어른에게 세뱃돈을 드리고, 어른들이 아랫사람들에게 선물을 주는 것이 관례로 되어 있다. 멋모르는 외국인들이 실수를 연발, 배꼽을 잡고 웃기 일쑤다. 세뱃돈은 드리지도 않은 채 어른들이 주는 선물간 받길 원하면 버릇없는 젊은이가 되고 만다. 세뱃돈은 많을수록 좋지만 보통 몽골 화폐단위로 1,000~2,000트그르그(한화 약 1,500~3,000원)를 봉투에 넣어 준비하면 무난하다. 어른들이 준비하는 선물로는 초콜릿, 사탕, 학용품, 장갑 때로는 새로 나온 빳빳한 지폐 몇 장 등 다양하다.

세배를 마치고 돌아가는 사람들에게 문간에서 하나씩 선물을 나눠주면서 작별인사를 하는 것이 보통이다. 몽골인은 세배객들에게 통상 유제품을 싸준다. 이 유제품은 세배를 갈 때 싸간 것 중 먹고 남은 것이다. 세배객들은 집에서 마련한 음식을 싸들고 가 함께 나눠먹는 것이 몽골의 전통이다. 그리고 남는 것이 있으면 똑같이 나눠갖는다. 가져온 양의 다소(多少)에 관계 없이 공평하게 분배했던 것이다. 이런 분위기를 배운 몽골인은 재산을 독차지하려는 욕심을 부리지 않았다. 재산상속과 관계된 싸움이 없었던 것은 공평하게 나눈다는 기본원칙이 있었기 때문이다.

설날 전설과 음식

몽골인은 조상 대대로 음력을 사용해 왔다. 우리는 바닷가에 사는 사람들이 음력을 처음 썼다고 알고 있지만 실제는 유목민들이 음력을 먼저 사용해 왔다고 한다. 유목생활은 전적으로 기후에 달려 있는데, 달이 이 기후에 큰 영향을 미치기 때문이다.

몽골인은 또 우리와 마찬가지로 음양오행과 십간십이지를 사용한다. 금토화수목(金土火水木)의 오행은 각각 흰색, 노랑, 빨강, 검정, 청색으로 표시하기도 한다. 십이지는 우리와 같이 쥐, 소, 호랑이, 토끼, 용, 뱀, 말, 양, 원숭이, 닭, 개, 돼지 순이다.

열두 동물이 갖는 전설의 의미 해석도 재미있다. 쥐의 해는 가축이 다른 해에 비해 새끼도 잘 낳고 살도 많이 쪄 가계가 풍성해진다고 한다. 특히 낙타가 잘 되어 쥐의 해에는 낙타가 마음 놓고 새끼를 낳는다고 전해진다.

몽골인은 띠와 관련된 동물 얘기를 할 때 신화를 예로 든다. 몽골

설날 상차림.

신화에 따르면, 짐승들이 모인 회의에서 달려가 해를 처음 보는 짐승 순서대로 띠의 동물이 되기로 했다. 그런데 쥐는 덩치가 작아 늘 낙타와 함께 다니며 보호를 받았는데, 낙타의 머리나 몸에 타고 다니길 좋아했다. 경주가 시작될 때도 낙타와 쥐는 함께 달렸다. 낙타가 열심히 달려가 일등이 되는 듯했는데 낙타 머리 위에 올라 앉아 있던 쥐가 해를 먼저 보았다. 그래서 쥐가 첫번째 띠의 동물이 될 수밖에 없었다. 낙타는 일등을 하고도 첫번째가 안 되자 띠의 동물이 되기를 거부했고, 그래서 띠의 동물에서 낙타는 빠지게 되었다. 하지만 낙타와 쥐의 관계는 나빠지지 않았다는 것. 사랑과 미움을 동시에 간직하고 살아가는 인간세상의 미묘하고 복잡한 관계와 똑같은 상황임이 틀림없다. 그런 관계로 낙타와 쥐는 서로 떨어져서는 못 사는 천생연분의 배필같은 존재라는 것이다.

소해에는 눈이 많이 오며 음식과 유제품이 풍성해진다. 호랑이해에는 연말에 몹시 어려워지고 토끼해에는 초기에는 순조로우나 연말에 재앙이 닥친다. 용의 해는 폭우와 홍수가 지는 반면 뱀의 해에는 혼란과 근심이 많아진다. 말의 해에는 애로 사항이 많아지고 양의 해에는 좋은 일과 화목한 가정이 된다. 원숭이해에는 매서운 추위가 몰아닥치고 귀찮은 일이 생기지만 대풍년이 든다. 닭의 해는 살림이 풍요로워지고 출산율이 크게 는다. 개해에는 토끼해와는 정반대로 초기에는 어렵고 고통스러우나 끝으로 갈수록 호전된다. 돼지해에는 음식 저장량이 크게 늘고 모든 것이 풍요로워진다고 믿는다.

몽골인은 설날 양고기, 밀가루 등을 이용해 여러 가지 음식을 준비한다. 양을 잡아 한 마리를 통채로 삶아 내놓는 '오츠'가 설날의 대표 음식이다. 몽골인은 가을이 시작되면 다음 해 설날을 위해 살이 쪄서 통통한 양을 한 마리 잡아 얼려 놓는다. 섣달 그믐날 이 양을 커다란 솥에 삶아 차려놓고 세배객들이 올 때마다 한 점씩 빚어 술안주로 내놓는다. 미운 며느리 엉덩짝만하던 양 궁둥이 살은 세배객이 몇 차례 다녀가면 홀쭉하게 줄어든다. 살기가 괜찮은 집에서는 손님들을 위해 오츠를 2, 3개 준비하지만 평균 1개씩 장만한다. 하나뿐인 오츠를 아끼기 위해 일부 가정에선 차려놓은 오츠는 설이 끝날 때까지 그대로 둔 채 양고기를 삶아 내놓기도 한다. '더도 말고 덜도 말고 한가위만큼만 하라'는 우리와는 달리 '늘 차강 사르처럼 풍요롭기를 기원'하는 것이 몽골인이다.

나는 차강 사르를 며칠 앞둔 날 시내버스를 타고 가다 잊지 못할 경험을 했다. 만원버스에 흔들리며 가는데 옆에 있던 아가씨가 옆구리를 자꾸 찔렀다. 혼자 몽골에 머물고 있던 나는 모든 사내가 그렇듯 은근히 묘한 상상(?)과 호기심이 발동했다. 곁눈질로 쳐다보니 얼굴 모습은 서울에서 볼 수 있는 아가씨처럼 깨끗하고 곱상했다. 옷차림도 몽골에서는 흔히 볼 수 없는 바바리 코트에 노랑 스카프 그리고 멋쟁이 밍크모자를 쓰고 있었다. 아가씨의 옆구리 찌르기는 오랫동안 계속됐다. 나에게 정식으로 프로포즈하는 걸까 생각하니 얼굴이 달아오르기 시작했다. 당황해서 시선을 어디에 두어야 좋을지 몰랐다. 몽골 여성이 사랑표시를 자유롭게 한다는 말을 들었지만 공개된 장소에서 노골적으로 나온다고 생각하자 당황하기 시작했다. '지가 먼저 살자고 옆구리 꾹꾹 찌른다'지만 너무한다는 생각이 들었다.

용기를 내 아가씨와 눈을 맞추고 허리께로 눈을 돌리던 난 소스라치게 놀랐다. 마대 속에 껍질을 벗겨 담은 양의 다리가 내 옆구리를 계속 찌르고 있었던 것이다. 겸연쩍어 '씩' 웃자 아가씨도 마주보며 고운 이를 드러내며 웃었다. 섣달이면 이처럼 대중교통수단에서 자주 볼 수 있는 풍경에 나는 교한 상상력만 발동한 셈이다. 하지만 이런 것을 처음 보는 외국인은 깜짝깜짝 놀라곤 한다. 더 심한 것은 살아 있는 양을 끌고 버스에 오르는 사람들이다. 교통수단이 신통치 않자 몽골인은 시내버스에 양, 염소 등 작은 가축들을 싣고 다닌다.

다시 음식 이야기로 돌아가면, 짚신짝처럼 생긴 밀가루 과자 '보브', 찐만두같은 '보즈', 군만두같은 '호쇼르', 물만두와 비슷한 '반시'도 뺄 수 없다. 오츠가 차려진 상 위에는 보브를 높이 쌓아 만든 접시를 놓아 둔다. 보브는 밀가루를 밀어 만든 뒤 기름(샤르 토스)에 튀긴 것이다. 보브 위에는 사탕과 차강 이데를 30cm쯤 얹는다. 환갑집 상차림 같다고 보면 된다. 몽골에서 이 보브란 말을 할 때는 조심해야 한다. 보브는 남성의 성기란 뜻도 있다. 함부로 보브라 말하면 한바탕 웃음거리(?)가 되기 쉽다. 남성이 여성에게 "보브 가져가라"고 하면 노골적인 음담이 되기도 한다.

어른을 모시고 사는 집에서는 차강 사르 일주일 전쯤부터 시작해 보즈를 3~4천 개씩 만들어 놓고 세배객이 올 때마다 삶아서 대접한다. 가을에 꽁꽁 얼려 두었던 아이락도 녹여서 내놓는다.

손님대접은 의무로 해야 하지만 손님도 차린 음식을 먹어주는 것이 예의이다. 차린 음식을 먹지 않으면 주인의 안색이 변한다. 맛이 없어도 포만감을 느낀 것처럼 맛있게 먹어야 한다. 그리곤 트림을 한다. 서구인들은 펄펄 뛸 일이지만 몽골인은 잘 먹었다는 표시로 너그럽게 봐준다. 시골 일부 지방에서는 의무적으로 트림을 해야만 하는 풍습도 있었다.

몽골인은 친하지 않은 사람이라도 어른에게 세배를 오면 잘 대접해서 보내야 복을 받는다고 믿고 있다. 세배가 끝나고 음식을 먹을 때는 술잔도 돌려진다. 주인은 죽 둘러앉은 손님들에게 술을 돌려가면서 권하는데 앉은 자세에서 발을 들면 술잔을 든 사람이 노래를 부르기 시작한다. 그러면 둘러앉은 모든 사람들이 추스림을 넣거나 아니면 아예 합창을 한다. 노래는 어떤 곡이라도 좋다. 지적받은 사람은 꼭 노래를 부르는 것이 예의이다. 빼거나 사양하면 예의에 어긋나며 손가락질을 당한다. "잘난 체한다"거나 "꼴값한다"는 말을 듣게 된다.

성황당 참배와 가족놀이

설날 성황당을 찾아가 참배하는 것도 특이하다. 아침 부모님께 세배를 마친 가족들은 우유나 치즈, 술을 준비해 집에서 가까운 성황당으로 가 해가 떠오르기를 기다린다. 해가 떠오르면 성황당을 시계방향으로 세 바퀴 돌면서 한 해의 복을 빈다. 그리고는 준비해온 술이나 우유제품을 성황당에 쌓아 높이를 더한다. 나이든 여성들은 우유를 동쪽 방향으로 뿌리면서 액막이를 한다. 차르찰이라는 주걱 같은 것으로 우유를 세 번씩 뿌린다. 한 가지 소원을 빌 때마다 세 번이 추가된다. 나이든 한 할머니는 동서남북을 향해 세 번씩 10여 회를 반복했다. 한이 많은 인생에 대한 속죄인지 아니면 길떠난 자식을 위한 기도인지는 알 수 없었다. 단지 빌어야 할 것이 많은 만큼 얼굴에 수심이 가득하다는 것만 확인할 뿐이었다.

해 뜨기 직전에는 3, 4백 명의 인파가 모여들어 성황당 부근은 시장터를 방불케 한다. 성황당에서 모든 사람들이 마음에 있던 근심은

'비퉁' 때 다 버렸으니 새해에는 행운이 밀려오게 해달라는 소원을 빈다. 사람마다 소망과 기원하는 내용은 다르지만 새해를 맞이하는 표정은 누구나 밝다. 또 그곳에서 새해인사를 주고 받는다. 주민들의 화합이 이루어지는 것이다.

최근에는 음식 대신 돈을 바치는 사람들이 늘고 있다. 현대화이기도 하고 돈을 벌게 해달라는 사람들의 기도가 그만큼 많아졌다는 걸 의미한다. 참배객이 물러나면 부모 없는 고아나 신체 장애자들이 몰려들어 돈을 걷어 간다. 그 다음은 까치, 까마귀, 독수리 등이 날아와 신년 파티를 벌인다. 설날은 인간과 날짐승까지도 풍성하다. 성황당은 울란바토르 시내는 물론 교외에서도 쉽게 찾을 수 있다.

성황당이 없는 시골에서는 섣달 그믐날 밤 젊은이들이 눈으로 임시 성황당을 만들어 신을 불러들이는 의식을 거행한다. 젊은이들은 집 주위의 눈을 끌어 모아 놓고 물을 부어 꽁꽁 얼린다. 집 주위에 눈이 없으면 4~5km 떨어진 먼 곳에서 말을 이용해 눈을 실어오기도 한다. 그 다음 젊은이들은 말을 타고 2~3km 떨어진 동쪽으로 달려간다. 이 곳에서 횃불을 만들어 성황당의 신을 불러들이는 의식을 거행한다. 3 또는 9명의 젊은이가 말머리를 동쪽으로 향한 채 횃불을 높이 들고 "우리는 영명하신 당신의 힘을 빌리고자 여기에 왔습니다"고 고하고 연장자의 구령에 따라 세 번 머리 숙여 절한다. 그리고는 횃불을 들고 2열로 나란히 서서 겔 쪽으로 말을 몰아온다. 성황당신이 가는 길을 밝혀주는 것이다. 불의 신을 이용해 자연을 유랑하던 성황당신을 모셔오는 것이다. 돌무덤이란 형체가 없어 자리를 잡지 못하던 성황당신은 이 때부터 눈으로 만든 임시 성황당에 터를 잡는다. 눈성황당이 성황당으로서의 기능을 발휘하는 시간이다.

설날 저녁에도 행사는 계속된다. 밤에는 게임이 주를 이룬다. '호롤'이라고 하는, 나무를 깎아 12가지 동물을 그린 나무조각으로 도미

노 놀이를 한다. 자기의 띠에 속하는 동물을 시작으로 하여 12가지 띠의 동물을 차례로 늘어놓고 넘어가게 한다. 가다가 넘어가지 않은 호롤이 있으면 그 띠에 해당하는 달에는 조심해야 한다고 한다. 일종의 재수를 점치는 놀이다. 사람마다 띠가 다르므로 돌려가면서 놀이를 하며 경각심을 불러일으킨다.

양의 복숭아뼈로 만든 '샤가이'라고 부르는 놀이도 한다. 4개 또는 60여 개로 하는 놀이가 있지만 4개로 하는 것이 훨씬 더 인기가 있다. 샤가이는 뼈의 모양이 일정한데 뼈가 보이는 면에 따라 소, 말, 양, 낙타로 구분하며 똑같은 모양이 4개 나오거나 서로 다른 4가지 모양이 나오면 승리자가 된다. 그러나 던져서 곧바로 승리자가 되는 것이 아니라 같은 모양이거나 서로 다른 모양이 나온 샤가이를 먼저 집어가야 승리자가 된다. 이 놀이는 참여자 모두에게 주의력, 관찰력, 직관력, 날카로운 판단력, 좋은 시력 등을 요구한다.

이 놀이는 전쟁의 개념을 가르치는 놀이라고 한다. 전쟁은 끝까지 주의력을 집중시키지 않으면 언제든지 적군에게 목숨을 잃을 수 있다. 이긴 전쟁에서도 확실하게 다지지 않으면 전세가 역전되는 경우를 자주 보아온 조상들이 자녀에게 샤가이 놀이를 통해 이 점을 강조한 것이다. 샤가이를 던져서 이기는 모양이 나왔어도 이를 확인하지 못하면 승리자가 안 된다. 이기는 모양이 나왔을 때 샤가이를 먼저 모두 집어가는 사람이 이긴다. 단지 던지는 사람이 샤가이가 어디로 떨어질 것이라고 미리 예측할 수 있기 때문에 우선권을 가지고 있는 것만은 확실하다.

60여 개로 하는 샤가이 놀이는 우리 나라 공기돌 튕겨 먹기와 유사하다. 60개를 상이나 양피, 종이 위에 던져놓고 하나를 정해 손가락으로 튕겨서 밖으로 나간 것이 많은 사람이 이기는 놀이다.

공기돌처럼 한 개를 하늘로 던져올린 뒤 바닥에 놓인 것을 손으로

성황당 참배와 가족놀이 291

집는다. 바닥에 있는 것을 모두 집어야 승리한다. 도중에 실패하면 다음 사람에게 순서가 넘어간다.

샤가이 놀이를 할 때면 온 가족의 시선이 몰리고 아이는 신이 나서 소리를 지른다. 좁은 겔 안이 시끌벅적하다. 아이와 엄마가 함께하는 경우가 많아 '母子게임'이라고 불리기도 한다.

실뜨기 놀이도 있다. 어릴 적 실을 묶어 손에 걸고 둘이서 놀던 것과 같다. 사람이 많지 않을 때 둘이서 놀 수 있는 놀이로 겨울에 겔 안에서 행해진다.

가족이 모두 모이면 풍성한 구비문학 잔치도 열린다. 몽골인은 이사를 자주 다녀야 하므로 많은 세간이 오히려 거추장스럽다. 모든 유목민들이 같은 상황이지만 특히 몽골인에게는 더 심했다. 열대사막 주변의 건조한 지역에서도 유목이 이루어지기는 마찬가지인데 몽골인의 유목은 세간이 간단하다. 추위가 심해 보온용 장구가 다른 유목민족보다 더 필요한 것이 큰 이유이다.

그래서 몽골에는 구비문학에 속하는 놀이가 더 풍요롭다. 수수께끼, 속담은 물론이고 한국을 제외한 세계 각국에서 예를 찾기 어려운 특수 형태의 구비문학 작품도 몽골에서는 성행한다. 운문과 산문시를 비롯한 각종 시가와 민담, 민요 등도 풍성하다.

무엇을 결정할 때 상대방과 흔히 하는 가위 바위 보도 우리는 세 가지뿐이지만 몽골인은 다섯 손가락 모두를 사용한다. 엄지 쪽에서 시작하여 가까운 쪽에 있는 손가락을 펼친 사람이 지게 된다. 예를 들어 나는 엄지를, 상대방은 검지를 냈다면 상대방이 이긴다. 그러나 바로 인접한 손가락끼리 부닥쳤을 때만 승패가 결정난다. 엄지와 장지가 만나면 무승부가 된다. 이 때 모두가 알아들을 수 있도록 큰 소리로 노래를 부른다. 노래가 경우의 수만큼이나 많아 흥얼흥얼거리면서 몇 시간이고 보낸다.

먼저 수입된 자본주의 병폐

차강 사르에 좋은 일만 있는 것은 아니다. 몽골에도 자유화 이후 자본주의 병폐가 먼저 수입돼 서민들의 가계를 주름지게 하고 있다.

설빔이라도 마련해 보려고 시장에 들른 주부들은 '운테 운테'(비싸다 비싸다)를 연발한다. 시시각각 오르는 물가에 입을 딱딱 벌린다. 우리 돈으로 10만 원도 채 안 되는 월급으로 살아가는 서민들의 살림에 4, 5만 원씩 하는 아이들 설빔은 엄두도 낼 수 없다. 몽골 주부들은 그런데도 매년 설을 앞두고 아이들 선물과 어른에게 드릴 것을 마련해야 하니 정말 힘들다고 말한다. 그렇지만 아직까지도 어른을 존경하는 풍습이 그대로 남아 있어 하닥 하나라도 사드려야 자식의 도리를 다한 것으로 안다.

차강 사르가 가까워지면 몽골에도 경제발전 과정에서 우리가 겪었던 것과 같은 매점매석 등의 부조리가 나타난다. 가난한 서민들은 동서고금을 막론하고 서러움을 겪게 마련이지만 몽골인은 더 많은 설움을 느끼는 것처럼 보였다.

　개방 이전까지는 국가는 물론 일반인들도 공평한 분배를 미덕으로 알고 살아왔다. 그러나 자본주의의 물결이 밀려오면서 제일 먼저 변화가 일어난 것이 공평한 분배제도였다. 국가가 나서서 공평한 분배제도를 유지해와 아무런 불만이 없었던 국민들은 급격한 변화에 아연실색하지 않을 수 없었다.

　칭기즈칸 이전부터 유지돼온 몽골민족의 전통이 무너져 내린 결과다. 몽골인은 전통적으로 콩 한 개만 생겨도 반쪽씩 나눠 먹는 것을 당연하게 여겼다. 이웃과의 나눔에 인색하지 않았다. 공동체 생활을 늘 강조하며 한 식구처럼 살아왔다. 그러던 것이 자본주의제도가 도입되면서 수백 년에 걸쳐 미덕으로 여겨온 전통이 파괴된 것이다.

　그런데도 국가에서는 아무런 대책도 없이 새로운 제도가 국제적인 추세이니 따르라고만 홍보하고 있다. 가격 상승률이 500%에 가까운 것들도 있다. 상상을 초월하는 폭등이다. 약삭빠른 상인들이 가만있을 리 만무하다. 매점매석에 나섰고 국민들의 불만이 높아져만 갔다.

　정부가 부랴부랴 진화에 나섰지만 국민들의 불만과 불평은 끝이 없다. 100~200km씩 말타고 달려와 가족들이 한데 모여 오손도손 보내려던 계획이 무너지기 일쑤다. 1990년대 초반 중국에서 수입된 쌀은 연말이면 전해와 비교해 450% 이상 폭등했고 달걀 값도 300%나 뛰어올랐다. 몽골인의 차강 사르에 없어서는 안 되는 양 한 마리도 80% 이상 값이 올랐다. 몽골 정부는 이 같은 물가 폭등현상은 수출대금 입금과 해외파견 근로자들의 송금 증가에 따른 것이라고 지적하고 전반적인 물가를 50%선 이내에서 억제할 것이라고 발표했다. 1960년대 우리 나라에서 많이 듣던 정부의 발표문 같다. 국민들에게 설명할 적당한 구실이 없을 때 인용하던 해외요인 탓을 몽골도 그대로 답습하고 있다.

그러나 일반 국민들은 식품비가 생활비의 90% 이상을 차지하는 아주 빈곤한 수준이라면서 물가동결을 요구하는 것이 최근의 몽골 설날 풍습이다.

반면 자본주의 개념을 일찍 터득한 젊은이들은 신이 난다. 움직일 때마다 돈이 굴러 들어온다고 말할 정도로 돈벌이에 빠져들고 있다. 매점매석, 암달러상, 보따리 무역, 택시기사, 외국인 가이드 등 돈 되는 일이면 물불을 가리지 않는다.

심지어는 외국인을 상대로 하는 암거래를 솔선하여 주선하기도 한다. 그들에게는 자본주의가 구원의 신처럼 여겨진다. 공산주의 시절에는 통제에 얽매여 있던 것들이 돈을 벌어주기 때문이다. 연말연시에 만나는 젊은이 눈에서는 광채가 난다. 발걸음에는 힘이 들어 있다.

울란바토르의 상권이 젊은이들에 의해 서서히 살아나고 있다. 외국과의 무역량도 증가해 시장에는 수입품도 많이 늘었고 새로운 전기제품도 살 수 있게 되었다. 생산시설은 빈약하다. 그렇다고 달러를 벌어들일 수 있는 자원의 개발과 수출이 원활한 것도 아니다. 대부분 서비스업에서 벌어들인 달러가 소비재 수입으로 콩땅 흘러가고 있어 안타까움을 더한다.

이런 것을 보면서 지금부터 대책을 수립하지 않으면 몽골도 아프리카나 남미국가들이 고민했던 빈부격차에 따른 사회문제로 조만간 고통을 받을 것으로 느껴졌다. 이웃, 그것도 몽골을 잘 아는 한 한국인의 기우가 아니기를 바란다.

신현덕(申鉉德)

충북 보은 출생이며, 서울대를 졸업하고
서독 괴팅겐 대학교와 한양대 대학원에서 수학, 석사학위를 받았다.
몽골 국립아카데미에서 한국인 최초로 박사학위를 취득했다.
서울신문, 세계일보 생활부장 논설위원을 거쳐
현재 국민일보에 대기자로 재직중이다.
저서로는『독일은 서독보다 더 크다』,
『몽골 리포트 아내를 빌려주는 나라』,『징기스칸은 살아 있다』,
『몽골과 한국 수수께끼의 의미와 기능 비교연구』,
번역서『폭풍 속의 양희호』등이 있다.

신현덕의 몽골풍속기

신현덕 지음

초판 1쇄 인쇄 · 1999년 7월 22일
초판 1쇄 발행 · 1999년 7월 29일

발행처 · 도서출판 혜안
발행인 · 오일주
등록번호 · 제22-471호
등록일자 · 1993년 7월 30일
121-210 서울 마포구 서교동 326-26
전화 · 02) 3141-3711, 3712
팩시밀리 · 02) 3141-3710

값 9,000원

ISBN 89-85905-82-1 03380
ⓒ 신현덕, 1999
* 이 책은 방일영 문화재단의 지원을 받아 저술 출판되었습니다.